ANGEKLAGT: DER PAPST

Die Verantwortlichkeit des Vatikans
für Menschenrechtsverletzungen

GEOFFREY ROBERTSON, QC

Gabriele-Verlag Das Wort

Originalausgabe 2010 unter dem Titel
The Case of the Pope
Vatican Accountability for Human Rights Abuse
© Geoffrey Robertson
erschienen bei Penguin Books Ltd, England

1. Auflage September 2011
© für die deutsche Ausgabe
Gabriele-Verlag Das Wort GmbH
Max-Braun-Str. 2, 97828 Marktheidenfeld
Tel. 09391/504-135, Fax 09391/504-133
Internet: www.gabriele-verlag.de

Alle Rechte vorbehalten.

Druck: KlarDruck GmbH, Marktheidenfeld
Covermotiv: © Ruediger Rau/fotolia.com

ISBN 978-3-89201-334-1

Für meinen Vater

Vorwort

Zu Ostern 2010 schrieb ich einen kurzen Kommentar für den Guardian und die Daily Beast. Man erwartete damals eine Stellungnahme Papst Benedikts XVI. – die dann allerdings ausblieb – zu der Krise seiner Kirche aufgrund der Enthüllungen über sexuellen Missbrauch durch Kleriker in der ganzen Welt. Ich führte damals aus, dass Vergewaltigung und Missbrauch von Kindern in ausgedehntem und systematischem Maßstab auf ein Verbrechen gegen die Menschlichkeit hinauslaufen könnten, und der Leiter einer Organisation, die die Täter vor der Justiz schütze, unter Umständen nach internationalem Recht „Befehlsverantwortung" trage. Zudem sei der (kürzlich wieder zu seinen Gunsten von der Bush-Regierung vor US-Gerichten vorgetragene) Anspruch des Papstes auf Straffreiheit als Oberhaupt eines Staates, nämlich des Heiligen Stuhls, ernsthaft in Frage zu stellen, beruhe er doch auf einem schmutzigen Handel mit Mussolini aus dem Jahr 1929, der nicht vergleichbar sei mit der Übertragung von Souveränität an ein unabhängiges Volk. Es sei ein Fehler der UNO gewesen, der katholischen Kirche einen hochtrabenden Status einzuräumen, der allen anderen Religionen und Nicht-Regierungs-Organisationen verwehrt bleibe.

Mein Beitrag wäre zweifellos unbeachtet geblieben, hätte nicht ein umtriebiger Redakteur die Überschrift

„Den Papst auf die Anklagebank!" darübergesetzt, was als innovatives Konzept sofort weltweit Schlagzeilen machte. Bald wurden mein alter Freund Christopher Hitchens, der mein Interesse an dem Thema geweckt hatte, sowie Richard Dawkins und Sam Harris, die meinen Beitrag unterstützten, in das – so die absurde Titulierung der Boulevardpresse – „Komplott zur Verhaftung des Papstes" hineingezogen. In der Sensation ging mein ursprüngliches Argument unter, dass nämlich Päpste nicht vor gerichtlichen Verfahren sicher sind, und wenn der Vatikan sich nicht seiner vom Schutz pädophiler Priester geprägten Vergangenheit stellt und den Anspruch aufgibt, nach kanonischem Recht mit ihnen zu verfahren, könnte sein Leiter durchaus auf Schadenersatz verklagt oder zum Gegenstand von Ermittlungen durch den Ankläger eines internationalen Gerichtshofs werden.

Es ist eine Tatsache, dass Zehntausende Kinder weltweit sexuell missbraucht worden sind – von Priestern, mit denen zumeist heimlich auf Basis eines Kirchenrechts verfahren wurde, das keine wirkliche Bestrafung vorsieht und ihnen reichlich Gelegenheit zu neuen Straftaten bietet. Erstaunlicherweise wurde dies bislang nie als grober Menschenrechtsverstoß angesehen, weder vom ineffektiven UNO-Ausschuss zur Überwachung der Kinderrechtskonvention noch von Staaten wie den USA oder Großbritannien, die Berichte zu schwerwiegenden Menschenrechtsverstößen veröffentlichen, und auch nicht von Organisationen wie Amnesty International oder Human Rights Watch. Teilweise mag dies auf die guten Werke so vieler Katholiken und katholischer Hilfsorganisationen wie Caritas und CAFOD zurückzuführen sein, die ich sehr schätze und denen ich von vornherein meine Anerkennung ausspreche. Aber es ist auch eine Folge der fälschlichen Anerkennung dieser religiösen Organisation als Staat, mit schlagkräftigen diplomatischen Beziehungen zu Regierungen und einem „seligmachenden" Oberhaupt, zu dem politische Führer pilgern, um gesegnet zu werden. Der Gedanke, dass dieser Mann des Friedens und der moralischen Grundsätze vor einem völkerrechtlichen Verbrechen die Augen verschließen könnte, liegt für sie außerhalb jeder Vorstellung.

Zweifellos aber konnte der Missbrauchsskandal dieses Ausmaß nur annehmen wegen der Vorgaben aus dem Vatikan und insbesondere der Glaubenskongregation, die verlangte, dass sämtliche Vorwürfe wegen sexuellen Missbrauchs unter äußerster Geheimhaltung abzuhandeln und der örtlichen Polizei und Justiz vorzuenthalten seien – gemäß einem kanonischen Recht, das überholt, ineffektiv und nicht auf Bestrafung ausgerichtet war. Der Heilige Stuhl beansprucht das Recht auf ein solches Vorgehen als eines seiner Privilegien als „Staat", zusammen mit dem alleinigen Recht, bei der UNO seine theologischen Vorstellungen zu vertreten und Lobbyarbeit dafür zu betreiben: Homosexualität ist „schlecht", desgleichen die Ehescheidung; Frauen haben keine Entscheidungsfreiheit, nicht einmal, wenn es um die Vermeidung von Schwangerschaften infolge Vergewaltigung oder Inzest geht; die Invitrofertilisation ist etwas Unrechtes, da sie Masturbation voraussetzt; der Gebrauch von Kondomen, selbst zur Vermeidung von Aids innerhalb der

Ehe, ist auf keinen Fall gutzuheißen. Die mit der Staatseigenschaft einhergehende politische Macht wirkte betörend auf einen Papst, der – als Josef Kardinal Ratzinger – von 1981 bis 2005 Präfekt und damit Vorsitzender der Glaubenskongregation war, und während dessen Amtszeit sich der sexuelle Missbrauch zum großen Teil ereignete. Wie viel vom tatsächlichen Ausmaß ihm bekannt war, wie die Täter in immer neue Gemeinden versetzt wurden, wie sie ins Ausland verschoben und vor den örtlichen Strafverfolgungsbehörden versteckt wurden, wird erst deutlich werden, wenn die Glaubenskongregation ihre Akten offenlegen muss, doch liegen mittlerweile genügend Beweismittel vor, um seine moralische Verantwortung – und die von Johannes Paul II. – zum Gegenstand besorgter Debatten werden zu lassen. Sein Anspruch auf hoheitliche Immunität macht die Frage nach seiner rechtlichen Verantwortung zusätzlich kompliziert, aber in einer Zeit, in der sich Benedikt XVI. gegen grundlegende Reformen stemmt, sollte man wohl die Frage stellen, ob der Papst der letzte Mensch dieser Welt sein soll, der über dem Recht steht.

Ich bin, wie stets, meinem Freund Mark Stephens zu Dank verpflichtet für seine Unterstützung, und Jen Robinson für herausragende Recherchen und Kenntnisse. Für zusätzliches Material danke ich Matthew Albert, Lionel Nichols, Stephen Powles und Angela Giannotti und meiner Assistentin Judy Rollinson. Dankbar bin ich auch Tina Brown für ihre Ermutigung und Caroline Michel, meiner Agentin, die mich zu diesem Buch inspirierte, während Stefan McGrath und Will Goodlad bei Penguin seine Veröffentlichung in Rekordzeit zu arrangieren wussten und mit der Beibehaltung der nummerierten Absätze einverstanden waren, in denen ich als Anwalt denke und schreibe. Die Veröffentlichung als „Penguin Special" – dem ersten seit 1989 – im Jahr des 75. Geburtstags von Penguin ist eine besondere Ehre. Und schließlich danke ich meiner Frau Kathy Lette, einer ehemaligen Katholikin.

Doughty Street Chambers
9. August 2010

Inhalt

1. Lasset die Kindlein … 15
2. Die Sünden der Väter 36
3. Das kanonische Recht 84
4. Der Lateranvertrag 120
5. Die Staatseigenschaft auf dem Prüfstand 147
6. Der Heilige Stuhl und die Vereinten Nationen ... 176
7. Die Kinderrechtskonvention 203
8. Ein Fall für die Justiz? 218
9. Verbrechen gegen die Menschlichkeit 240
10. Kann man den Papst verklagen? 269
11. Betrachtungen 290
12. Epilog 310

Anhang A: Ein Bischof im Zeugenstand 331
Anhang B: Auszüge aus *Crimen Sollicitationis* 347
Anhang C: Auszüge aus *Sacramentorum sanctitatis tutela* – Apostolisches Schreiben von Kardinal Ratzinger (2001) 357
Anhang D: *de gravioribus delictis* (Juli 2010) 360
Bibliographie 366
Fußnoten 378

1. Lasset die Kindlein ...

Ich gehöre der Kirche nun neunzehn Jahre an, aber ich kann mich bis zu dieser Stunde nicht entsinnen, einmal von einem ungläubigen Priester in England gehört zu haben ... ich spreche von Fällen, wo ein Mensch der Welt gegenüber den schönen Schein wahrt, aber im Herzen ein leerer Heuchler ist.

John Henry Newman, Apologia Pro Vita Sua (1865)[1]

1. Jedem Menschen steht es zu, das Recht auf Religionsfreiheit zu beanspruchen, ebenso das Recht, seine Religion in Gemeinschaft mit anderen durch „Lehre, Ausübung, Gottesdienst und Kulthandlungen"[2] zu bekennen. Als logische Folge dieses Rechts – wie es in diesen Worten der Allgemeinen Erklärung der Menschenrechte und in allen Menschenrechtskonventionen zum Ausdruck kommt – müssen Kirchen die Freiheit haben, ihre jeweiligen Glaubensgrundsätze darzulegen, jedoch stets (und das ist eine Bedingung, die von allen derartigen Konventionen ausdrücklich gestellt wird) im Rahmen der Gesetze, die in einer Demokratie zum Schutz öffentlicher Interessen sowie der Rechte und der Freiheit anderer nötig sind. Kirchenführer und -angestellte unterliegen nicht nur, wie jeder andere auch, den Gesetzen des Staates, in dem sie leben, wegen deren Übertretung sie strafrechtlich ver-

folgt oder auf Schadenersatz verklagt werden können, sondern sie unterliegen auch dem internationalen Strafrecht, unter dessen Geltung bereits einige politische und militärische Führer sowie mehrere Priester und Nonnen überführt und wegen Verbrechen gegen die Menschlichkeit zu harten Strafen verurteilt wurden. Der psychologische Einfluss auf seine Glaubensanhänger, über den jeder Priester verfügt, ist enorm, kann aber auch missbraucht werden (so demonstriert es eindrücklich das Video mit den orthodoxen Priestern, die serbische Soldaten segneten, bevor diese in Srebrenica ihre unschuldigen Opfer hinrichteten). Ein geistliches Amt kann also keine Immunität verleihen: Längst ist die „Besserstellung der Geistlichkeit" in Großbritannien abgeschafft, wo das von Dr. Thomas Fuller schon 1733 formulierte oberste Prinzip der Rechtsstaatlichkeit gilt: „Wie hoch du auch stehen mögest, das Gesetz steht über dir." Lord Bingham fasste dies in die Worte: „Wenn du im Londoner Zoo einen Pinguin quälst, entgehst du der Strafverfolgung nicht, nur weil du der Erzbischof von Canterbury bist."[3] Wie kann dann irgend ein religiöser Führer über jeglichem Recht stehen, sei es national oder international, sei es Zivil- oder Strafrecht? Seine Heiligkeit der Papst, so versichern seine Anhängerschaft sowie Diplomaten, ist nicht rechenschaftspflichtig und außerdem unfehlbar, ganz gleich, ob er im Londoner Zoo einen Pinguin quält, sich in Hasspredigten gegen Homosexuelle ergeht oder der katholischen Kirche zugesteht, ein weltweites Reservat für Kinderschänder zu betreiben.

2. Dieses Thema kam auf im Zusammenhang mit den Beweisen für sexuellen Missbrauch durch Kleriker, wie er in Gerichtsverfahren in den USA bekannt wurde (wo die gerichtlichen Ausgleichszahlungen bereits bei mehr als 1,6 Milliarden Dollar liegen), in offiziellen Berichten in der Republik Irland, wonach sexueller Kindsmissbrauch durch Priester weit verbreitet war (ein Justizbericht bezeichnet ihn als „endemisch" in katholischen Einrichtungen für Jungen), sowie im Zusammenhang mit ähnlichen Vorkommnissen, wie sie in letzter Zeit in Europa, Australien und Kanada bekannt geworden sind. Die Fakten sind – wie Kirchenobere nun unter wortreichen Entschuldigungen zugeben – schändlich und skandalös. Ihre Konsequenzen reichen jedoch weit über den Verlust des Ansehens der Kirche hinaus. Die Beweislage ergibt, dass auf Anordnung des Vatikans mit den Übeltätern derart verfahren wurde, dass sie vor Entdeckung geschützt blieben, ihre Opfer zum Schweigen gebracht wurden, man einigen von ihnen Beihilfe dazu leistete, an anderen Orten weitere Straftaten zu begehen, und den Strafverfolgungsbehörden die Beweise ihrer schwerwiegenden Verbrechen vorenthielt. Faktisch unterhält die Kirche in vielen Ländern ein paralleles Strafrechtssystem, von dem Öffentlichkeit, Polizei und Parlamente nichts wissen, das sogar bewusst vor ihnen verborgen gehalten wird und in dem die Schuldigen straflos blieben, während man die Opfer mit erzwungenen Schwüren und in geheimgehaltenen Vergleichen zum Schweigen brachte. An der Spitze dieses alternativen „Rechts"-Systems stand fast ein Vierteljahrhundert lang Kardinal Ratzinger (seit 2005 Papst

Benedikt XVI.). Dass sich unter seiner Kontrolle derart viele Übeltaten ereigneten, stellt seine Kompetenz als Verwaltungs- und Führungsinstanz ernsthaft in Frage. Nun gebietet er über den Vatikan – rechtlich gesehen als absoluter Monarch – und ist Oberhaupt des sich als souveräner Staat gerierenden Heiligen Stuhls. Jedem grob fahrlässig handelnden Anführer kann man unter internationalem Recht mit der „Befehlsverantwortung" für Verbrechen gegen die Menschlichkeit beikommen. Beweisunterschlagung bei Schwerverbrechen ist in den meisten nationalen Strafrechtsordnungen ein Straftatbestand, und das Zivilrecht kennt die Mithaftung für das Verhalten Dritter, die durch Fahrlässigkeit menschliches Leid verursacht oder zu ihm beigetragen haben. Mit welchem Recht kann man denn behaupten, dass der Papst und der Heilige Stuhl sich Ermittlungen wegen dieser verschiedenen Formen rechtlicher Verantwortlichkeit entziehen können?

3. Der sexuelle Missbrauch von Kindern ist eine Greueltat, schlimm genug schon in „gewöhnlichen" Fällen des „fremden Onkels", schlimmer noch, wenn Lehrer, Pfadfinderführer, Babysitter oder Eltern das in sie gesetzte Vertrauen ausnützen und ihre Schützlinge missbrauchen. Aber am schlimmsten sind Priestertäter, die sich ihre Opfer – durch die ihnen verliehene geistliche Autorität – im Beichtstuhl, auf Freizeiten oder anderweitig heranziehen (und dem Opfer nach ihrer sexuellen Befriedigung dann oft auch noch die Absolution erteilen). Die Opfer beschreiben die Übergriffe als im wörtlichen Sinne „seelenzerstörend", da sie ihre Fähigkeit, zu glauben, genauso

zerstören wie die Balance in ihrem weiteren Leben[4]. Die Beweislage deutet darauf hin, dass die Opfer von klerikalem Missbrauch längere Zeit brauchen, um Heilung zu erlangen, und dass die Wahrscheinlichkeit, gar keine Heilung zu erlangen, im Vergleich zu anderen Opfern von Kindsmissbrauch größer ist. Und der Schaden wird noch größer, wenn die Opfer durch die Kirche auf „päpstliche Geheimhaltung" eingeschworen werden und dabei wissen, dass der, der ihr Vertrauen missbraucht hat, Vergebung erfährt und unbehelligt neue Übergriffe verüben kann. Deshalb sind die Reaktionen des Vatikans auf den Kindsmissbrauch-Skandal – gleich vom Beginn der ersten großen Enthüllungen durch den Boston Globe im Jahr 2002 an – so beklagenswert; zunächst tat man so, als handele es sich um ein rein „amerikanisches" Problem, dann hieß es, die Quote innerhalb der Kirche sei auch nicht höher als in anderen Organisationen, und schließlich schob man die Schuld einer „Schwulenkultur" oder übelwollenden Medien zu. Niemals aber – auch heute nicht – hat man sich dem zentralen Faktum gestellt, dass sich die Kirche seit vielen Jahren, unter der Leitung von Kardinal Ratzinger als Vorsitzendem der Glaubenskongregation, selbst zum Gesetz erhoben hat, indem sie ein Parallelsystem von Geheimverfahren einrichtete, in dem missbrauchende Priester Vergebung fanden, die Opfer zum Schweigen gebracht wurden und die staatliche Strafverfolgung ausgeschaltet wurde.

4. Die Antwort der Kirche, wie sie von Verteidigern des gegenwärtigen Papstes wie Alan Dershowitz nach wie vor

wiedergegeben wird, lautet: Sexueller Missbrauch hierarchisch Untergebener komme in allen religiösen Institutionen und weltlichen Schulen vor, und es sei falsch, die römisch-katholische Priesterschaft pauschal zu verurteilen. Die Beweislage zeigt jedoch zuverlässig, dass katholische Institutionen deutlich höhere Missbrauchszahlen aufweisen (siehe Kapitel 2). In jedem Fall geht die Verteidigung am Kernpunkt vorbei, nämlich dass diese Kirche durch ihren Anspruch, ein Staat zu sein, mit ihrem eigenen kanonischen Recht der Straffreiheit in Wirklichkeit den Missbrauch gedeckt und den Tätern Unterschlupf gewährt hat. Überdies verleiht speziell diese Religion ihren Priestern in Kinderaugen eine gottähnliche Macht – Priestern, deren geistiger Obhut die Kinder anvertraut werden zu einer Zeit, wenn sie gerade erst beginnen, ihre Fähigkeit zu vernünftigem Denken zu entwickeln. Oft schon mit sieben Jahren feiern katholische Kinder ihre Erstkommunion – ein für sie ehrfurchteinflößendes Erlebnis, bei dem der Priester vor ihren Augen das Wunder der Transsubstantiation vollzieht, also die Verwandlung von Brot und Wein in Leib und Blut Christi, kraft der Autorität, die ihm durch das Priesterweihe verliehen wurde. Im selben Alter muss dann das so leicht zu beeindruckende, nervöse Kind seine Sünden beichten – der Priester gewährt, gottähnlich, Vergebung. Der Priester Tom Doyle erklärt das Phänomen des kindlichen Gehorsams gegenüber den sexuellen Wünschen eines Priesters damit, dass er durch „ehrfürchtige Angst" bedingt sei: Die Opfer besitzen einen derartigen emotionalen und psychologischen Respekt vor dem

Täter, dass sie sich seinen Wünschen nicht verweigern können. „Katholiken werden von Kind an mit der Vorstellung indoktriniert, dass der Priester die Stelle von Jesus Christus einnimmt und man ihm um jeden Preis Gehorsam leisten muss und ihn niemals in Frage stellen oder kritisieren darf." Eine Kirche, die ihre Kinder schon in diesem zarten Alter der geistlichen Kontrolle ihrer Priester unterstellt – Stellvertretern Gottes, denen sie unbeirrbar Gehorsam leisten – hat die zwingende Pflicht, eine Ausnutzung dieses Gehorsams zum Schaden der Kinder zu verhüten. Diese Pflicht beinhaltet aber auch die Pflicht, die Personen, gegen die ein hinreichender Verdacht auf Kindsmissbrauch besteht, den staatlichen Stellen zur Verhandlung und, im Falle einer Verurteilung, zur Bestrafung zu übergeben. Seit 30 Jahren weigert sich Joseph Kardinal Ratzinger alias Benedikt XVI. hartnäckig, diese Pflicht anzuerkennen.

5. Jeder weiß, dass es ein strafwürdiges Verbrechen ist, ein Kind einem Akt sexuellen Missbrauchs zu unterwerfen, ganz gleich, ob es sich dabei auch um eine Sünde handelt, die nach Buße verlangt. Die Meuterer von der Bounty und ihre Nachkommen lebten 200 Jahre lang völlig isoliert und ohne die Hilfe eines Gesetzbuches auf einer einsamen Insel im Pazifik. Dennoch hatte der Privy Council als höchstes Gericht des Commonwealth keinerlei Zweifel daran, dass die Bewohner der Pitcairninseln um die Unrechtmäßigkeit ihrer Taten wussten: „Solches Verhalten kann nur als verbrecherisch und strafwürdig angesehen werden."[5] Es sei denn, wohlgemerkt, es handelt sich um

eine von einem katholischen Priester begangene Handlung, die die Kirche als Sünde betrachtet, welche lediglich der Buße bedarf, und wenn sie ihr Möglichstes getan hat, die Täter vor der Festnahme, öffentlichen Anklage und Gefängnisstrafe zu verstecken, wie sie den Bewohnern der Pitcairninseln sowie den meisten anderen Kinderschändern zuteil wurde, die der staatlichen Justiz unterstellt sind. Welche moralische Blindheit hat eine für ihre Wohltätigkeit renommierte Kirche nicht nur derart unwillig gemacht, alle Kinderschänder in den eigenen Reihen aufzuspüren und zu bestrafen, sondern sogar dazu bereit – wie die Beweislage eindeutig aufzeigt –, diese auf frische Weiden mit neuen Herden argloser Schäflein zu versetzen?

6. Aus soziologischer Sicht gibt es auf diese Fragen nur vorsichtig herantastende Antworten, und es ist weder meine Absicht, noch liegt es in meiner Kompetenz, diese zu ergründen. Zweifellos setzen der Zölibat und die Einstufung der Masturbation als Todsünde viele Priester unter eine unerträgliche Spannung, und so nimmt es die Kirchenführung denn auch hin, dass etwa die Hälfte der Priesterschaft „sexuell aktiv" ist. Dies erklärt allerdings nicht, warum so viele – einigen Schätzungen zufolge 6 – 9% – ihre sexuelle Aktivität an Kindern ausüben.[6] Der Priesterstand bietet Pädophilen unvergleichliche Gelegenheiten und geistliche Macht, und manche haben sich arglistig dort eingeschlichen, aber die meisten Täter scheinen psychosexuell unreif zu sein; sehr oft verschließen sie ihre Augen vor ihrer wahren Verfassung, in der

Hoffnung, dass die Strenge des Priesteramtes sie vor sich selbst schützen wird. Statt dessen finden sie eine Bruderschaft, eine Kameradschaft vor, die zusammenhält, nicht jedoch, um sie vor sich selbst zu schützen, sondern vor den Konsequenzen ihrer Taten – ist es doch die vorrangige Philosophie ihrer Oberen, jeglichen Skandal für die Kirche zu vermeiden. Dies führt zu einer Kultur der eilfertigen Vergebung sexueller Sünden. Der frühere Priester und heutige Psychiater Richard Sipe meint, die Häufigkeit von Masturbation in Priesterseminaren und deren rasche Vergebung bei der Beichte begründeten „einen Kreislauf der Schuld, der Kleriker und Beichtväter vereint und in dem heimliche sexuelle Übertretungen bagatellisiert werden – selbst Sex mit Minderjährigen ist dann nur eine weitere Sünde, die zu vergeben ist."[7] Nach seiner Darlegung empfinden sich die Priester, die Übergriffe begehen, als privilegiert und meinen, sich durch Mühsal und Armut (oft sind es durchaus nette, hart arbeitende Männer) das „Recht" erwirkt zu haben, Kinder für ihre sexuellen Bedürfnisse zu gebrauchen. Er beschreibt diese Kultur als „Altruismus im Dienste des Narzissmus": das Gute, das sie tun, verlangt eine Gegenleistung, nämlich Selbstbelohnung und Selbsterhöhung. Der bedeutende katholische Historiker Gary Willis argumentiert ähnlich: „Der Infantilismus der Priester, die Mischung aus sexueller Unerfahrenheit und durch das Zölibat hervorgerufener Lüsternheit, der Glaube, ein zölibatär lebender Mann sei der spirituellen Wahrheit näher als ein verheirateter Mann – all dies hat ein System geschaffen, in dem Sünden, wenn sie vorkamen, geleugnet und die Opfer verantwortlich gemacht werden mussten. Die Lösung des Problems war einfach, noch heftiger zu beten. Wo die Therapie versagte, würde der Beichtstuhl den Sünder mit spiritueller Kraft über die weltliche Weisheit der Psychiater erheben."[8]

7. Wie dem auch sei: Die nackten Tatsachen, die jetzt zum Vorschein kommen, belegen, dass sexueller Missbrauch von Kindern durch Priester in der katholischen Kirche weitaus häufiger vorgekommen ist als in jeder anderen Organisation, und dass er von vielen Bischöfen mit Unterstützung und auf Weisung des Vatikans vertuscht wurde. Zur Vertuschung gehörte, fast schon instinktiv, die Polizei nicht einzuschalten, Kläger und Zeugen auf äußerste Geheimhaltung einzuschwören und Verfahren unter einem geheimen kanonischen Recht – voreingenommen zugunsten des angeklagten Priesters – zu führen, in denen den Schuldigen jedenfalls keine wirkliche Bestrafung drohte. Rückfallverdächtige Übeltäter wurden in Gemeinden versetzt, wo ihre Vorgeschichte nicht bekannt war, oder ins Ausland: Auf die Art wurden etwa 60% der betreffenden US-Priester in einen neuen Wirkungskreis versetzt, nachdem erstmals bekannt wurde, dass es sich um Kinderschänder handelte. Gut belegt ist der „Verkehr" von pädophilen Priestern in die und aus den USA, vor allem nach Irland, Mexiko und Rom, und es tauchen Beweise dafür auf, dass sie nach Afrika und Lateinamerika in Gemeinden versetzt wurden, wo sie keiner oder nur minimaler Kontrolle unterliegen. Keinerlei Erklärung gibt es bislang dafür, warum dies auf höchster

Lasset die Kindlein ...

Kirchenebene geduldet wurde, vor allem während des Pontifikats von Johannes Paul II. und der Amtszeit Kardinal Ratzingers als Präfekt der Glaubenskongregation. Sicher lag Fahrlässigkeit vor, als man die Augen vor der wachsenden Krise verschloss, und naive Voreingenommenheit, als man versuchte, einer „Schwulenkultur" und einer bösen Journaille die Schuld in die Schuhe zu schieben. Doch 2001 scheint noch etwas anderes am Werk gewesen zu sein, als nämlich der Papst und seine obersten Kardinäle einen französischen Bischof dazu beglückwünschten, dass er einen pädophilen Priester vor der Polizei versteckt und in einen neuen Wirkungskreis, wo er weitere Verstöße begehen konnte, versetzt hatte. Ähnlich 2004, als der Papst einen notorischen Sextäter – Gründer eines frauenfeindlichen religiösen Ordens – nach Rom brachte und persönlich segnete. Diese und andere Vorfälle zeigen eine gewisse Arroganz in der Ausübung der staatlichen Macht, die dem Heiligen Stuhl gewährt wurde – eine Macht, sich über das Gesetz zu erheben und jene rechtliche Unantastbarkeit zur Schau zu stellen, die mit der Souveränität einhergeht. Ob diese Macht einer einzelnen religiösen Gemeinschaft zukommt, bedarf einer genauen Prüfung.

8. Weiter stellt sich natürlich auch die Frage nach Vergebung oder, noch konkreter: Wer soll vergeben, und wann? Der sexuelle Missbrauch von Kindern ist ein schweres Verbrechen, und ob es sich dabei auch um eine Sünde handelt (wie bei den meisten Schwerverbrechen) oder nicht, ist nicht von Belang, jedenfalls nicht auf Erden. Verge-

bung ist nach allgemeinem Verständnis das Vorrecht der Opfer und nicht derjenigen, die die Missbrauchstäter beschäftigten und gewähren ließen. Zumindest ist Vergebung ein Recht, das dem Staat zusteht, nachdem der Täter die ihm vom Gericht auferlegte Strafe verbüßt hat. Doch die katholische Kirche beharrt darauf, ihren kriminellen Priestern zu vergeben, wenn sie nur gebeichtet, sich reuig gezeigt, Gebete gesprochen oder ein paar karitative Werke verrichtet haben, und diese Vergebung wird begleitet von dem festen Entschluss, die Betreffenden vor Festnahme und Gerichtsverfahren zu schützen. Besonders deutlich wurde das Problem durch die Entschuldigung des Papstes vor seinen irischen Glaubensanhängern im März 2010: Die Sünde verurteilte er, brachte es aber nicht über sich, auch die Sünder zu verurteilen – gleich dreimal ließ er die Täter wissen, dass sie nur bitten, beten und bereuen müssten, um Vergebung zu erlangen. Das dürfte schwerlich abschreckend wirken auf schwache Männer mit der Neigung, Kinder zu missbrauchen. Eine Kirche, die an die Möglichkeit der Erlösung selbst für die schlimmsten Verbrecher glaubt, sogar solche mit Rückfallneigung, ist moralisch lobenswert – allerdings nicht, wenn sie die Betreffenden vor Verfahren und Bestrafung nach den jeweiligen staatlichen Gesetzen schützt und ihnen neue Möglichkeiten verschafft, Menschen zu vergewaltigen, die rechtlich und faktisch gar nicht in der Lage sind, ihre Einwilligung zu sexuellen Handlungen zu erteilen. Der Irrtum, Kinderschänder als Sünder zu behandeln, die des väterlichen Zuspruchs bedürfen, statt als Verbrecher, die Bestrafung verdienen – verstärkt noch durch das Bestreben, die kirchliche Reputation um jeden Preis zu schützen –, erhält weiteren Auftrieb durch den Glauben, da der Heilige Stuhl und sein Immunität genießendes Oberhaupt kein Unrecht nach diplomatischem Recht begehen können, könnten sie überhaupt kein Unrecht begehen.

9. Es gibt wenige dokumentierte Einzelfälle, in denen versucht wurde, den Vatikan selbst oder den Papst für die kirchliche Praxis des Verbergens pädophiler Priester, der Vertuschung ihrer Verbrechen oder ihrer Versetzung in andere Pfarreien, obwohl man um ihre Rückfallneigung wusste, haftbar zu machen. In einigen Ländern wurden Schadenersatzklagen gegen die unmittelbaren Arbeitgeber der straffällig gewordenen Priester eingereicht, das heißt, gegen Bischöfe und deren Diözesen. Diese wurden überwiegend von Versicherungsgesellschaften beigelegt, in der Regel mittels „Schweigegeld"-Klauseln, welche den Opfern im Gegenzug für Entschädigungsleistungen ewiges Schweigen auferlegen. Dabei ging es um hohe, vereinzelt auch gewaltige Summen (vor allem in den USA mit den dort üblichen Sammelklagen), die von Versicherungen geleistet wurden – aus Furcht vor der wütenden Reaktion der Geschworenen, nicht nur wegen der Beweise für den Missbrauch, sondern auch wegen der Fahrlässigkeit und stillschweigenden Duldung durch die kirchlichen Instanzen. Für viele Opfer sind diese Vergleiche unbefriedigend, weil sie nicht für einen wirklichen Abschluss sorgen, den man dann hätte, wenn man den „dicken Fisch" im Netz hätte – das heißt, wenn der Vatikan dafür zur Rechen-

schaft gezogen würde, dass er den Fluchtweg für die Täter durch das parallele Rechtssystem des kanonischen Rechts konzipiert und dirigiert hat. Überdies haben einzelne nicht versicherte US-Diözesen Konkurs angemeldet, um auf diese Art und Weise hohe Schadensersatzzahlungen zu vermeiden; den Opfern bleibt also nichts anderes übrig, als sich wegen Entschädigung an Rom zu wenden. Vor diesem Hintergrund sind der Papst und das Staats- und Kirchengebilde, dem er vorsteht (der Heilige Stuhl) als Beklagte in Zivilprozessen vorgeschlagen worden. Hier schritt jedoch das US-Außenministerium ein und erließ eine sogenannte „suggestion of immunity", also eine Immunitätsempfehlung (was gar keine „Empfehlung" ist, sondern eine Weisung, der US-Richter mit Sicherheit folgen). Da der heilige Stuhl ein Staat sei, besagt dieser Erlass, genieße der Papst als „Staatsoberhaupt" Immunität: Er könne niemals zivilrechtlich oder strafrechtlich belangt werden, und der Heilige Stuhl genieße Immunität als Staat, welche (mit gewissen Ausnahmen) seine Haftbarkeit für ziviles Unrecht aufhebe.

10. Diese „Staatseigenschaft" wird dem Heiligen Stuhl aufgrund der Tatsache zugeschrieben, dass er Eigentümer eines Grundstücks in Rom ist. Dies verleiht der römisch-katholischen Kirche alle möglichen Vorteile, die anderen Religionen und Nicht-Regierungsorganisationen versagt bleiben. Am wichtigsten in diesem Zusammenhang: Der Status des Heiligen Stuhls als einzigem „Nichtmitgliedstaat" bei der UNO bedeutet, dass er mit Ausnahme des Wahlrechts so ziemlich alles machen darf, was ein Mit-

gliedstaat tun kann, außer wählen. Und diesen privilegierten Status nutzt seine Armee von Diplomaten bei UN-Konferenzen und –Organisationen schamlos aus, um seine Dogmen zu fördern – zur Herabsetzung von Frauen und Geschiedenen und zur Dämonisierung von Homosexuellen. Die Staatseigenschaft ermöglicht es ihm, Maßnahmen zur AIDS-Bekämpfung durch Kondome zu behindern und jegliche Methode zur Familienplanung zu verurteilen, die in den Geruch der Duldung von Abtreibung kommen könnte (selbst wenn es darum geht, das Leben der Mutter zu retten), oder auch Themen wie Invitrofertilisation oder künstliche Befruchtung oder Leihmutterschaft oder Embryotransfer oder selbst pränatale Diagnostik. Es steht der katholischen Kirche voll und ganz frei, diese Anschauungen vorzubringen, die sich übrigens mit denen einiger Nahoststaaten decken (so zieht der Heilige Stuhl in der UNO oft mit Libyen und dem Iran an einem Strang), aber wenn sie kein Staat ist, hat sie kein Recht auf bevorzugte Behandlung. Diese Frage sollte objektiv entschieden werden und nicht einfach anhand der Vorgehensweisen von Nationen, die – in der Regel aus innenpolitischen Gründen – diplomatische Vertreter zum Heiligen Stuhl entsandten und im Gegenzug päpstliche Nuntien empfingen. Die katholische Kirche muss für die Art und Weise, wie sie pädophile Priester gedeckt hat, zur Verantwortung gezogen werden können. Ihr Anspruch, ein Staat zu sein, sollte ihr nicht mehr Immunität im Völkerrecht oder in internationalen Angelegenheiten gewähren, als es ihr als einer von mehreren geachteten Weltreligionen zusteht.

Angeklagt: Der Papst

11. Der Skandal um klerikalen sexuellen Missbrauch hat diese Probleme sehr stark ins öffentliche Bewusstsein gerückt, aber es gibt noch andere Gesetze und andere Probleme für politisch tätige Geistliche, die, aus welchen theologischen Beweggründen auch immer, öffentlich Brutalität, Gewalt oder Diskriminierung propagieren. Religionsfreiheit bietet keinen Schutz für Hassprediger, wie einige extremistische Mullahs erfahren mussten, als sie in England vor dem Old Bailey verurteilt wurden. Im Jahr 2009 wurde mehreren US-Predigern und einem Radio-Moderator aus Texas die Einreise nach Großbritannien verweigert, weil man Ausfälle gegen Homosexuelle befürchtete. 2010 wurde in einem Stadtzentrum ein religiöser Exzentriker festgenommen, weil er einem vorbeikommenden Polizisten gegenüber geäußert hatte, Homosexualität sei etwas Unrechtes. Die Behörden entschieden vernünftigerweise, von einer Anklage abzusehen – handelte es sich hier doch um einen einzelnen Spinner, der im leeren Theater „Feuer" schrie. Papst Benedikt XVI. jedoch ist kein einsamer Rufer in der Wüste. Würde er in einer öffentlichen Predigt seine häufig vorgetragene Ansicht wiederholen, Homosexualität sei böse und Schwule seien alles Menschen mit defekter Persönlichkeit,[10] so würde er damit die volle Macht seines geistlichen Amtes zur Schmähung einer Bevölkerungsgruppe einsetzen, die durch Gleichstellungsgesetze und Gesetze zur Wahrung der öffentlichen Ordnung geschützt ist. Natürlich gibt es Grenzen, die normalerweise zugunsten der Redefreiheit gezogen werden sollten – obwohl die Tragweite einer päpstlichen Denunziation weitaus größer ist als die der

abgewiesenen islamischen und amerikanischen Prediger, selbst wenn (oder gerade wenn) sie in gesetzten Worten vor einer religiösen Versammlung ausgesprochen wird. Wenn Papst Benedikt XVI. damit drohen würde, die volle Wucht seiner Ansichten von der Leine zu lassen – die für die Entfachung der Anti-Schwulen-Umtriebe in Brasilien und anderen katholischen Ländern verantwortlich gemacht werden –, dann dürfte ihm das britische Innenministerium, in Übereinstimmung mit seinen Entscheidungen in anderen Fällen, die Einreise nicht erlauben. Ein Einreiseverbot für den Papst aber wäre für die britische Regierung unvorstellbar; man hat ihn, ganz im Gegenteil, 2010 zu einem „Staatsbesuch" eingeladen, dessen Kosten (nach aktuellen Schätzungen 20 Mio. Pfund) zur Hälfte vom britischen Steuerzahler getragen wurden – eine Zumutung, die nicht durchsetzbar wäre, würde er nicht als Staatsoberhaupt anerkannt. Er entstieg in Edinburgh dem Papstflugzeug, in der Pracht seiner Staatsoberhaupts-Robe (eine Mazzetta aus pelzbesetztem roten Satin über einem Rochett, mit Papst-Stola) zum Treffen mit einem weiteren Staatsoberhaupt: der Queen. Tags darauf zelebrierte er in seiner bescheideneren „Kirchenoberhaupts-Robe" öffentlich eine Messe. Verdient sein Ornat im letzteren Fall Respekt, so ist es im ersteren jetzt Zeit, darauf hinzuweisen, dass der Kaiser ja gar nichts Rechtsmäßiges anhat.

12. Die Untersuchung in diesem Buch wurde ausgelöst durch die jüngsten Enthüllungen über das Ausmaß des Kindsmissbrauchs durch katholische Priester und durch die Art und Weise, wie die Kirche mit entsprechenden Be-

schwerden umgegangen ist – im Lichte vatikanischer Anordnungen, die ausgeklügelt wurden, um diese Verbrechen dem Zugriff ziviler Rechtsverfolgung zu entziehen. An den Anfang stelle ich eine Zusammenfassung der bislang (August 2010) vorliegenden Fakten vor allem aus Zivilprozessen in den USA und gerichtlichen Untersuchungen in der Republik Irland, ergänzt um weitere Informationen über den kirchlichen Umgang mit Tätern in Australien, Kanada und Europa. Danach wende ich mich dem Anspruch des Vatikans auf zivil-, straf- und völkerrechtliche Immunität hinsichtlich dieser Vergehen zu; dieser Anspruch ist in engem Zusammenhang zu sehen mit seiner Forderung, als Staat mit eigenem – kanonischem – Recht behandelt zu werden, statt als Hauptsitz einer Religion, deren Rechtsmacht einzig darin besteht, die eigene Priesterschaft zu maßregeln. Seine Immunität gegenüber rechtlichen Schritten wegen klerikalen Kindsmissbrauchs steht und fällt mit dieser Frage, ebenso wie der außergewöhnliche Einfluss des Vatikans auf die internationale Sozialpolitik kraft seiner einzigartigen Position als Nichtmitgliedstaat der UNO, mit der Möglichkeit – anders als andere Religionen und Menschenrechtsorganisationen –, bei Konferenzen, Konventionen und innerhalb von Staaten seine Dogmen zu vertreten, wo sie mutmaßlich die Diskriminierung von Frauen und Homosexuellen fördern und den Kampf gegen AIDS behindern. Die Klärung der Frage, ob der Heilige Stuhl ein „Weihnachtsmannstaat" ist (es gibt ihn nicht, egal, wie viele an ihn glauben), erfordert zwangsläufig eine völkerrechtliche Analyse – ein komplexes Thema, das ich möglichst einfach zu halten versuche, ohne es zu simplifizieren. Ich stelle fest, dass viele katholische Nichtregierungsorganisationen die Position unterstützen, die Staatseigenschaft des Heiligen Stuhls zu bestreiten, sowohl aus Prinzip (die Kirche sollte sich nicht mit der Politik befassen) als auch wegen der praktischen Folgen, die es hat, wenn er seine religiösen Glaubenssätze der Organisation humanitärer Hilfe aufoktroyiert. Es versteht sich von selbst – muss aber dennoch gesagt werden –, dass ein mangelnder Glaube an die Staatseigenschaft des Vatikans nicht einen mangelnden Glauben an Gott impliziert.

Ein Wort zur Terminologie

13. Bislang habe ich die Begriffe „Vatikan" und „Heiliger Stuhl" (sowie vereinzelt auch „Papst") ohne Unterscheidung verwendet. Wie später noch klar werden wird, wenn ich mich der Diskussion über die Staatseigenschaft zuwende, bezeichnen sie jedoch unterschiedliche Rechtspersonen. Der Vatikan ist ein Gebiet von rund 0,4 Quadratkilometern in der Stadt Rom und umfasst wenig mehr als einen Palast mit Museen, eine große Basilika und einen ausgedehnten Garten, wo lediglich der Papst und eine fluktuierende Bevölkerung von einigen Hundert katholischen Bürokraten „zu Hause" sind. Seinen besonderen Status nach italienischem Recht erhielt er aufgrund der von Mussolini ausgehandelten Lateranverträge 1929. Der Heilige Stuhl ist ein wesentlich älteres, leicht metaphysisches Gebilde, das die Leitung der römisch-katho-

lischen Kirche durch den Papst, die Kurie und die Kardinäle sowie das eigene kanonische Recht bezeichnet, welches die Regeln für die Verwaltung der Kirche und ihrer geistlichen Ämter sowie für Gerichtsverfahren wegen Sünden gegen den Glauben (Häresie) sowie gegen die Sittlichkeit (sexueller Missbrauch einschließlich Sex mit Minderjährigen) beinhaltet. In vergangenen Jahrhunderten besaß der Heilige Stuhl große Gebiete in Europa, führte Kriege und schloss diplomatische Allianzen. Der „Kirchenstaat" in Mittelitalien wurde aber aufgelöst, als die italienische Armee des *Risorgimento* im Jahr 1870 Rom einnahm.

14. Der Papst ist der oberste Befehlshaber, absoluter Herrscher des Vatikans und Oberhaupt des Heiligen Stuhls, der wiederum über einen Staatssekretär verfügt – Kardinal Bertone, als Nachfolger von Kardinal Sodano, derzeit Dekan des Kardinalskollegiums – sowie über eine Reihe von Amtsträgern und Instituten, die mit unterschiedlichen Themen, von politischen und diplomatischen Fragen bis zur Liturgie und Ernennung von Bischöfen, befasst sind. Der Heilige Stuhl unterhält diplomatische Beziehungen unterschiedlicher Art zu 178 Staaten, von denen allerdings nur ein Drittel tatsächlich Botschafter nach Rom entsendet. Der Heilige Stuhl unterhält ein Netzwerk diplomatischer Posten (Nuntiaturen) und entsendet päpstliche Nuntien als Botschafter in Länder mit signifikantem katholischen Bevölkerungsanteil. Der Papst gilt als letzter absoluter Monarch, der lebenslang im Amt bleibt. Nach seinem Tod versammelt sich die

Kurie in der Sixtinischen Kappelle, um seinen Nachfolger zu wählen (was durch weißen Rauch und den Ruf „Habemus papam!" signalisiert wird).

15. Auf seiner offiziellen Website beschreibt sich der Vatikan selbst als „absolute Monarchie. Staatsoberhaupt ist der Papst, der die volle legislative, exekutive und gerichtliche Gewalt ausübt."[11] Das Tagesgeschäft des Vatikans delegiert der Papst an eine aus Kardinälen bestehende Kommission, deren Mitglieder er ernennt. Benedikt XVI. folgte Johannes Paul II. am 19. April 2005 im Amt nach. Er war der bekannte deutsche konservative Theologe Joseph Ratzinger, der für weniger als ein Jahr als Priester arbeitete, bevor er eine akademische Laufbahn einschlug. Er war Erzbischof von München und Freising, bevor er 1981 nach seiner Ernennung zum Präfekten der Kongregation für die Glaubenslehre in den Vatikan wechselte. Diese Institution, die im Kindsmissbrauchsskandal eine entscheidende Rolle spielt, ist die Nachfolgeorganisation der Inquisition; ihre Aufgabe ist die Maßregelung des Klerus: Unter Kardinal Ratzinger exkommunizierte sie mehrere Anhänger der „Befreiungstheologie" und der Priesterweihe von Frauen. Sie gilt als mächtigste Institution im Vatikan, wirkt als eine Art „Geheimer Rat" ohne ordnungsgemäße Verfahren und wird seit 2005 von Kardinal William Levada angeführt.[12] Sie befasst sich mit Häresie und überwacht Priester, die gegen das 6. Gebot (Du sollst nicht ehebrechen) sündigen, das laut Kanonischem Recht auch den sexuellen Missbrauch von Personen unter 18 Jahren einschließt.

2. Die Sünden der Väter

*Wer einen von diesen Kleinen, die an mich glauben,
zum Bösen verführt, für den wäre es besser,
wenn er mit einem Mühlstein um den Hals
im tiefen Meer versenkt würde.*

Matthäus, Kap. 18 Vers 6 (Einheitsübersetzung 1980)

16. Alle Institutionen, in denen junge Menschen unterrichtet oder betreut werden, müssen mit der Gefahr rechnen, dass Erwachsene deren Vertrauen missbrauchen. Eine religiöse Organisation, die ihren Priestern den Zölibat auferlegt, ihnen die Macht spiritueller Führung verleiht und ihnen vielfältige Möglichkeiten bietet, kleine Kinder zu beeinflussen, muss besonders wachsam sein. Der Führung der römisch-katholischen Kirche ist die Gefährdung von Kindern durch Kleriker, die pädophil sind oder aufgrund von Begierden, Einsamkeit, Drogen oder Persönlichkeitsstörungen Versuchungen nicht widerstehen können, seit langem bewusst. Den ersten Kindersexskandal erlebte die Kirche bereits im Jahr 153, das erste Verbot des Missbrauchs von Jungen durch Geistliche wurde 306 auf dem Konzil von Elvira verabschiedet.[1] Bei der Kodifizierung des Kanonischen Rechts im Jahr 1917 wurde der Missbrauch von Minderjährigen unter 16 Jahren (mittlerweile 18 Jahren) konkret als Sünde geächtet, fünf Jahre später veröffentlichte die Kirche ihre erste Anweisung über

kirchenrechtliche Verfahrensweisen und Strafen bei diesem Vergehen. Diese wurde 1962 in Form der päpstlichen Instruktion *Crimen Sollicitationis* (im Folgenden als „*Crimen*" bezeichnet) noch einmal an alle Bischöfe versandt. *Crimen* wurde durch eine Erklärung aktualisiert, die Kardinal Ratzinger als Präfekt der Glaubenskongregation 2001 vorbereitete und dann nochmals in den „Neuen Normen" über schwerwiegende Straftaten (*Normae de Gravioribus Delictis*), die er 2010 als Benedikt XVI. veröffentlichte.

17. Vor – und insbesondere nach – der Reformation sah sich die Kirche mit unzähligen obszönen Geschichten über die Lasterhaftigkeit von Priestern und Nonnen konfrontiert, ein Berg von kontinentaler Pornographie und protestantischer Propaganda. Dabei spielte Kindsmissbrauch keine zentrale Rolle (eine Altersgrenze für Sexualmündigkeit war noch nicht festgelegt worden), obschon die von Heinrich VIII. erlassenen ersten Gesetze gegen widernatürliche Unzucht in England sich gezielt gegen katholische Priester richteten. Jahrhunderte später hielten die Nazis die katholische Kirche durch Drohungen auf Kurs, man werde klerikale Kinderschänder strafrechtlich verfolgen und Karikaturen über pädophile Priester in Publikationen der Hitlerjugend abdrucken. Nach dem Krieg war das Problem dann scheinbar verschwunden. In den folgenden 50 Jahren wurden weltweit nur sehr wenige Fälle klerikalen Missbrauchs vor öffentlichen Gerichten verhandelt, wobei – wie wir jetzt wissen – das Phänomen in Wirklichkeit weit verbreitet war. Eine Warnung ging

in den 1950er und 60er Jahren persönlich an Papst Paul VI. sowie per Schriftverkehr an verschiedene vatikanische Funktionsträger und Bischöfe. Die Warnung kam von einem Geistlichen namens Gerald Fitzgerald, dem Gründer der „Servants of the Paraclete", die sich unter dem Motto „Priester helfen Priestern" um vom rechten Weg abgekommene Kleriker kümmerten. Fitzgerald teilte dem Papst mit, dass der sexuelle Missbrauch zunehme („mehrere Seminare sind stark davon betroffen"), dass er unheilbar sei und dass er sich verheerend auf die Stellung des Priesterstandes auswirken werde. Seine Empfehlungen (dass Novizen sorgfältig im Hinblick auf sexuelle Probleme überprüft werden sollten, dass einigen Priestern die Heirat gestattet werden solle, dass es eine strikte Regelung geben solle, Missbrauchstäter auszuschließen und die Anweisung an sämtliche Priester ergehen solle, dass gegenseitige Masturbation eine Todsünde sei) wurden ignoriert. Seine Schreiben wurden erst 2007 im Rahmen eines Prozesses in New Mexico bekannt, wo Fitzgerald den Paraclete-Orden gegründet hatte. Es war für die damalige Zeit typisch, dass der Bischof von Manchester sich mit einem geheimen Schreiben an den Orden wenden konnte, wegen eines „Problempriesters", der in „mehrere skandalträchtige Zwischenfälle mit jungen Mädchen verwickelt war", mit der Schlussfolgerung, die „Lösung des Problems dürfte ein Neubeginn in einer Diözese sein, in der man ihn nicht kennt".[2] In seiner Verzweiflung schlug Fitzgerald vor, der Vatikan solle eine karibische Insel als Exil für seine pädophilen Priester erwerben, doch angesichts des zunehmenden Tourismus an dem vorgeschlagenen Zufluchtsort (Caricou) erwies sich dieser – ohnehin unwillkommene – Vorschlag als unrealistisch. Vatikan und Bischöfe hörten nicht auf Fitzgerald und schlugen seine bereits 1952 erhobene Warnung in den Wind: Pädophile Priester im Amt zu belassen oder von einer Diözese zur nächsten zu schicken heiße, sich der unmittelbaren Gefahr eines Skandals auszusetzen.

Die Fälle in den USA

18. Dieser Skandal staute sich dann ein halbes Jahrhundert lang hinter einer Mauer „päpstlicher Geheimhaltung" auf, die klerikale Sexualverbrecher vor Entlarvung und Festnahme schützte – bis der Damm schließlich im Jahr 2002 in Boston brach. Es begann mit einer Schlagzeile im Boston Globe vom 6. Januar 2002:

KIRCHE LIESS MISSBRAUCH DURCH PRIESTER JAHRELANG ZU.

Seit Mitte der 90er Jahre haben sich mehr als 130 Personen mit furchtbaren Berichten aus ihrer Kindheit darüber gemeldet, wie der frühere Priester John Jay Georghan sie auf einer drei Jahrzehnte andauernden „Tour" durch ein halbes Dutzend Bostoner Pfarreien unsittlich berührt oder vergewaltigt habe. Bei den Opfern handelte es sich fast ausnahmslos um Schuljungen. Eines der Opfer war erst vier Jahre alt.

19. In einer Reihe von Enthüllungsgeschichten berichtete der Boston Globe (was kirchliche Dokumente später bestä-

tigten), dass Kardinal Bernard Law und die Mitglieder seiner Kirchenführung durchaus um den Missbrauch von Jungen durch mehrere Priester gewusst, aber im Hinblick auf die Klagen der Opfer nichts unternommen hatten, außer die betreffenden Kleriker in andere Pfarreien zu versetzen, wo ihre Neigungen nicht bekannt waren. Law selbst wurde zum Schutz vor dem Volkszorn und vor polizeilichen Ermittlungen in den Vatikan versetzt und zum Erzpriester einer großen Basilika ernannt – keineswegs ein Zeichen der Schande, sondern der Ehre – und durfte als zusätzliche Auszeichnung eine Totenmesse für Johannes Paul II. zelebrieren. Zu Hause in Boston musste seine Kirche unterdessen mehr als 100 Millionen Dollar Schadensersatz für die unter seiner Amtsführung vorherrschende Pflichtvergessenheit und Abgebrühtheit zahlen. Quer durch die USA fassten Opfer sexuellen Missbrauchs nach jahre- und oft auch jahrzehntelangem Schweigen Mut und öffneten sich gegenüber Journalisten und Anwälten. An immer mehr Orten kam es zu Zivilprozessen gegen Bischöfe und ihre Diözesen wegen fahrlässigen Handelns, die ihren Höhepunkt in der gewaltigen Vergleichssumme von 660 Millionen Dollar fanden, mit der die Erzdiözese Los Angeles eine Sammelklage beilegte, wobei die polizeilichen Ermittlungen noch immer andauern.[3] Die unglaubliche Nonchalance führender Kirchenvertreter ist in diesem Buch in Anhang A festgehalten, wo anhand nur eines einzigen Beispiels aufgezeigt wird, wie einem bekannten Pädophilen 15 Jahre lang – nachdem er sich Kardinal Mahony gegenüber als Missbrauchstäter zu erkennen gegeben hatte – jede Gelegenheit geboten wurde

Die Sünden der Väter

(die er wahrnahm), kleine Jungen in Kalifornien zu missbrauchen.

20. Bekannt wurde auch, dass William Levada, der von Papst Benedikt 2005 zu seinem Nachfolger als Kardinalpräfekt der Glaubenskongregation ernannt worden war, bereits 1985 von Anwälten der Kirche auf die Gefahren durch pädophile Priester hingewiesen worden war, aber nichts unternommen hatte. Als Bischof von Portland war er derart inkompetent mit Missbrauchsfällen umgegangen, dass seine Diözese in Konkurs ging, von dem sie sich erst erholen konnte, nachdem sie das Geld für einen Vergleich über 75 Millionen Dollar aufbrachte. Andere Diözesen wie Spokane, Washington, Tucson und Arizona haben sich in den Konkurs geflüchtet, um sich vor Missbrauchsprozessen zu schützen und gaben damit den Opfern den Anstoß, stattdessen den Heiligen Stuhl zu verklagen – diejenige Stelle also, an die die Bischöfe Beiträge geleistet und von der sie Anweisungen erhalten hatten, wie mit „Problempriestern" umzugehen sei.[4] Die Gesamtrechnung für den sexuellen Missbrauch bewegt sich mittlerweile in Richtung 2 Mrd. Dollar (ohne Verfahrenskosten) und wird (angesichts der langen Verfahrensdauer von Schadensersatzklagen in den USA) weiter steigen, bis zu einem endgültigen Betrag von 5 Milliarden Dollar, wie die Zeitschrift Forbes prognostiziert. Obwohl die meisten Klagen durch Vergleich beigelegt wurden, sind einige auf Video aufgezeichnete Aussagen führender Kirchenvertreter erhalten geblieben und wurden mit erschütternder Wirkung von Amy Berg für ihren Oscar-nomi-

nierten Dokumentarfilm von 2007 mit dem Titel „Deliver us from Evil" verwendet. Der Film zeigt unter anderem den pädophilen Priester Oliver O'Grady bei seiner Schilderung, wie er während seiner Laufbahn als Kinderschänder nacheinander in fünf verschiedene kalifornische Pfarreien versetzt worden war. Die erschütternden Zeugenaussagen der Opfer werden im Film seinen amoralischen Aussagen gegenübergestellt, die jegliche Einsicht vermissen lassen. Die bewegendsten Szenen – bewegend deshalb, weil sie zornig machen – waren Filmausschnitte von Kirchenoberen, die voller Arroganz ihr eigenes Verhalten entschuldigen.

21. Die amerikanischen Medien haben Missbrauchsskandale in nahezu allen US-Staaten aufgedeckt.[5] Man hat dort systematisch so lange die Augen vor Anschuldigungen gegen Priester verschlossen, bis ein öffentlicher Skandal unausweichlich schien. Dann wurde der betreffende Priester aus dem Verkehr gezogen, zur Beratung oder Therapie geschickt und erhielt dann anschließend eine neue Pfarrei zugewiesen, in der niemand über seine Taten informiert wurde – er stand also nicht unter scharfer Beobachtung, die Rückfälle hätte verhindern können. Häufig wurden die Priester in der Krankenhausseelsorge eingesetzt (und das sogar in Kinderkrankenhäusern); diejenigen, die entsprechende Fähigkeiten hatten, wurden zum Studium des Kanonischen Rechts an die Universität geschickt und konnten dann nach ihrer Rückkehr an kanonischen Gerichtsverfahren teilnehmen, in denen sie für die Untersuchung von Missbrauchsvorwürfen gegen andere Priester

verantwortlich waren. Bischöfe hatten eine Vorliebe dafür, weit hergeholte Ausreden naiv zu akzeptieren: Als ein Zeuge (ebenfalls Priester) einen Kollegen dabei beobachtete, wie dieser in einem dunklen Pfarrhauszimmer rittlings auf einem knienden 15-jährigen Ministranten saß, nahm der damalige Erzbischof und jetzige Kardinal Levada das als „Unfug und Herumbalgen" hin. Er suspendierte den Zeugen anstelle des „Herumbalgenden", dessen späteres Eingeständnis der Wahrheit die Erzdiözese 750.000 Dollar Schadensersatz kostete. Ein anderer Priester, der Jungen mit gespreizten Gliedmaßen nackt fotografierte, überzeugte seinen Bischof davon, dass er ihnen „durch Demütigung und physischen Schmerz beibringen wollte, wie Christus sich gefühlt hat". Ein Chicagoer Kardinal wies Beschwerden mit der Bemerkung zurück, es habe sich um „eventuell falsch interpretiertes Raufen" gehandelt, während ein Priester, der in einem Strandhaus einen Jungen eng umschlungen hielt, ihn vielleicht „nur umarmen" wollte. Später führten die Bischöfe als Erklärung für ihr Wegsehen die eigene Unwissenheit über Pädophile ins Feld („man schickt sie auf Exerzitien, dann kommen sie wieder, dann gibt man ihnen einen anderen Posten"). Die Gründe dafür, Missbrauchstäter nicht bei der Polizei anzuzeigen, reichten von „Damals kam es mir überhaupt nicht in den Sinn, sie anzuzeigen" bis zu „Das Evangelium lehrt uns die Versöhnung. Wir glauben an Vergebung" oder auch zu dem ehrlicheren „Bei der Priesterknappheit kann ich gar nicht riskieren, ihn nicht zum Priester zu weihen". Ein Bischof in Idaho drängte einen Kollegen in England, einen Priester zu übernehmen, der einen 8-jährigen belästigt hatte, weil der Bruder des Opfers mit der Polizei gedroht hatte und der Priester „Gefahr läuft, festgenommen zu werden und eventuell ins Gefängnis zu kommen, wenn er hier bleibt."

22. Bischöfe in New York schickten geständige Missbrauchstäter nach Afrika statt ins Gefängnis. Jüngste Ermittlungen zeigen, dass pädophile Priester von und nach den USA verschoben wurden – von und nach Irland, Rom, Mexiko und Afrika. (Im Mai 2010 veröffentlichte Associated Press dreißig solche Beispiele, und jetzt, da auch Fälle von Verschiebungen aus Europa nach Afrika ans Licht kommen, steigen die Zahlen weiter.) All dies geschah – oder hätte geschehen sollen – mit Billigung der Glaubenskongregation, die laut „Crimen" über sämtliche Fälle informiert werden musste, und mitunter auch mit stillschweigender Billigung des Nuntius, der vom Vatikan zur Überwachung der Bischöfe und Priester vor Ort entsandt worden war. In Cleveland wurde ein als Anwalt ausgebildeter Bischof beschuldigt, andere kirchliche Anwälte zur Entfernung von Unterlagen aus den Personalakten verdächtiger Priester angehalten zu haben, als er einer Versammlung von Bischöfen riet: „Wenn es etwas gibt, was wirklich niemand sehen soll, könnten Sie es an den apostolischen Gesandten schicken [den Nuntius bei der Botschaft des Heiligen Stuhls in Washington], denn die besitzen Immunität." Dies ist ein wichtiger Punkt: Diplomatische Immunität kann manchmal als Deckmantel für die Verbrechen von Diplomaten dienen – aber auch für die Verbrechen von Priestern?

Die Sünden der Väter

23. Schon früh im sich ausweitenden Skandal schlug die katholische Bischofskonferenz in Amerika eine „Null-Toleranz-Strategie" vor, die unter anderem die Weiterleitung von Anschuldigungen an die Polizei und einen stärkeren Gebrauch der Amtsenthebung schuldiger Priester vorsah. Hiergegen legte der Vatikan sein Veto ein mit der Begründung, dies sei unfair gegenüber Priestern, die einen Anspruch auf all die Verteidigungsrechte hätten, die ein Hauptverfahren nach kanonischem Recht bietet. Die Vorstellung, Bischöfe sollten Verdächtige bei der Polizei anzeigen, empfanden die Kardinäle als schwere Beleidigung. „Wenn sich ein Priester nicht mehr seinem Bischof anvertrauen kann, aus Angst vor Denunzierung, dann würde das bedeuten, dass es keine Gewissensfreiheit mehr gibt", erklärte Tarcisio Bertone, die Nummer zwei in der Glaubenskongregation und heute auch die Nummer zwei hinter Benedikt XVI. als Staatssekretär. Hochtrabend wies er die Forderung zurück, „dass ein Bischof verpflichtet werden könnte, sich an die Polizei zu wenden, um einen geständigen pädophilen Priester zu denunzieren". Kardinal Castrillon Hoyos verteidigte die Vorliebe der Kirche dafür, die „Dinge innerhalb der Familie zu halten". Von Erzbischof Hemanz verlautete, eine derartige Regelung würde „die Unschuldsvermutung beeinträchtigen" (inwiefern, erläuterte er nicht), und Kardinal Rodriguez argumentierte, dies ähnele den stalinistischen Verfolgungen, bevor er sich mit seiner Metaphorik in westliche Richtung bewegte: „Wir sind Priester, keine FBI- oder CIA-Agenten ... Ich würde eher ins Gefängnis gehen, als einem meiner Priester zu schaden.". Unglaublich der

Vergleich, den Kardinal Bravo aus Nicaragua zog: die Opfer glichen Potiphars Weib, zur Lüge getrieben durch Lust, Gehässigkeit und unerwiderte Liebe. „Wir haben es mit angeblichen Opfern zu tun, die mit verleumderischen Anschuldigungen große Summen kassieren wollen."[6] Diese Stimmen aus dem Vatikan im Jahr 2002 – denen sich auch Kardinal Ratzinger mit Vorwürfen gegen die „manipulierte" und „geplante" Kampagne der US-Presse anschloss („Weniger als ein Prozent der Priester sind schuldig") – zeigen das Ausmaß, in dem Arroganz und Ignoranz gleichermaßen die Mitglieder der Kurie befallen hatten. Sie betrachteten den Skandal als „amerikanisches Problem", dessen Ursache nicht in pädophilen Priestern oder in der fahrlässigen Nachsicht der Bischöfe und der Glaubenskongregation in Rom zu suchen sei, sondern im amerikanischen Sensationsjournalismus, dem US-Schadensersatzrecht und den Schadens-Anwälten, sowie der „Schwulenkultur" innerhalb der Kirche. Allerdings unterstützte der Heilige Stuhl 2003 eine Expertenkonferenz über Pädophilie, die – zur Überraschung und Fassungslosigkeit einiger Kirchenfunktionäre – zu dem Schluss kam, es gäbe keinen kausalen Zusammenhang zwischen der Homosexualität eines Priesters und seiner Eigenschaft als Sexualtäter.[7] (Diese Erkenntnis wurde aber ignoriert – noch an Ostern 2010 benannte Bertone öffentlich die Infiltration seines Klerus durch Homosexuelle als Ursache für den Missbrauchsskandal.)

24. Man muss es der amerikanischen Bischofskonferenz zugute halten, dass sie sich im Jahr 2002 im Angesicht der

Die Sünden der Väter

sich ausweitenden Krise entschloss, eine objektive Untersuchung der Problematik in Auftrag zu geben. Sie beauftragte eine Gruppe angesehener Kriminologen des John Jay College of Criminal Justice in New York mit einer umfassenden Überprüfung, und deren 2004 veröffentlichter Bericht kam zu einigen äußerst beunruhigenden Schlussfolgerungen. Der Bericht stellte fest, dass seit 1950 nicht weniger als 10.667 Personen plausible Anschuldigungen gegen 4392 Priester erhoben hatten – das entspricht 4,3 % der im betreffenden Zeitraum aktiven Priesterschaft.[8] Diese nackten Zahlen sind fast mit Sicherheit zu niedrig (die Kirche selbst akzeptiert mittlerweile einen Anteil von 5,3 %, während andere den tatsächlichen Prozentsatz auf bis zu 6–9 % taxieren): Die Urheber der Studie hatten keine Zwangsbefugnis, ja sie hatten nicht einmal vertraulichen Zugang zu Kirchenbüchern und waren auf die Informationen angewiesen, die ihnen die – in der Dokumentation nicht immer sachkundigen – Kirchenoberen freiwillig zukommen ließen. So oder so – die Unrichtigkeit der Behauptung Ratzingers, es seien „weniger als ein Prozent", war jedenfalls schlüssig nachgewiesen.

25. Der Bericht weist auch darauf hin, dass sexueller Kindsmissbrauch den Charakter einer „Zeitbombe" hat – viele Opfer sind so in Mitleidenschaft gezogen, dass sie das Geschehene erst Jahre oder gar Jahrzehnte später so weit bewältigt haben, dass sie darüber reden können.[9] Nur 13 % der Beschuldigungen wurden in demselben Jahr erhoben, in dem das Verbrechen geschah, 25 % erst drei-

ßig Jahre später. Das bedeutet, dass die Kirche noch auf Jahre hinaus mit Anschuldigungen konfrontiert sein wird. Es bedeutet auch – und das ist ein wichtiger Punkt, wenn es um Gerechtigkeit für die Opfer geht –, dass die in vielen Ländern geltenden Verjährungsfristen der Strafverfolgung es vielen verspätet entlarvten Tätern ermöglichen werden, einem Strafverfahren zu entgehen. Für Klagen aus unerlaubter Handlung (jenem Teil des Zivilrechts, der durch Vorsatz oder Fahrlässigkeit zu Schaden gekommenen Opfern Schadensersatzklagen ermöglicht) bestehen in praktisch allen Ländern Verjährungsfristen, und diese Fristen, die im anglo-amerikanischen Rechtskreis in der Regel sechs Jahre betragen, führen dazu, dass vielen Opfern eine Entschädigung vorenthalten wird. Weiter bedeutet das auch, dass die Verjährungsfrist für ein Vorgehen gegen pädophile Priester nach kanonischem Recht (zehn Jahre ab dem 18. Geburtstag des Opfers) ebenfalls unrealistisch und ungerecht war – was der Papst auch teilweise eingestand, als diese im Juli 2010 auf 20 Jahre verlängert, jedoch nicht – wie es die Gerechtigkeit verlangen würde – komplett abgeschafft wurde.

26. Die Untersuchung zeigte, dass die überwiegende Mehrheit der Missbrauchspriester in der katholischen Kirche vor Ende der 1970er Jahre zum Priester geweiht worden war (was Benedikts Behauptung, die „Schwulenkultur" der 1980er und 90er Jahre sei schuld, zunichte machte), und dass viele sich an mehreren Opfern oder an einzelnen Opfern über einen langen Zeitraum hinweg vergangen hatten. Die meisten Opfer waren zwischen 11 und 14

Jahre alt (16 % waren zwischen 8 und 10, 6 % unter 7), und mit 81 % war die überwiegende Mehrheit Jungen. Die sexuellen Handlungen reichten von Masturbation bis zu Oralsex und Analverkehr und wurden in der Regel im Pfarrhaus, in der Kirche oder in kirchlichen Schulen begangen. Die Taktiken, um sich die Kinder gefügig zu machen, reichten von emotionaler Einschüchterung und „geistlicher Manipulation" (z.B. dem Versprechen der Absolution) bis hin zu Erpressung: Drohungen mit ewiger Verdammnis und Höllenfeuer, wenn „unser Geheimnis" herauskommt, können auf kleine Kinder sehr massiv wirken, wenn sie von einem Priester kommen – obschon für die meisten Jugendlichen, die daran gewöhnt wurden, im Priester den Stellvertreter Gottes zu sehen, schon Aussagen wie „du kannst mir vertrauen, du kommst nicht in die Hölle, ich bin ja ein Priester" für ängstlichen Gehorsam sorgen. Kleriker, die Missbrauch verübten, hatten in der Regel eine Persönlichkeitsstörung, einige waren pädophil, andere ephebophil (suchten sich also Opfer im Teenageralter). In einer späteren Untersuchung kam das John Jay College zu der Schlussfolgerung, dass Homosexualität an sich bei ihren Straftaten kein Faktor war, und andere Studien bringen die Charakterstörung mit dem Zwangszölibat in Zusammenhang, der zu Einsamkeit, Depression, geringer Selbstachtung, Alkoholismus und unterdrücktem Geschlechtstrieb führen kann. Gegen diese Schlussfolgerung wehrt sich der Vatikan bereits seit dem Jahr 1139, als das Laterankonzil die Auferlegung des Keuschheitsgelübdes beschloss – den Warnungen eines weitblickenden Bischofs zum Trotz, „dass die Priester nach Auferlegung des Zölibats Sünden begehen werden, die weitaus schlimmer sind als Unzucht. Sie werden sexuelle Befriedigung suchen, wo immer sie sie finden können."[10])

27. Die wirklich erschütternde Feststellung war, dass 76 % der Missbrauchsvorwürfe gegen Priester nie den Strafverfolgungsbehörden gemeldet worden waren.[11] Lediglich 6 % der beschuldigten Priester waren verurteilt worden, und gerade einmal 2 % erhielten Gefängnisstrafen (eine Verurteilung wegen Kindsmissbrauchs ohne Freiheitsentzug deutet in der Regel darauf hin, dass die Kirche dem Täter einen guten Leumund bescheinigt hat.) Die sehr geringe Zahl verurteilter Priester mag teilweise auf die verspäteten Anzeigen durch die Opfer zurückzuführen sein: In vielen US-Staaten konnte wegen der zeitlichen Grenzen, die durch Verjährungsvorschriften gezogen werden, keine Anklage erhoben werden. Es wurde nachgewiesen, dass die Kirche einige Wiederholungstäter versetzt hatte – gegen 143 Priester waren in mehr als einer Diözese Anschuldigungen erhoben worden. Es ist unfassbar, aber nur 6 % der Priester wurden durch die sogenannte „Laisierung" nach kanonischem Recht – die Rückversetzung in den Laienstand – ihres Amtes enthoben, weitere 21 % waren lediglich in der Ausübung des geistlichen Amts beschränkt worden (z.B. durften sie eine Zeitlang keine Messen lesen oder keine Ministranten anleiten). Einige legten ihr Amt nieder oder gingen in den Ruhestand, wobei ihr makelloser Ruf erhalten blieb, aber die Mehrheit derjenigen, gegen die glaubwürdige Anschuldigungen

vorgebracht worden waren, waren entweder „zur Begutachtung überwiesen" oder auf Exerzitien geschickt worden, häufig zum Paraclete-Orden in New Mexico, wobei dieser nie behauptet hat, dass die dort praktizierte Behandlung bei Pädophilen „wirkt". In denjenigen Fällen, in denen eine plausible Anschuldigung vollständig nachgewiesen worden war (insgesamt 1.872), wurde lediglich ein Prozent der Priester exkommuniziert und nur 6 % wurden laisiert: 29 % ließ man vom Amt zurücktreten oder in den Ruhestand gehen, 10 % wurden bloß verwarnt, und 53 % wurden „in Behandlung geschickt". Wie diese Behandlung aussah, ist nicht ganz klar; laut dem Erzbischof von Los Angeles wurde in der damaligen Zeit weithin angenommen, dass eine Beratung ausreichend sei. Eine chemische Kastration (mittels MPH oder Deprovira) stand zur Verfügung, wurde aber selten angewandt. Eine Verhaltenstherapie mit dem Ziel, den Täter die Schändlichkeit seines Verhaltens erkennen und sich in die Opfer hineinzufühlen zu lassen, kann hilfreich sein. Es war jedoch allgemein bekannt, dass Rückfälligkeit damit in vielen Fällen nicht verhindert werden kann.

28. Die John-Jay-Studie war wesentlich für den Nachweis des Ausmaßes von Kindsmissbrauch, umso mehr, als ihre Zahlen das Problem wahrscheinlich noch unterschätzen, und auch zur Widerlegung der öffentlichen Behauptung Kardinal Ratzingers aus dem Jahr 2002, weniger als ein Prozent der Priesterschaft sei betroffen, sowie der selbstbewussten Beteuerung von Kardinal Castrillon Hoyos, Präfekt der Kongregation für den Klerus, das Problem sei

"statistisch unbedeutend ... weniger als 0,3 % der Priester sind pädophil".[12] Namen wurden in der Studie nicht genannt, aber das taten schon bald darauf die Zeitungen: Sie identifizierten führende Vertreter der US-Kirche als diejenigen, die weggeschaut hatten, und machten den Vatikan als denjenigen aus, der ihnen dazu die Ermächtigung gegeben hatte. Der schlimmste Fall betraf die Vergewaltigung und die Sodomisierung von 200 taubstummen Jungen durch Father Lawrence Murphy in Wisconsin über einen Zeitraum von zwanzig Jahren. Sein Bischof weigerte sich, auf Beschuldigungen der Opfer hin tätig zu werden, bis die Kirche schließlich – nach vielen weiteren Opfern – einen geheimen kanonischen Prozess einleitete und sich 1996 an die Glaubenskongregation unter Leitung Kardinal Ratzingers als zuständiger vatikanischer Stelle wandte. Ratzinger blieb untätig (er war besorgt wegen der Gefahr eines wachsenden Skandals und betonte daher die „Notwendigkeit der Geheimhaltung"), bis der Priester schließlich todkrank wurde, woraufhin Ratzinger die Einstellung des kanonischen Verfahrens verfügte, damit der Priester, um dessen Schuld er wusste, als geachtetes Mitglied seiner Bruderschaft sterben konnte. Ein weiterer schockierender Fall ereignete sich im Jahr 1981, als der Bischof von Oakland der Glaubenskongregation gegenüber dringend die Laisierung von Father Stephan Kiesle empfahl, nachdem dieser gerade von einem Strafgericht wegen Fesselung und Missbrauchs von zwei Jungen in einem Kloster in San Francisco verurteilt worden war. Ratzinger, damals Präfekt der Glaubenskongregation, verschleppte die Angelegenheit trotz wiederholter dringender Nachfragen vier Jahre lang, aus Angst, sie könne „Schaden innerhalb der Gemeinschaft der Gläubigen Christi" anrichten. Den Priester ließ man mit Rücksicht auf seine Jugend – er war 38 – weiter mit Kindern arbeiten. 2004 wurde er wegen sexueller Belästigung eines Mädchens erneut verurteilt, nachdem schon vorher Strafverfahren wegen priesterlichen Missbrauchs an der Verjährung gescheitert waren.[13] Ratzingers Unterschrift auf einem Schreiben aus dem Jahr 1985, in dem er das „Wohl der universalen Kirche" über die Notwendigkeit stellt, diesen unverbesserlichen Kinderschänder zu entfernen, wurde 2010 in der Presse veröffentlicht und brachte den Papst mit der Vertuschung sexuellen Kindsmissbrauchs während seiner Amtszeit als Leiter der zuständigen vatikanischen Behörde in Verbindung.

29. Es kann sein, dass der Vatikan klerikalen Missbrauch während dieses Zeitraums – und auch noch bis vor ganz kurzem – als „rein amerikanisches Problem" gesehen hat oder hat sehen wollen – so hatte Papst Johannes Paul II. es einst dem *Time Magazine* gegenüber beschrieben.[14] Sein Sprecher warf die Frage auf, ob „der wahrhaft Schuldige nicht eine Gesellschaft ist, die in unverantwortlichem Maße freizügig und derart mit Sexualität überfrachtet ist, dass sie selbst Menschen mit einer soliden moralischen Bildung dazu verführen kann, schwerwiegende unmoralische Handlungen zu begehen."[15] Mit der Zeit nahm die Schuldzuweisung dann andere Gestalt an und verlagerte sich auf einen weiteren Aspekt der amerikanischen Gesellschaft – ihren Sensations-Journalismus und ihre

skrupellosen Schadens-Anwälte. Noch im April 2010 schob Kardinal Levada während eines Auftritts in der *Newshour* im US-Sender PBS die Schuld auf unfaire Reporter der *New York Times*, die von den Anwälten der Kläger mit Informationen gefüttert worden seien.[16]

Die Republik Irland

30. Diese Verteidigungshaltung, die Schuld für den schrecklichen Kindsmissbrauch durch katholische Priester einem freizügigen Amerika und dessen Presse und Anwälten zuzuschieben, ließ sich nicht aufrechterhalten angesichts der Beweise, die in drei gerichtlichen Untersuchungen in der Republik Irland zutage traten, wonach der Missbrauch in katholischen Jungeneinrichtungen, Erziehungsanstalten und Waisenhäusern in Irland „endemisch" gewesen war. So lautete die Schlussfolgerung von Richter Sean Ryan vom Obersten Gerichtshof, als er nach neunjähriger Befragung von Tausenden von Opfern, Lehrern und Amtspersonen einen umfangreichen fünfbändigen Bericht präsentierte. Der Ryan-Report stellte fest, dass diese hauptsächlich von den Christian Brothers geleiteten Institutionen Richtlinien folgten, die den Missbrauch Tausender Kinder geradezu förderten. Wurden Bischöfe mit Beweisen gegen pädophile Priester konfrontiert, versetzten sie diese einfach in andere Pfarreien, wo viele erneut straffällig wurden. Opfer, die sich beschwerten, wurden durch erzwungene Geheimhaltungsschwüre zum Schweigen gebracht. Die irische Polizei

(*guardai*) war an Ermittlungen gegen Priester nicht interessiert, da sie ihnen von vornherein vertraute. Selbst das kanonische Recht (das ein kirchliches Verfahren bei Anschuldigungen wegen sexuellen Missbrauchs vorsieht) wurde von den kirchlichen Behörden übergangen. Dabei hatte bereits eine frühere gerichtliche Untersuchung über Missbrauchsfälle in der Diözese Ferns den Vorwurf erhoben, die Kirche erfasse gar nicht „den entsetzlichen Schaden, den sexueller Kindsmissbrauch anrichten kann und tatsächlich anrichtet. Die Untersuchungskommission war ergriffen von dem Leid, an dem die erwachsenen und unvoreingenommenen Opfer, die vor ihr ausgesagt haben, heute noch zu tragen haben."[17]

31. Der Ryan-Bericht stellte fest, dass sexueller Missbrauch, von erotischen Berührungen bis hin zu brutaler Vergewaltigung, in Jungeneinrichtungen systematisch und in Einrichtungen für Mädchen gelegentlich betrieben wurde.[18] Diese Missbrauchsfälle wurden „so arrangiert, dass das Risiko einer öffentlichen Enthüllung und des sich daraus ergebenden Schadens für die Einrichtung und die Kongregation möglichst gering gehalten wurde. Diese Verfahrensweise führte im Ergebnis zum Schutz des Täters." Den Bischöfen war offensichtlich bewusst, dass Missbrauchstäter zu Rückfällen neigen, sie sorgten sich aber wegen „des Skandals und der schlechten Presse, die bei einer Enthüllung des Missbrauchs drohten. Die Gefahr für die Kinder wurde außer Acht gelassen."[19] Es herrschte eine „Kultur des Schweigens". Einige Missbrauchstäter wurden an staatliche Schulen abgestellt, wo

sie weiter Kinder belästigten. Die Polizei wurde nicht informiert.[20] Kinder mit Lernbehinderungen, Waisen sowie körperlich oder geistig Behinderte waren brutalen oder lüsternen Priestern besonders schutzlos ausgeliefert, und ihre Leidensgeschichten lesen sich erschütternd. Nahezu unerträglich war für viele Katholiken in Irland, dass die Kirchenführung sich aktiv daran beteiligt hatte, die Opfer zum Schweigen zu bringen – was in Einzelfällen so weit ging, dass man selbst kleinen Kindern in Zeremonien, die furchterregend gewesen sein mussten, Schwüre der Verschwiegenheit abverlangte. Kardinal Brady, der katholische Primas von Irland, ließ 1975 zwei Teenager Geheimhaltung schwören, nachdem sie wahrheitsgemäße Beschuldigungen gegen Father Brendan Smyth vorgebracht hatten, der im Laufe seiner Karriere mehr als 100 Kinder missbrauchte. Manche Kritiker werfen Brady unehrenhaftes Handeln vor, weil er sich bei Bekanntwerden seines – zeitlich allerdings weit zurückliegenden – Verhaltens als Kirchenfunktionär weigerte, abzudanken.[21] (Wobei der Papst im August 2001 den Rücktritt zweier irischer Weihbischöfe ablehnte und damit die Starrköpfigkeit des Vatikans demonstrierte – und vielleicht auch seine Verachtung für aussagekräftige Entschuldigungen.)

32. Noch vernichtender – vor allem hinsichtlich der Verantwortlichkeit des Vatikans – war ein zweiter Bericht, der im weiteren Verlauf des Jahres 2009 erschien. Ein Tribunal unter Vorsitz der Richterin Yvonne Murphy untersuchte die Fälle von 46 pädophilen Priestern, die insgesamt Tau-

sende von Kindern missbraucht hatten. Nach Untersuchung der einschlägigen geheimen Kirchenakten wurde festgestellt, dass der Erzbischof die Täter nicht bei der Polizei angezeigt hatte, sondern es vorzog, die Priester in neue Pfarreien zu versetzen, um einen öffentlichen Skandal zu vermeiden. Die Untersuchungskommission kam zu dem Schluss, dass der Kirchenleitung bereits seit 1987 die Gefahr für Kinder durchaus bewusst war, weil sie in diesem Jahr zynischerweise Versicherungen abschloss, die die Verfahrenskosten bei der Abwehr künftiger Entschädigungsklagen abdecken sollten. Die irische Regierung gab 2009 eine öffentliche Erklärung ab, der zufolge der Murphy-Bericht „zeigt, dass offensichtlich hilflose, unschuldige Kinder einer systematischen, kalkulierten Pervertierung von Macht und Vertrauen ausgeliefert waren." (Wie wir noch sehen werden, kann ein Angriff auf unschuldige Kinder, der Vergewaltigung und sexuelle Versklavung einschließt und mittels Machtmissbrauch auf breiter Front erfolgt, auf ein Verbrechen gegen die Menschlichkeit hinauslaufen.) Richterin Murphy zog folgendes Fazit:

Im Umgang mit Fällen sexuellen Kindsmissbrauchs ging es der Erzdiözese Dublin zumindest bis Mitte der 90er Jahre vorrangig darum, die Geheimhaltung zu wahren, einen Skandal zu vermeiden, die Reputation der Kirche zu schützen und ihre Vermögenswerte zu erhalten. Sämtliche anderen Überlegungen, einschließlich des kindlichen Wohlergehens und der Gerechtigkeit für die Opfer, wurden diesen vorrangigen Zielen untergeordnet. Die Erzdiözese wandte ihre eigenen Regelungen des kanonischen Rechts nicht an und versuchte nach Kräften, jegliche Anwendung staatlichen Rechts zu verhindern.[22]

33. Wichtig am Murphy-Bericht war nicht nur seine Feststellung, dass klerikaler Kindsmissbrauch vertuscht wurde, sondern auch, dass „die Strukturen und Regelungen der katholischen Kirche diese Vertuschung begünstigen".[23] Eine Teilschuld wurde auch dem Staat zugewiesen, da er „es zugelassen hatte, dass kirchliche Institutionen sich außerhalb der Reichweite der normalen Strafverfolgung bewegten". Dabei verhehlte der Bericht nicht, dass die Kirche selbst – im Rahmen der Vorgaben des kanonischen Rechts des Vatikans – ihre wichtigsten Mitglieder (d.h. ihre Priester) vor Strafverfolgung geschützt hatte, um einen Skandal zu vermeiden und ihre Vermögenswerte zu schützen, falls sie verklagt werden sollte. Sie nahm keine Rücksicht auf die Opfer, deren Beschwerden man „mit Ablehnung, Arroganz and Vertuschung sowie in manchen Fällen mit Inkompetenz und Unverständnis begegnete".[24] Die irischen Bischöfe und ihre hochrangigen Berater hätten schuldhaft verantwortungslos gehandelt, indem sie sich weigerten, Priester bei der Polizei anzuzeigen, obwohl sie wussten, dass diese schwerwiegender Verbrechen schuldig waren, wobei dies einer bestimmten Einstellung entsprach (nämlich, dass die Geheimhaltung um jeden Preis zu wahren sei), und diese Einstellung aus den Regelungen des kanonischen Rechts des Vatikans herrührte. Die Kommission schrieb mehrfach die Glaubenskongregation in Rom an und ersuchte um Informationen über diese Regelungen, doch der Vatikan ant-

wortete nicht, sondern beschwerte sich arrogant beim irischen Außenministerium, der Heilige Stuhl als souveräner Staat dürfe nur von Staaten kontaktiert werden und nicht von gerichtlichen Kommissionen. (Dies ist ein gutes Beispiel für die Kleinlichkeit, zu der die „Staatseigenschaft" verleiten kann.) Die Kommission schrieb daraufhin wiederholt an den päpstlichen Nuntius Giuseppe Lazzarotto, der sich ganz ungnädig nicht einmal zu der Höflichkeit einer Antwort herabließ. (Er wurde im Murphy-Report und später in Presse und Parlament scharf kritisiert, war zu diesem Zeitpunkt aber bereits Nuntius in Australien.) Ein irischer Kardinal namens Connell, der unter Ratzinger zwölf Jahre lang der Glaubenskongregation angehört hatte, verweigerte der Kommission ebenfalls jegliche Unterstützung, da er Geheimhaltung bezüglich der Arbeit der Kongregation geschworen hatte.

34. Trotz der Unnachgiebigkeit, mit der man der Kommission jeglichen Zugriff auf Unterlagen des Vatikans und jegliche Information über seine Rolle im Zusammenhang mit den irischen Missbrauchsfällen verweigerte, gelang es Richterin Murphy, die Statuten und Regelungen zu untersuchen, die Rom in Form des kanonischen Rechts (welches nur vom Papst geändert werden kann) sowie von päpstlichen Dekreten niedergelegt hatte. Die Kommission stellte fest, dass die Verfahrensweisen für den Umgang mit sexuellem Kindsmissbrauch erstmals 1922 in lateinischer Sprache herausgegeben und 1962 gegenüber allen Bischöfen im Dekret *Crimen Sollicitationis*

(ebenfalls auf Latein) bekräftigt worden waren – einem Dekret, das derart geheim war, dass es den Anwälten der Kirche vorenthalten worden war und erst 2003 veröffentlicht wurde, nachdem es dem Anwalt eines Klägers in den USA zugespielt worden war. Es legte die Regeln für das Inquisitionsverfahren nach kanonischem Recht fest und stellte sicher, dass alle Prozessbeteiligten (einschließlich des Anklägers) auf Geheimhaltung eingeschworen wurden, und dass selbst in Fällen, die mit einer Verurteilung im Verfahren endeten, nichts an die Öffentlichkeit gelangen oder auch nur vertraulich an die Polizei weitergegeben werden durfte. Eine weitere Anweisung des Vatikans unter Kardinal Ratzingers Urheberschaft mit dem Titel *Sacramentorum sanctitatis tutela* wurde im Mai 2001 herausgegeben und forderte, dass alle glaubhaften Anschuldigungen des sexuellen Missbrauchs (für deren Richtigkeit zumindest eine Wahrscheinlichkeit spricht – das heißt, es liegt ein Beweis des ersten Anscheins vor) an das Büro der Glaubenskongregation in Rom zu verweisen seien. Kardinal Ratzinger als Präfekt würde dann entweder den Bischof hinsichtlich des Umgangs mit dem Fall beraten oder den Fall an sich ziehen. Dies sollte angeblich eine einheitliche Verfahrensweise bei derartigen Anschuldigungen innerhalb der katholischen Welt herbeiführen – da sie aber nach wie vor unter äußerster Geheimhaltung behandelt wurden, war weder die katholische noch die restliche Welt viel klüger. Und natürlich kam es dadurch zu langwierigen Verzögerungen, die viele Fälle über die Verjährungsfristen staatlicher Gesetze hinaus verschoben.

35. Erstaunlicherweise (und entsprechend erstaunt war denn auch die Murphy-Kommission) stellte sich heraus, dass nach kanonischem Recht die Tatsache, dass ein beschuldigter Priester pädophil war, sogar auf einen „Entlastungsgrund" hinauslief – da die Pädophilie unkontrollierbare Impulse auslösen konnte, welche nach Kirchenrecht nicht vorwerfbar waren. Murphy fand heraus, dass zwei von Kirchengerichten wegen fortgesetzten Kindsmissbrauchs „verurteilte" Priester mit ihrer Berufung bei Ratzinger vermutlich deshalb Erfolg hatten, weil die Glaubenskongregation diese kanonische Rechtfertigung angewandt hatte. Es gebe Anlass zu ernsthafter Besorgnis, so die Kommission, dass das kanonische Recht so drastisch vom weltlichen Recht abweiche, welches von Pädophilen erwartet, dass sie ihren Drang zum Kindsmissbrauch unter Kontrolle halten, und das bei einem Scheitern keinen Entlastungsgrund vorsieht. Darüber hinaus kennt das Recht in Irland, wie im Vereinigten Königreich, keine Verjährungsfristen für schwere Verbrechen. Bis 2001 verbot das kanonische Recht Verfahren, wenn das behauptete Vergehen länger als fünf Jahre zurück lag (durch das Dekret Ratzingers von 2001 wurde diese Frist auf 10 Jahre ab dem 18. Geburtstag des Opfers verlängert und beträgt heute 20 Jahre). Aufgrund dieser Unterschiede wurde gegen des Missbrauchs schuldige Priester, die nach nationalem Recht zu Gefängnis verurteilt worden wären, nach kirchlichem Recht nicht einmal ermittelt – einem Recht, das, vom Vatikan gesteuert, ausschließlich in einem parallelen Geheimjustizsystem operiert. Dieses Parallelrecht weist – im Gegensatz zu den meisten nationalen

Gesetzgebungen – zusätzliche Mängel auf, da es Personen, die Kenntnis vom Missbrauch durch einen Priester erlangen, nicht zu einer Anzeige bei der Polizei verpflichtet – und tatsächlich erhalten viele Mitgeistliche und auch katholische Laienfunktionäre Kenntnis von solchen Fällen. Diese Behinderung der Strafjustiz wird noch verstärkt durch die Tatsache, dass Strafen nach kanonischem Recht (z.B. Anweisungen zum Gebet, zur Buße oder zur Beschränkung der Seelsorge auf Erwachsene) „praktisch nicht durchzusetzen waren" und dass die pastorale Herangehensweise, Pädophile zur Therapie zu schicken, „gänzlich wirkungslos" war. Die Bestrafung von Priestern durch Amtsenthebung, so sie überhaupt angewendet wurde, ermöglichte es diesen nach wie vor, Jugendliche bei gesellschaftlichen bzw. nichtkirchlichen Veranstaltungen zu treffen und zu missbrauchen. Folgerichtig kam Murphy zu dem Schluss: „Der Kindsmissbrauch in Dublin ist ein Skandal. Dass die Leitung der Erzdiözese es unterließ, die Täter zu bestrafen, ist ebenfalls ein Skandal."[25]

Andere Länder: Das Muster

36. Den Skandalen in Irland 2009 folgten – nach den seit 2002 andauernden US-Skandalen – im Jahr 2010 weitere in ganz Europa. In Deutschland wurde bei der Untersuchung eines Jesuiten-Kollegs festgestellt, dass fünfzig Geistliche mehr als 200 Kinder während der schulischen Betreuung missbraucht hatten.[26] Es stellte sich auch heraus, dass Papst Benedikt persönlich während seiner Amts-

Die Sünden der Väter

zeit als Bischof von München die Versetzung des Priesters Peter Hullermann, der als pädophil bekannt war, in eine andere Pfarrei bewilligte, ohne ihn bei der Polizei anzuzeigen, selbst als er weiter Jungen missbrauchte. Seine späteren Delikte in der neuen Pfarrei wären vermutlich nicht begangen worden, wenn Bischof Ratzinger ihn bei den Behörden angezeigt hätte.[27] Der Bischof von Brügge trat überraschend zurück, nachdem er zugegeben hatte, einen Jungen so missbraucht zu haben, dass das Opfer für immer gezeichnet sein wird. (Sich selbst hatte der Bischof davor bewahrt, für immer an den juristischen Folgen tragen zu müssen: Er wartete mit dem Geständnis seines Verbrechens, bis die 10-jährige Verjährungsfrist abgelaufen war und wurde auch dann erst aktiv, als das Opfer anderen von den Vorfällen erzählte.) In Norwegen hatte unterdessen Papst Benedikt den Rücktritt von Erzbischof Mueller angenommen, nachdem dieser gestanden hatte, Anfang der 90er Jahre einen 12-jährigen Messdiener missbraucht zu haben – ein Verbrechen, das mittels vertraulicher Entschädigungszahlung vertuscht worden war und das – wieder einmal – erst nach Ablauf der Verjährungsfrist bei der Polizei angezeigt wurde. Noch gravierender war der Fall des österreichischen Kardinals Groer, der auf seinem 20-jährigen Weg zum Bischofsamt geschätzte 2.000 Jungen missbraucht hatte und während der gesamten Zeit unter dem Schutz von Johannes Paul II. stand. Dieser erlaubte ihm sogar, ungestraft in den Ruhestand zu treten und sich während seiner letzten Lebensjahre in einem Nonnenkloster zu verstecken, nachdem sein kriminelles Verhalten öffentlich bekannt geworden war. Einige seiner Opfer erhielten eine „Entschädigung" als Gegenleistung für ihre Verschwiegenheit über den ungeheuren Skandal, der sich unter den Augen Ratzingers in der Glaubenskongregation in den 80er und 90er Jahren ereignet hatte. Im Jahr 2000 erfuhren Präfekt und Papst, dass der polnische Erzbischof Julius Z. Paetz Seminaristen missbrauchte. Sie ließen diese Information zunächst unbeachtet und forderten Paetz erst zum Rücktritt auf, als die wahrheitsgemäßen Anschuldigungen mehrere Jahre später öffentlich bekannt wurden.

37. Die Skandale in Europa könnten mit der Zeit verblassen, wenn erst einmal offenbar wird, welche Freiheiten sich Priester mit Kindern in den Entwicklungsländern herausgenommen haben – vor allem in Ländern Lateinamerikas und Afrikas, wo bislang noch keine offiziellen Untersuchungen stattgefunden haben, wohin aber viele klerikale Missbrauchstäter geschickt wurden und nun unter geringer oder gar keiner Überwachung agieren. Im Mai 2010 wurden die ersten Berichte über eine intensive Verschiebung kinderschändender Priester aus Deutschland, Italien, Irland und den USA nach Nigeria, Südafrika, Mozambique und dem Kongo veröffentlicht. Der Vorsitzende der südafrikanischen Bischofskonferenz räumte ein, „das Fehlverhalten von Priestern in Afrika ist nicht im selben medialen Scheinwerferlicht untersucht worden wie in anderen Teilen der Welt", und beklagte, dass man Priester nach Afrika geschickt habe, die „Wölfe im Schafspelz" waren. Papst Benedikt traf derweil im Vatikan mit afrikanischen Bi-

schöfen zusammen und predigte ihnen vom Übel der Ehescheidung.[28]

38. Auch in Lateinamerika kamen allmählich die Skandale ans Tageslicht. Am schlimmsten war dabei der entsetzliche Fall des mexikanischen Priesters Marcial Maciel Degollado, Gründer eines reaktionären Ordens. Er war ein guter Freund von Papst Johannes Paul, der ihn 2004 im Vatikan segnete – trotz seiner langen und allseits bekannten Vorgeschichte als Kinderschänder und Vater mehrerer Kinder (die er ebenfalls missbrauchte). Im Jahr darauf wurde er von Papst Benedikt angehalten, ein „zurückgezogenes Leben des Gebets und der Buße" zu führen – eine Aufforderung, die in der verqueren Logik des Vatikans als „Bestrafung" präsentiert wurde, obwohl damit keine Laisierung verbunden war und schon gar keine strafrechtliche Sanktion (siehe auch Absatz 184).[29]

39. In ihren Stellungnahmen zu diesem Fall und anderen 2010 von den Medien enthüllten prominenten Fällen schoben die Anhänger Benedikts Papst Johannes Paul II., ungeachtet dessen in Kürze bevorstehender Seligsprechung, die Schuld zu. Tatsache bleibt jedoch, dass Kardinal Ratzinger – als Leiter der Glaubenskongregation und potenzieller Nachfolger des Papstes – im gesamten Zeitraum für die Vertuschungen mitverantwortlich war. Im April 2010 kam eine symbolische Geste von Benedikt: Anlässlich eines Besuchs auf Malta traf er unter Ausschluss der Öffentlichkeit mit Opfern klerikaler Missbrauchstäter (als solche hatte man fünfzig der insgesamt 850 Priester

auf der Insel ausgemacht) zusammen. Ein männliches Opfer berichtete der Presse, es sei seit dem Alter von 10 Jahren von einem Priester missbraucht worden, der „mich wachküsste, oft mit seiner Zunge in meinem Mund, und mich dann mit der Hand befriedigte", woraufhin der Priester die Frühmesse zelebrierte und dem Jungen mit derselben Hand, die ihn zuvor befummelt hatte, die Hostie reichte. Der betreffende Priester darf mittlerweile, wie andere klerikale Missbrauchstäter auf Malta auch, keine Messen mehr lesen, fand aber Unterschlupf in einem örtlichen Kloster und ist dort vor Strafverfolgung sicher. „Ich fragte den Papst, warum der Priester mich missbraucht habe. Er sagte, er wisse es nicht", erinnert sich ein anderes Opfer. Die Kirche wehrt sich seit sieben Jahren mit taktischen rechtlichen Begründungen gegen die Entschädigungsansprüche dieser Menschen.[30]

40. Das gleiche Muster von sexuellem Kindsmissbrauch trat in anderen Ländern zutage: eine vergleichsweise große Häufigkeit solcher Verbrechen durch Priester; die Entschlossenheit der Kirche, Anschuldigungen unter äußerster Geheimhaltung abzuhandeln, ohne die externen Strafverfolgungsbehörden zu informieren; ein Verfahren mit Hindernissen für Opfer und Kläger und Vergebung für die Priester, die häufig in neue Pfarreien versetzt wurden, wo sie wieder straffällig wurden, oder sich lediglich (in der Regel erfolglosen) Behandlungsprogrammen unterziehen oder geistliche Bußen verrichten mussten. Die schlimmstmögliche Konsequenz – die ärgste kirchliche Strafe – ist die Laisierung, die selten verhängt wird

und dem Ex-Priester immer noch die Möglichkeit offen hält, in staatlichen Schulen oder Institutionen erneut im Kontakt mit Kindern zu arbeiten. Opfer, denen Entschädigungszahlungen angeboten werden, erhalten diese nur, wenn sie sich zu lebenslänglichem Stillschweigen verpflichten. Diese Vorgehensweise folgt den Regeln, die vom Vatikan festgelegt worden waren und von Kardinal Ratzinger von 1981 bis 2005 als Vorsitzendem der Glaubenskongregation und seither als Papst kontrolliert wurden.

41. In Australien hat die Kirche zahlreiche Skandale infolge häufig brutalen Kindsmissbrauchs durchgemacht: 90 Priester wurden verurteilt, weitaus mehr jedoch vor Strafverfolgung bewahrt, weil die Kirche Anschuldigungen geheim hielt und vertrauliche Vergleiche abschloss. Der Erzbischof von Melbourne reagierte schon früh, nämlich 1996, auf die Problematik mit der Einsetzung eines so genannten „Independent Commissioner" als unabhängigem Beauftragten – ein bejahrter katholischer Anwalt –, der Beschwerden entgegennimmt und untersucht (jedoch nicht befugt ist, Beweismaterial zu beschlagnahmen) und Entschädigungszahlungen bis zu einer Höhe von 75.000 australischen Dollar zuerkennen kann (allerdings nur, wenn sich das Opfer zur Verschwiegenheit verpflichtet). Die Medien enthüllten 2010, dass er Zahlungen wegen sexuellen Kindsmissbrauchs durch 300 Priester angeordnet hatte, von denen nur ein einziger des Priesterstands enthoben wurde.[31] Diese „Melbourner Reaktion" wurde von der Polizei scharf kritisiert, weil dadurch die Zielper-

sonen ihrer polizeilichen Ermittlungen gewarnt wurden. Der Commissioner ist nämlich der Ansicht, dass beschuldigte Priester ein Recht darauf haben, über die Details jeder Beschuldigung sofort informiert zu werden, sobald sie erhoben wird. Schalten die Kläger gleichzeitig die Polizei ein, sieht diese dadurch ihre Untersuchungen gefährdet. So mussten laut Polizei versteckte Ermittlungen in mehreren Fällen abgebrochen werden, nachdem die Zielpersonen von der Kirche darüber informiert worden waren, dass sie unter Beobachtung standen. Der Commissioner muss die Opfer über ihr Recht aufklären, sich an die Polizei zu wenden. Doch im Fall eines Jungen, der geklagt hatte, ein Priester habe seinen Penis begrapscht, schrieb er: „Auch wenn es nicht meine Absicht ist, Sie von einer Anzeige dieser Angelegenheit bei der Polizei abzuhalten, sofern Sie dies wünschen, muss ich doch sagen, dass das von Ihnen beschriebene Verhalten vom Gericht schwerlich als strafbare Handlung angesehen werden dürfte." Ein „unabhängiger Beauftragter" dieser Couleur kann kein Ersatz für polizeiliche Ermittlungen und ein öffentliches Verfahren bei glaubwürdigen Anschuldigungen sein.

42. Vor australischen Gerichten haben Opfer oft Schwierigkeiten nachzuweisen, dass die Kirche als rechtlich nicht verfasste Vereinigung überhaupt haftbar gemacht werden kann für das Verhalten von Priestern, die zu ihr in keinem Dienstverhältnis stehen (diese Rechtslage unterscheidet sich von der in den USA, wo jede Diözese als juristische Person gilt und als solche verklagt werden

Die Sünden der Väter

kann.) Deshalb richtet sich in Australien das Augenmerk auf den Vatikan, der die gesamte Disziplinargewalt über Priester inne hat. In einem bekannt gewordenen Fall intervenierte die Kirche auf Bitte eines Priesters, dessen Familie große Zuwendungen an die Kirche gemacht hatte, nachdem er wegen Übergriffen auf sechs Frauen – eine war noch keine 16 Jahre alt – suspendiert worden war. Der Vatikan in Gestalt der Priesterkongregation begnadigte ihn und gab Anweisung, ihn in eine andere Pfarrei zu versetzen, die nicht über seine Rechtsverletzungen informiert wurde – woraufhin er dort weitere verübte.[32] Der Vatikan bewilligte auch die Rückversetzung eines in Boston tätigen Priesters nach Australien, der sexuelle Beziehungen zu einem minderjährigen Jungen in den USA zugegeben hatte, und entzog diesen durch die Ausreise der Strafverfolgung. In der Stadt Wollongong packte ein mutiger Priester namens Maurie Crocker über gut vernetzte Mitpriester aus, die ihre Opfer in einem Pädophilenring herumreichten. Nachdem seine Vorgesetzten ein Einschreiten abgelehnt hatten, wandte er sich an eine örtliche Zeitung. Doch nach der Verurteilung der Betreffenden wurde Crocker ausgegrenzt, verfiel in Depressionen und verübte schließlich Selbstmord.[33] Es gibt keine Belege dafür, dass je eine katholische Kirche in irgendeinem Land zum Schutz der äußerst wenigen Priester aktiv wurde, die Pädophile zur Anzeige gebracht haben. Wie wir in Kapitel 3 noch sehen werden, versucht man nachhaltig, Enthüllungen durch die Drohung mit der Strafe der Exkommunikation nach kanonischem Recht zu verhindern.

43. Auch Kanada hatte seinen Anteil an den Skandalen der jüngeren Vergangenheit, hatte aber das Glück, dass gleich nach dem ersten Skandal im Jahr 1990 – mit Gefängnisstrafen für neun Angehörige der „Christian Brothers" wegen wiederholter sexueller Übergriffe auf Jungen in einem Waisenhaus – eine sachgerechte Untersuchung stattfand, aus der einige hilfreiche Empfehlungen hervorgingen.[34] Diese wurden jedoch nicht alle in die Tat umgesetzt, und im Jahr 2001 wurde eine katholische Schule in Montreal als Hort sexuellen Missbrauchs entlarvt, wo wiederholt durch Entschädigungszahlungen Verbrechen durch Priester vertuscht worden waren, die nie bei der Polizei angezeigt wurden – obwohl den katholischen Funktionsträgern deren Schuld bekannt war. Die Polizei fand 2003 heraus, dass ein Bischof handschriftliche Geständnisse eines Priesters versteckt gehalten hatte; er hatte den Betreffenden in eine neue Gemeinde versetzt, ohne diese über sein Vorleben zu informieren. Dieser Priester wurde schließlich wegen Missbrauchs von 47 Mädchen verurteilt. Erschüttert wurde das Land zudem durch Enthüllungen über den sexuellen, körperlichen und emotionalen Missbrauch in Internatsschulen für Kinder aus Eingeborenenfamilien, die vom Staat finanziert und vorwiegend von der katholischen Kirche betrieben wurden.[35] Eine nationale Entschädigungsvereinbarung verlangte der Kirche schließlich die Zahlung von 80 Mio. Dollar ab (der kanadische Staat musste 2,2 Mrd. Dollar zahlen) und führte zur Einrichtung einer „Wahrheits- und Versöhnungskommission" („Truth and Reconciliation Commission").[36] Der Papst drückte seine „Betroffenheit" über

Die Sünden der Väter

den Missbrauch aus,[37] es wurde aber auch Besorgnis darüber laut, dass die Kirche nicht uneingeschränkt mit der Kommission zusammenarbeitet.[38]

44. Ein interessantes Beweisstück, das in Kanada auftauchte, ist ein Dokument, das auf eine Verwicklung des päpstlichen Nuntius in ein Komplott hindeutet, einen pädophilen Täter aus dem Zuständigkeitsbereich der örtlichen Gerichte zu versetzen, bevor seine Verbrechen durch die Polizei aufgedeckt werden konnten. In einem Brief des Bischofs von Pembroke in Ontario an den Nuntius ging es um die Versetzung eines priesterlichen Missbrauchstäters nach Rom („Ich hätte nichts dagegen, ihm eine zweite Chance zu geben, da ihn dies vom Schauplatz Kanada entfernen würde"). Das Problem sei, dass einige seiner Opfer redeten, was „für den Heiligen Stuhl in Pembroke äußerst peinlich werden könnte, von einer möglichen strafrechtlichen Anklage ganz zu schweigen…" Allerdings gab es laut Verfasser auch einen Lichtblick: „Die Opfer sind polnischer Abstammung, und ihr Respekt vor dem Priesterstand und der Kirche hat sie von einer Anzeige Abstand nehmen lassen. Wäre dies anderswo geschehen, dann bestünde die absolute Gefahr, dass schon längst Anklage erhoben worden wäre, samt dem ganzen damit einhergehenden Skandal … Dies ist eine Situation, die wir um jeden Preis vermeiden wollen." Selbst um den Preis, so scheint es, dass man einem Schwerverbrecher Unterschlupf gewährte und ihm unter Ausnutzung der Immunität des vatikanischen Diplomaten dabei half, sich der Gerechtigkeit zu entziehen. Dies alles

geschah 1993. Den Bischöfen und Priesterkollegen gelang es, die polnischen Opfer bis 2005 ruhig zu halten, als die Polizei informiert wurde und Ermittlungen einleitete. Im Jahr 2008 wurde der betreffende Priester des sexuellen Missbrauchs von 13 Jungen für schuldig befunden, und 2009 wurde er schließlich des Priesteramts enthoben – fünfzehn Jahre, nachdem der Vatikan unwiderlegbar über seine Schuld informiert worden war.

45. Falls überhaupt irgendwo von einem erfolgreichen Umgang der Kirche mit pädophilen Priestern die Rede sein kann, dann in Großbritannien. Dort tadelte der ehemalige Lordrichter Lord Nolan im Jahr 2001 das Unvermögen der Kirche, Ausmaß und Verbreitung des Kindsmissbrauchs zu erkennen und priesterliches Fehlverhalten zur Anzeige zu bringen. Nolan führte dies zurück auf „den Wunsch, die Kirche und ihre Gläubigen vor einem Skandal zu schützen, und einen christlichen Instinkt, Sündern zu vergeben". Er empfahl Richtlinien für eine optimale Handhabung des Problems, die u.a. eine Überprüfung von Novizen, die frühzeitige Einbindung der Polizei und den grundsätzlichen Vorrang des Kindesinteresses als oberstes Prinzip vorsahen. Allerdings kam ein Untersuchungsausschuss in einem Bericht im Jahr 2007 zu dem Schluss, bei der Umsetzung von Nolans Empfehlungen gebe es „ernsthafte Mängel", und berichtete von heftigem Widerstand gegen ihre Anwendung seitens einer „starken und stimmgewaltigen Lobby" von Priestern, die um ihren „legitimen Rechtsanspruch" fürchteten, dass ausschließlich nach kanonischem Recht mit ihnen

Die Sünden der Väter

verfahren werde. Natürlich gibt es gar keinen solchen Anspruch, da das kanonische Recht Kinderschänder vor jeglicher echten Bestrafung schützt (siehe Kapitel 3). Doch zweifellos impfen kirchliche Seminare, vermutlich in allen Ländern, Priestern die Vorstellung ein, ihnen stehe – im Gegenzug für Armut, Keuschheit und Gehorsam –, das Recht zu, im Falle der Beschuldigung wegen eines Sexualdelikts einem geheimen und für sie vorteilhaften kirchlichen Prozess unterzogen zu werden statt einem öffentlichen Verfahren nach nationalem Strafrecht. Der Untersuchungsausschuss stellte fest, es gebe einen direkten Widerspruch zwischen den (von ihm befürworteten) Nolanschen Empfehlungen und der Verpflichtung der Kirche auf das kanonische Recht. Man empfahl daher den katholischen Bischöfen, beim Heiligen Stuhl einen Dispens vom kanonischen Recht zu erbitten, so dass die Nolanschen Empfehlungen in das Kirchenrecht in England und Wales eingegliedert werden könnten.[39] Bedauerlicherweise fehlt ein derartiger Dispens bis heute.

46. Die unvollständige Umsetzung der Nolan-Empfehlungen und der fatale Einfluss der vatikanischen Regelungen und des Beharrens auf Geheimhaltung haben zu einer Reihe von Skandalen beigetragen. Kardinal Cormack Murphy-O'Connor war als Bischof von Brighton verantwortlich für die Versetzung eines pädophilen Priesters trotz vorhandener Warnungen bezüglich seiner Rückfallneigung auf einen Posten, an dem er einen lernbehinderten Jungen missbrauchen konnte.[40] Dann gab es die Vertuschung der Verbrechen des früheren Schulleiters von St. Benedict's,

einer führenden katholischen Schule in London, der wiederholt 10-jährige Jungen missbraucht hatte (bei denen er als „schwuler Dave" bekannt war) und schließlich 2006 erfolgreich von einem Opfer verklagt wurde. Ungeachtet dieses drastischen Beweises für seine Pädophilie (die Zuerkennung einer Summe von 43.000 Pfund durch den High Court) beschäftigte ihn die Kirche weiter und gab ihm eine Tätigkeit in der nahegelegenen Ealing Abbey, wo er die Gelegenheit nutzte, Beziehungen zu einem weiteren Jungen aufzubauen und ihn zu missbrauchen. Erzbischof Murphy-O'Connor wusste von seiner Versetzung und billigte sie. Sein Nachfolger Vincent Nichols stand während dieser Zeit an der Spitze des „Office for the Protection of Children and Vulnerable Adults", sagte aber, er sei über den Fall nicht informiert oder beratend hinzugezogen worden, da er keine Zuständigkeit für religiöse Orden wie die Benediktiner gehabt habe (es existiert also ein großes Schlupfloch für Mönche, Nonnen und andere Ordensleute, die keine Priester sind). Dass ein Missbrauchstäter dreißig Jahre im Schoß der Institution bleiben konnte (2009 kam er schließlich ins Gefängnis wegen Verbrechen aus dem Jahr 1972) trotz einer Neigung, die in der Schule und der Abbey bekannt war, wurde heftig getadelt von der Schulaufsichtsorganisation „Independent Schools Inspectorate", die fünf weitere Missbrauchstäter in der Abbey entdeckte und feststellte, die „dortigen Vorgehensweisen stellten das Wohlergehen der Mönche über das der Kinder".[41] Der Vatikan beharrt nach wie vor auf Geheimhaltung und ist jeder Amtsenthebung von Priestern abgeneigt, ganz gleich, wie widerwärtig ihre

Die Sünden der Väter

Verbrechen sind. Ein neueres Beispiel ist der Fall eines Priesters, der unsittlicher Handlungen an schutzlosen Jungen im Alter von nur 11 Jahren während seiner Tätigkeit als Kaplan an einer Taubstummenschule in West Yorkshire für schuldig befunden wurde. Dorthin war er nach einem früheren Übergriff auf einen 9-Jährigen auf der Isle of Man versetzt worden. Als sich sein Bischof gemäß der Ratzinger-Direktive von 2001 ratsuchend an die Glaubenskongregation wandte, erhielt er von dort keinen Hinweis, den Verurteilten aus dem Amt zu entlassen.[42]

47. Anzuerkennen ist allerdings, dass ein neues Gremium, die National Catholic Safeguarding Commission, beeindruckende Anstrengungen zur Bewältigung des Problems gemacht hat. Dort verfolgt man die Strategie, Beschwerden an die Polizei und die Sozialfürsorge weiterzuleiten und mehrere hundert potenziell pädophile Priester zu identifizieren und zu beobachten. Die Kommission hat ein Handbuch erstellt, das kompetente und zeitgemäße Hilfestellung dabei gibt, wie mutmaßlicher Kindsmissbrauch entdeckt werden kann und wie mit ihm umzugehen ist. Allerdings ringt die Kommission darum, sich von der ständigen Einflussnahme durch den Heiligen Stuhl zu befreien, der über sämtliche Tätigkeiten informiert werden muss und bislang keinen Dispens vom kanonischen Recht erteilt hat, zu dem die Handlungsempfehlungen des Handbuchs oft im Widerspruch stehen. (Es gibt eine Anweisung, bei der sich sozusagen die Katze in den eigenen Schwanz beißt: Wo Kleriker oder

Ordensleute nicht einverstanden seien mit Maßnahmen, die im Einklang mit dem Handbuch getroffen wurden, „sollte dies dem Bischof vorgetragen werden, der die Angelegenheit in Übereinstimmung mit kanonischem Recht und den Richtlinien der Kommission regeln wird", wobei übersehen wird, dass der Konflikt ja vermutlich deshalb entstanden ist, weil diese beiden sich widersprechen.[43]) Begrüßenswert ist die Feststellung, absolute Vertraulichkeit könne es nicht geben und sie müsse, wo ein Kind in Gefahr sei, dem Kindeswohl als dem obersten Prinzip weichen. Eine Ausnahme gilt natürlich für den Bereich der Beichte – hier lässt das Handbuch das Kindeswohl zugunsten der priesterlichen Schweigepflicht fallen. Zumindest wird der Beichtvater angewiesen, den Opfern klarzumachen, dass nicht sie es waren, die gesündigt haben, und sie zu ermutigen, Hilfe zu suchen und sich der Polizei oder sozialen Einrichtungen anzuvertrauen. Das Schuldbekenntnis eines Priesters aber, das er in der Beichte abgibt, bleibt geheim, selbst wenn sein Beichtvater glaubt, er werde erneut straffällig werden. Das Handbuch versäumt es, darauf hinzuweisen, dass es keine Pflicht zur Absolution für einen „bußfertigen" Pädophilen geben kann. Die Kirche sollte darauf bestehen, dass so lange keine Absolution erteilt wird, bis der Priester bei der Polizei ein Geständnis ablegt. (siehe unten Absätze 179–181). Die Arbeit der National Safeguarding Commission zeigt, dass die Kirchenbehörden in England ihre Verantwortung ernst nehmen, aber noch einen langen Weg vor sich haben. Unentbehrliche Reformen scheitern an einem unüberwindbaren Hindernis: dem Vatikan.

Die Sünden der Väter

Die Antwort des Vatikans

48. Im Mai 2010 baten Erzbischöfe in Großbritannien und Deutschland ihre Kongregationen um Vergebung für „schreckliche Verbrechen und Vertuschungen" und wollten beten für „diejenigen, die mit diesen Angelegenheiten falsch umgegangen sind und zum Leid der Betroffenen beigetragen haben."[44] Weniger selbstkritisch zeigte sich der Mann, der mit so vielen dieser Angelegenheiten „falsch umgegangen" war. Konfrontiert mit drei gerichtlichen Untersuchungen, die den weit verbreiteten sexuellen Missbrauch in Irland belegten, veröffentlichte der Papst am 19. März 2010 einen Hirtenbrief an die Katholiken in Irland. Bemerkenswert war dieser Brief wegen seiner Weigerung, auch nur die geringste Schuld des Vatikans daran anzuerkennen, dass er Bischöfe ermutigt hatte, Kinderschänder zu schützen. Das Beharren auf Zölibat, Geheimhaltung und Vergebung jeglicher und sämtlicher Sünden wurde nicht angesprochen. Vielmehr sei der Missbrauch auf die „rasche Säkularisierung der irischen Gesellschaft" zurückzuführen, auf die Vernachlässigung von täglichem Gebet, regelmäßiger Beichte und Exerzitien, sowie auf die moderne Tendenz der Priester, „Denk- und Urteilsweisen weltlicher Realitäten ohne Bezug zum Evangelium zu übernehmen".[45] Ganz entschieden lehnt es das Schreiben ab, auf der Anzeige von Kindsmissbrauch bei der Polizei zu bestehen: Den Opfern wurde mitgeteilt, es sei wesentlich, mit den religiösen Vorgesetzten (den „Verantwortlichen") zusammenzuarbeiten, um eine „wirklich dem Evangelium gemäße"

Reaktion sicherzustellen. Die wiederholten Ermahnungen, das kanonische Recht anzuwenden, ließen durchblicken, dass die Geheimhaltung aufrecht erhalten werden solle und nationales Recht irrelevant sei. Die einzige Passage, die sich auf Strafverfolgung bezieht, ist zweideutig: „[…] neben der vollständigen Umsetzung der Normen des Kirchenrechts im Umgang mit Fällen von Kindsmissbrauch weiter mit den staatlichen Behörden in ihrem Zuständigkeitsbereich zusammenzuarbeiten". Das war eine ausweichende Aussage – immerhin war die „Zusammenarbeit" in der Vergangenheit minimal gewesen, das Kirchenrecht verlangte sie auch gar nicht, und sie würde auch nur „in ihrem Zuständigkeitsbereich" stattfinden, wenn sie (z.B. die Polizei) aktiv geworden war. Es gab, anders ausgedrückt, für die Kirche nach wie vor keine Vorgabe, die Initiative zu ergreifen und die Polizei einzuschalten. Selbst nach den Skandalen von Ostern 2010 hat Benedikt nicht von den Bischöfen verlangt, Kindsmissbrauch anzuzeigen, und das kirchenrechtliche Dekret mit den „Neuen Normen" vom Juli 2010 verzichtete bewusst auf eine zwingende Anzeigepflicht – ein Beleg mehr dafür, dass er zum „Problempapst" geworden ist.

49. Der aufschlussreichste Absatz des päpstlichen Schreibens befasst sich mit den auf Abwege geratenen Priestern, deren kriminelles Verhalten solche Schande über ihre Kirche gebracht hatte. Angesichts der Schwere ihrer Vergehen – häufig die Vergewaltigung kleiner Jungen – hätte man denken können, der Papst hätte ihnen schonungslos die Gefahr für ihr Seelenheil vor Augen geführt, dass Ver-

brechen dieser Art nicht vergeben werden könnten, und dass diejenigen, die sie begehen, sehr wahrscheinlich im Höllenfeuer brennen würden. Doch im Gegenteil, wiederholt versicherte er ihnen, ihre Sünden könnten vergeben werden, und sie könnten „sogar aus dem schlimmsten Übel Gutes erwachsen" lassen. Seine Botschaft war mehr ermutigend als abschreckend:

> Ich mahne Euch, Euer Gewissen zu erforschen, Verantwortung für die begangenen Sünden zu übernehmen und demütig Euer Bedauern auszudrücken. Ehrliche Reue öffnet die Tür zu Gottes Vergebung und der Gnade wahrhafter Besserung. Durch Gebet und Buße für die, denen Ihr Unrecht getan habt, sollt Ihr persönlich für Euer Handeln Sühne leisten. Christi erlösendes Opfer hat die Kraft, sogar die schwersten Sünden zu vergeben und sogar aus dem schlimmsten Übel Gutes erwachsen zu lassen. Zugleich ruft uns Gottes Gerechtigkeit dazu auf, Rechenschaft über unsere Taten abzulegen und nichts zu verheimlichen. Gebt offen zu, dass Ihr schuldig seid, unterwerft Euch den Forderungen der Gerechtigkeit, aber verzweifelt nicht an der Barmherzigkeit Gottes.[46]

50. Von den des „Seelenmordes" schuldigen Priestern (Studien zeigen, dass die, deren Glauben von den Priestern verraten wird, den Glauben oft ganz verlieren, und dazu noch die Orientierung in ihrem Leben) könnte diese päpstliche Verurteilung als versteckte Segnung verstanden werden. Es muss ermutigend für sie gewesen sein, das wiederholte Angebot von Vergebung und Gnade zu lesen – als Folge „göttlicher Gerechtigkeit" – d.h. des kanoni-

schen Rechts, das eine Buße z.B. in Form von karitativen Werken oder ausgiebigem Beten verlangte, die nicht im Gefängnis abgeleistet werden musste und nicht notwendigerweise die Demütigung der Laisierung nach sich zog. Ein besseres Beispiel für den Unterschied zwischen geistlicher Ermahnung und strafrechtlicher Sanktion, zwischen kanonischem Recht und nationalem Recht könnte es nicht geben. Strafrechtliche Sanktionen dienen der Abschreckung und betonen das Risiko, das potenzielle Täter eingehen. Daneben sollte Strafe auch der Vergeltung dienen, um dem Opfer ein Gefühl der Gerechtigkeit und der Erledigung der Angelegenheit zu geben. Für die Opfer ist es ein dürftiger Trost, wenn sie erfahren, dass die Sexualtäter in Freiheit verbleiben, aber für sie Gebete aufsagen. Besserung ist ein drittes Ziel, aber sie kann es nur geben, wenn der Täter seine Verpflichtungen gegenüber der Gesellschaft erfüllt hat: Kindsmissbrauch rechtfertigt in den meisten Fällen die Freiheitsstrafe. Benedikts Angebot von „göttlicher Gerechtigkeit" an die pädophilen Priester Irlands war kein Ersatz für die menschliche Gerechtigkeit von Haft und öffentlichem Prozess. Die im kanonischen Recht niedergelegten „Strafen" in Form von Gebet und Buße stellen keine wirkungsvollen Sanktionen dar, wie Benedikt bewusst sein muss. Doch kein einziges Mal hat er die irischen Bischöfe angewiesen, bei Kenntnis oder Verdacht von Kindsmissbrauch die Polizei einzuschalten. Es ist Benedikts eklatantester Fehler, dass er sich weigert, sein Machtprivileg zu nutzen und seine Bischöfe unmissverständlich und unter Androhung ihrer Entlassung anzuweisen, Personen, die ihnen als Kinderschänder bekannt sind, bei der Polizei anzuzeigen.

51. Zu Ostern 2010 ging man davon aus, der Papst würde den Mut aufbringen, dem wachsenden Skandal offen entgegenzutreten. Aber sein Mut war von anderer Natur: es sei, wie er sagte, „der Mut, sich nicht vom belanglosen Geschwätz der herrschenden Meinung einschüchtern zu lassen" und zu schweigen – zur Enttäuschung, das sollte gesagt sein, vieler seiner Kirchenmänner. Seine Handlanger im Vatikan dagegen ließen durchaus von sich hören. Sein persönlicher Prediger Cantalamessa ließ ihn öffentlich wissen, der Umgang der Medien mit der Kirchenführung sei vergleichbar mit der Art, wie Hitler mit den Juden umgegangen sei – eine Äußerung, die in ihrer Formulierung dumm und ungeheuer instinktlos gegenüber Juden und Missbrauchsopfern war. Sie wurde niemals zurückgezogen. Dann sorgte der emeritierte Bischof Giacomo Babini für Schlagzeilen, der die Juden für alles verantwortlich machte (insbesondere jüdische Journalisten bei der New York Times). Sie seien „Gottesmörder" und die „natürlichen Feinde" der Katholiken. Der Dekan des Kardinalskollegiums, Angelo Sodano, pries den persönlich anwesenden Papst dafür, dem „belanglosen Geschwätz" standgehalten zu haben, und zog einen fast blasphemischen Vergleich zwischen der Mühsal des Papstes und der von Christus, als er mehrfach geschmäht wurde.[47] (Als der österreichische Kardinal Schönborn, einer der wenigen Reformer in der Kurie, die „massive Verletzung der Opfer" durch Sodanos Äußerungen be-

klagte, ließ Benedikt den Reformer öffentlich rügen.[48])
Der „Staatssekretär" des Heiligen Stuhls, Kardinal Bertone,
schob die Schuld für die Krise auf die Homosexualität,
die mit der Pädophilie, wie er sagte, zusammenhänge –
mit dem priesterlichen Zölibat hätten die Missbrauchsfälle demnach nichts zu tun.[49] Bertones Schuldzuweisung
an die Homosexualität wiederum war zuviel für den französischen Außenminister, der die Verknüpfung als „inakzeptabel" bezeichnete, und auch für die katholische
Bischofskonferenz in England, in der die 32 katholischen
Bischöfe des Landes vertreten sind, die eine Erklärung
des Inhalts veröffentlichte, sexueller Kindsmissbrauch
habe nichts mit Homosexualität zu tun, sondern mit einer
„gestörten Fixierung des sexuellen Begehrens", die ver-
hindere, dass Kinderschänder die Fähigkeit zu reifen Beziehungen mit Erwachsenen entwickeln. Dass der Sekretär eines „Staates" Stellungnahmen zur Sexualpsychologie
abgibt und dabei auch noch so danebenliegt, wirft eine
Frage auf, der ich mich später zuwende: ob nämlich der
Heilige Stuhl überhaupt als Staat anzusehen ist.

52. Der Vatikan verschließt die Augen vor der Wahrheit, und
seine Versuche, Schwulenkultur, jüdische Journalisten,
Journalisten im Allgemeinen, den Säkularismus, den Fortschritt, „Modernität" und (selbstverständlich) den Teufel
zum Schuldigen zu erklären, haben viele intelligente
katholische Führungspersönlichkeiten in Verlegenheit
gebracht – vor allem in Großbritannien und Deutschland,
wo sie den Anstand besaßen, bei den Ostergottesdiensten
uneingeschränkte Entschuldigungen vorzubringen. Bene-

dikt selbst hingegen waren erst Wochen später zaghafte und unfreiwillige Entschuldigungen zu entringen. Er sagte: „Jetzt, da wir den Angriffen der Welt ausgesetzt sind, die uns unsere Sünden vorhält, erkennen wir, dass es eine Gnade ist, Buße tun zu können, und wir sehen, wie notwendig es ist, Buße zu tun, um Vergebung zu erlangen."[50] Für diesen Papst, dessen Glaube an die Erbsünde bedeutet, dass „der Mensch eine verwundete, zum Bösen geneigte Natur hat"[51], zeigt sich noch an der dunkelsten Wolke ein geistlicher Silberstreif. Die gute Nachricht für liederliche Kirchenmänner lautete: Wer Buße tut für seine Sünden, wird Gnade finden – wer um Vergebung bittet, der bekommt sie auch. Benedikt selbst war mehr mit Homoehe und Abtreibung beschäftigt, die er in Portugal als eine der „heimtückischsten und gefährlichsten Herausforderungen für die Gesellschaft in unserer heutigen Zeit" brandmarkte.[52] Er war anscheinend unfähig, zu begreifen, dass die gefährlichste Herausforderung für den Heiligen Stuhl seine kanonische Praxis war, Kriminelle zu schützen.

3. Das kanonische Recht

*So gebt dem Kaiser, was dem Kaiser gehört,
und Gott, was Gott gehört!*

Matthäus 22, Vers 21 (Einheitsübersetzung, 1980)

53. Im Jahr 2001 beglückwünschte der Vatikan Bischof Pierre Pican von Bayeux tatsächlich dazu, dass er sich geweigert hatte, die Polizei über einen pädophilen Priester zu informieren, und diesen trotz seines Schuldeingeständnisses mit Gemeindearbeit betraut hatte. „Ich gratuliere Ihnen dazu, dass Sie einen Priester nicht bei den Behörden denunziert haben", schrieb Kardinal Castrillon Hojos mit persönlicher Billigung von Johannes Paul II. und weiterer hochrangiger Kardinäle einschließlich des Oberhaupts der Glaubenskongregation, Kardinal Ratzinger. Ans Licht kam dies, nachdem der Priester wegen mehrfacher Vergewaltigung und Übergriffen auf zehn Jungen zu 18 Jahren Haft verurteilt worden war. Der Bischof erhielt drei Monate auf Bewährung, weil er entgegen französischem Recht den Missbrauch nicht angezeigt hatte.[1] Das päpstliche Belobigungsschreiben ging in Kopie an sämtliche Bischöfe als Ermutigung, sich über solche Gesetze hinwegzusetzen. Es könnte gar kein deutlicheres Beispiel dafür geben, dass der Heilige Stuhl bestimmt, dass sein eigenes Gesetz das Strafrecht eines anderen Landes außer Kraft setzen soll oder zumindest dass er von seinen geistlichen Anhängern – die Bürger dieses Landes sind – ver-

Das kanonische Recht

langt, die Gesetze ihres Landes zu brechen. Castrillon Hojos, als Kardinal im Vatikan damals zuständig für die Priesterschaft, sagte auf einer Konferenz im März 2010 unter dem Beifall führender Kirchenvertreter: „Ich habe nach Rücksprache mit dem Papst […] dem Bischof einen Brief geschrieben und ihn als vorbildlichen Vater beglückwünscht, der seine eigenen Söhne nicht ausliefert. […] der Heilige Vater hat mich ermächtigt, diesen Brief an alle Bischöfe zu senden". Der „vorbildliche Vater" hatte das Schuldeingeständnis des pädophilen Priesters nicht unter dem Siegel des Beichtgeheimnisses empfangen (nach französischem Recht ein Rechtfertigungsgrund für die Geheimhaltung), sondern im Rahmen einer privaten Unterredung, so dass er keinerlei Vorrechte für sich beanspruchen konnte. Die Handlungsweise des Papstes, die Billigung der Belobigung und die Anweisung, diese in Kopie an alle Bischöfe zu senden, machte unverhohlen den Anspruch der Kirche geltend, ungestört von nationalen Gesetzen mit straffälligen Priestern verfahren zu können.

54. Es ist nichts dagegen einzuwenden, wenn eine nationale oder internationale Organisation Regeln und Verfahren dafür festlegt, wie Fehlverhalten von Mitgliedern oder Mitarbeitern zu untersuchen ist. Wenn es sich bei diesem „Fehlverhalten" aber um schwerwiegende Verbrechen handelt, ergibt sich die Pflicht zur frühzeitigen Einschaltung der Strafverfolgungsbehörden entweder aus spezifischen Rechtsvorschriften (so gilt in vielen Ländern eine gesetzliche Anzeigepflicht bei sexuellem Missbrauch u.a.

für Ärzte, Lehrer und andere mit Kindern befasste Berufsgruppen) oder aus der allgemeinen Strafbarkeit der Nichtanzeige von Verbrechen, die fordert, dass die Kenntnis oder der Verdacht eines schwerwiegenden Verbrechens der Polizei gemeldet werden muss. In jedem Fall aber besteht eine moralische Pflicht zur Offenlegung, sofern das Schuldbekenntnis nicht im Rahmen einer Vertrauensbeziehung wie der zwischen Priester und Beichtendem im Beichtstuhl erfolgt ist (und auch dies ist umstritten; siehe dazu die Absätze 179–81.) Rein disziplinarische Maßnahmen können den normalen Prozess der Strafverfolgung nicht ersetzen und stellen keine akzeptable Alternative dazu dar. Im vergangenen Jahrhundert sind die Bischöfe der katholischen Kirche vom Vatikan offenbar angewiesen worden, im Falle von Vorwürfen gegen Priester wegen sexuellen Kindsmissbrauchs das kanonische Recht als das allein anwendbare Recht zu betrachten, und den Priestern in den Seminaren wurde die Vorstellung vermittelt, sie seien ausschließlich diesem Recht unterworfen, wenn sie wegen sexueller Vergehen an Gemeindegliedern angeklagt würden. Aber das kanonische Recht ist in dieser Hinsicht kein „Recht" im eigentlichen Sinne (d.h. eine Regelung, hinter der eine weltliche Gewalt zu ihrer Durchsetzung steht), sondern vielmehr ein disziplinarisches Verfahren in Bezug auf Sünden, für die es nur geistliche Strafen gibt – zum Beispiel die Auferlegung von Gebet oder Buße, oder im schlimmsten Fall die Laisierung. Im kanonischen Recht gibt es keine öffentlichen Verhandlungen, keine Möglichkeiten für DNA-Tests, keinen Vollstreckungsmechanismus, und die strengsten Strafen wie Exkommunikation oder Rückversetzung in den Laienstand (ohne Eintrag in ein Sexualstraftäter-Verzeichnis) halten einem Vergleich mit strafrechtlichen Sanktionen wie Gefängnis oder gemeinnütziger Arbeit nicht stand. Darüber hinaus sind die Untersuchungs- und Beweisführungsverfahren im kanonischen Recht archaisch und zu sehr von einem Schuldgeständnis abhängig. Da das Verfahren ausschließlich schriftlich abläuft und es keine kriminaltechnischen Methoden, ja nicht einmal Kreuzverhöre als Prüfstein der Wahrheit gibt, sind schon viele schuldige Priester durch die großen Löcher dieses Netzes geschlüpft.

55. Das kanonische Recht wurde erst 1917 kodifiziert. Eine Überarbeitung erfolgte 1983, wobei die bemerkenswerteste Änderung die Aufhebung der jahrhundertealten Verurteilung der Freimaurerei war, motiviert vermutlich durch Umstände im Zusammenhang mit der Vatikanbank (Absatz 134). Es handelt sich um eine Art Sammelsurium aus göttlichem Recht (dogmatische moralische Wahrheiten), Kirchenrecht (interne kirchliche Regelungen, z.B. über den priesterlichen Zölibat) und Bürgerlichem Recht. Aufgrund der apostolischen Konstitution der Vatikanstadt (*Pastor Bonus*) gilt dort ausschließlich kanonisches Recht, wobei jedoch dieses Recht mit seinen Hunderten durch die vatikanischen Zentralbehörden (Dikasterien) gefilterten Normen für alle Katholiken verbindlich ist. Wie der führende Kommentar zum kanonischen Recht erklärt (oder auch nicht):

Angeklagt: Der Papst

> Der *Sitz* des Rechts ist in der Kirche Christi, in der das Drama unserer Erlösung Gestalt annimmt; sein *Kodex* ist es, die Menschen beim Empfang der rettenden Geheimnisse Gottes zu unterstützen.[2]

56. Das mag in Ordnung sein für Kirchgänger, die vielleicht möchten, dass ihre Kirche gegen Ketzertum, Glaubensspaltung und Abfall vom Glauben vorgeht und es zur schweren Sünde erklärt, die Unfehlbarkeit des Papstes in Zweifel zu ziehen oder öffentlichen Unmut gegen den Heiligen Stuhl zu erzeugen.[3] Von den Regeln einer Religion wird man nichts anderes erwarten, aber was haben die „rettenden Geheimnisse Gottes" mit Priestern zu tun, die kleine Kinder sodomisieren? Offenbar eine ganze Menge, denn:

> die heilbringende Bestimmung der Kirche verleiht ihrer Strafordnung eine einzigartige Prägung, die immer zu berücksichtigen ist […] eine nicht strafende seelsorgerliche Herangehensweise kann einen Täter wirksamer zu einem erfüllteren Leben in Christus führen als Strafen. Die Erfüllheit des Lebens in Christus ist das höchste Prinzip […] .[4]

57. Das mag so sein, erklärt aber nicht, warum ein priesterlicher Vergewaltiger nicht durch einen Gefängnisaufenthalt zu einem erfüllten Leben in Christus finden kann statt durch sanfte Vorhaltungen seines Bischofs oder sanfte Therapie bei den Paracleten in ihrer Klausur in New Mexico. Dies jedoch ist die grundlegende Philosophie von Buch VI des kanonischen Rechts: „die heilbringende Natur des Kirchenrechts unterstreicht das nach-

drückliche Beharren des Kodex auf Strafen als ausschließlich letzter Möglichkeit des Umgangs mit problematischem Verhalten, wenn alle anderen rechtlich-seelsorgerlichen Methoden versagt haben".[5] Da diese „Strafen" in der Regel aus zusätzlichen Gebeten bestehen und das Schlimmste, was einem Priester passieren kann, die Rückversetzung in den Laienstand ist, bedeutet dies: Kriminelle, die nach weltlichem Recht entlarvt, öffentlich vor Gericht gestellt und verurteilt werden würden, erhalten nach kanonischem Recht lediglich eine Therapie, eine Verwarnung oder einen Verweis – intern eine Schande, aber öffentlich bloßgestellt werden die Täter nicht. (Can. 1339 bestimmt ausdrücklich, dass das Dokument, das die Verwarnung bzw. den Verweis enthält, „im Geheimarchiv der Kurie aufzubewahren ist", um jegliche öffentliche Aufmerksamkeit zu vermeiden – sogar innerhalb der Kirche selbst). Wer erneut Straftaten begeht oder nicht reumütig genug ist, kann mit Bußen belegt werden (die Can. 1340 als Verrichtung eines „Werk[s] des Glaubens, der Frömmigkeit oder der Caritas" definiert, d.h. Gebete, Fasten, Almosenspenden, Exerzitien oder gemeinnützige Dienste). Verstöße gegen das Gebot des Zölibats können „schrittweise mit Entzug von Rechten und auch mit der Entlassung aus dem Klerikerstand bestraft werden" – das ist aber auch schon die schlimmste Strafe, die gleichermaßen den beim Onanieren wie den beim Missbrauch ertappten Priester erwartet: beide verletzen die Regel des „Nicht-Gebrauchs der Geschlechtskraft". Can. 1395 bestraft einen Kleriker, der „in einem eheähnlichen Verhältnis lebt" – ihm droht die Entlassung aus dem

Klerikerstand, wenn er seine Freundin nicht aufgibt. Sex mit Minderjährigen dagegen ist nach dem niedriger angesetzten Standard der „gerechten Strafe" zu ahnden. Der Kommentar stellt hierzu lakonisch fest, es sei doch einigermaßen erstaunlich, dass „der Kodex derartige Delikte als weniger schwerwiegend einzuordnen scheint als als andere Verstöße gegen die klerikale Keuschheit."[6]

58. Auf welcher Grundlage beansprucht das kanonische Recht eigentlich die Jurisdiktion für schwerwiegende Straftaten? Can. 1311 bietet die einzige Erklärung:

    Es ist das angeborene und eigene Recht der Kirche, straffällig gewordene Gläubige durch Strafmittel zurechtzuweisen.

59. Dies ist überhaupt keine Erklärung. Die Kirche mag, wie andere Organisationen auch, das Recht haben, ihre Mitglieder zu disziplinieren oder auszuschließen, doch weder Gott noch irgendein Mensch hat ihr je das „angeborene und eigene Recht" verliehen, Kinderschänder der menschlichen Gerechtigkeit zu entziehen. Es gibt kein „Recht" einer Kirche, weder angeboren noch sonstwie, ein paralleles Rechtssystem für Sexualverbrechen durch Priester und Ordensleute zu errichten, um so weniger, da dieses System darauf hinwirkt, Täter der Gerechtigkeit zu entziehen, wie die Allgemeinheit und das Gesetz sie verstehen. Auf politischer Ebene läuft das auf einen heimlichen Eingriff in die Gesetze eines befreundeten Staates und damit auf einen Verstoß gegen das Nichteinmischungsgebot der UN-Charta hinaus. Das Verbergen eines Kinderschänders und seine Versetzung in neue Gemeinden, wo er weiter

Kinder missbrauchen könnte, hat nichts mit der „heilbringenden Bestimmung der Kirche" zu tun. Einem pädophilen Priester zusätzliche „Ave Maria" aufzuerlegen, wird ihn nicht davon abhalten, erneut straffällig zu werden. Seine Seele mag das retten, seine künftigen Opfer nicht.

60. Das kanonische Recht weist für Fälle dieser Art zwei sehr augenfällige Merkmale auf. Das erste wird mehrfach thematisiert – es ist die Notwendigkeit der vollständigen Geheimhaltung, nicht zum Schutz des Opfers, sondern um Skandale in der Gemeinde und eine Rufschädigung für die Kirche zu vermeiden. Can. 1352(2) verlangt sogar die Aussetzung oder vollständige Aufhebung einer Strafe, wenn sie der Täter „nicht ohne Gefahr eines schweren Ärgernisses oder einer Rufschädigung beachten kann". Das zweite Merkmal des kanonischen Rechts für Sexualstraftaten ist noch erschütternder: Nirgends, an keiner einzigen Stelle fordert es einen mitfühlenden Umgang, Beratung oder Unterstützung für traumatisierte Opfer.

61. Verfahren nach kanonischem Recht begünstigen den Angeklagten infolge einer Strafgesetzgebung, die vor dem Eintreten von „gewissen tragischen kirchlichen Entwicklungen" (so der oben zitierte Kommentar – gemeint ist das öffentliche Bekanntwerden von Missbrauchsfällen) vor allem bei Eheverfahren Anwendung fand.[7] Die Bestimmungen hinsichtlich Kindsmissbrauch sind kurz und allgemein gehalten: Ein Kleriker, der Minderjährige unter 18 Jahren missbraucht hat, „soll mit gerechten Strafen

belegt werden, gegebenenfalls die Entlassung aus dem Klerikerstand nicht ausgenommen, sofern der Fall dies erfordert."[8] Die ganze Verantwortung wird dem Bischof übertragen, der bei Vorliegen einer Anschuldigung, die „wahr zu sein scheint", eine Untersuchung einleiten muss, durchgeführt in der Regel von einem langgedienten Priester (dem „Delegierten"). Can.1717, 2 verlangt: „Es muss vorgebeugt werden, dass nicht aufgrund dieser Voruntersuchung jemandes guter Ruf in Gefahr gerät" – und die einzige Möglichkeit, wie sich dies erreichen lässt, ist ein Vorgehen unter äußerster Geheimhaltung, also ohne bei Freunden oder Nachbarn des Verdächtigen oder den bislang von ihm betreuten Kindern Erkundigungen einzuziehen. Der Priester hat ein Aussageverweigerungsrecht (das in Großbritannien mittlerweile abgeschafft wurde) und kann nur bei Verzicht auf dieses Recht befragt werden. Aus der Wahrnehmung dieses Rechts dürfen keine negativen Schlüsse gegen ihn gezogen werden.

62. Nach dem Ende der Voruntersuchung erlegt Can. 1341 dem Bischof auf, in ein Verfahren, das zu einer Verhängung von Strafen führen könnte, nur dann überzugehen, „wenn er erkannt hat, dass weder durch mitbrüderliche Ermahnung noch durch Verweis noch durch andere Wege des pastoralen Bemühens das Ärgernis […] behoben […] und der Täter gebessert werden kann." Das bedeutet: Wenn die Untersuchung den Priester belastet, darf sein Bischof kein formelles Verfahren und keine Bestrafung einleiten, wenn er meint, ein väterlicher Rat oder Tadel oder eine therapeutische Behandlung des Priesters, seine

Das kanonische Recht

Entsendung in eine andere Gemeinde oder eine Einschränkung seiner Bewegungsfreiheit seien ausreichend. Wenn man bedenkt, dass diese kirchenrechtliche Anmaßung gegenüber jeglicher formellen Bestrafung zugunsten von Personen angewandt werden soll, die Kindsmissbrauch zugegeben haben oder entsprechend belastet worden sind, stellt dies eine atemberaubende Missachtung der Schwere dieses Verbrechens und der Gefahr eines Rückfalls dar. Die Unzulänglichkeit des kanonischen Rechts geht so weit, dass es keinerlei Vorgaben zur Entschädigung von Opfern beinhaltet.

63. Man könnte über die kirchenrechtlichen Bestimmungen spotten, wenn die Folgen nicht so gravierend wären. Nach Can. 1395 und 1321 kann niemand für ein Vergehen bestraft werden, wenn es nicht „wegen Vorsatz oder Fahrlässigkeit schwerwiegend zurechenbar" ist. Der Murphy-Kommission wurde mitgeteilt, da Pädophile schwer zu kontrollierenden Trieben und Impulsen ausgesetzt seien, könne der Nachweis der Pädophilie bei Anklage wegen sexuellen Missbrauchs oder Vergewaltigung von Kindern zu einer vollständigen Entlastung führen. Für die Kommission bot dies Anlass zu ernster Besorgnis: „Hier unterscheiden sich kirchliches und staatliches Recht in erheblichem Maße. Nach Ersterem scheint Pädophilie bei einer Missbrauchsanklage tatsächlich als Entlastungsgrund gelten zu können." Die Kommission deckte mehrere Fälle auf, in denen die Glaubenskongregation zum Schutz überführter, aber als pädophil diagnostizierter Priester eingeschritten war. Kardinal Ratzinger hatte die

Priester auf deren Gesuch hin vor der Entlassung aus dem Klerikerstand bewahrt.[9]

64. Ein Bischof kann einem pädophilen Priester Einschränkungen auferlegen bezüglich Schulunterricht, Messen, Ministrantenausbildung etc. – aber wie endlos viele Beispiele zeigen, haben Priester trotz solcher Einschränkungen Möglichkeiten gefunden, weiter Kinder zu schänden (siehe Anhang A). Nicht-pädophile Missbrauchstäter können „laisiert" werden, dieses Verfahren wird in aller Heimlichkeit durchgeführt, die Betreffenden erscheinen in keinem Sexualstraftäter-Register und viele werden erneut straffällig, nachdem sie Stellen an staatlichen Schulen und in der Kinderfürsorge gefunden haben. Das kanonische Recht bietet keinerlei funktionsfähiges System zur Untersuchung und Bestrafung von Priestern, die Missbrauch begehen.

65. Verschärft wird die Problematik des kanonischen Rechts noch durch seine Verfahrensregeln, die 1922 als „Geheimnis des Heiligen Offiziums" erlassen und 1962 unter Federführung Kardinal Ottavianis, des Propräfekten der Glaubenskongregation vor Kardinal Ratzinger, unter dem Titel *Crimen Sollicitationis* (Anhang B) nochmals wiederholt wurden. Schon ihre Existenz zu verraten, wird mit Exkommunikation bestraft – bei einem Regelwerk schlicht widersinnig. Das Regelwerk ist in Latein verfasst und anscheinend nur an Bischöfe herausgegeben worden, die es in Geheimarchiven verwahrten. Vielen Kirchenmitgliedern war es völlig unbekannt, bis es im Jahr 2003

Anwälten von US-Opfern zugespielt wurde, die den Vatikan verklagen wollten. Wie der Titel vermuten lässt, legte dieses Dokument die Verfahrensregeln für Fälle des „unaussprechlichen Verbrechens" fest, nämlich der sexuellen Verführung von Beichtenden durch Priester im Beichtstuhl oder unter eng mit dem Empfang des Sakraments zusammenhängenden Umständen. Dabei ging es nicht spezifisch um Kinder, sondern die Vorgaben galten laut dem vorletzten Paragraphen für „jegliche unzüchtigen äußeren, schwer sündhaften Akte, die auf irgendeine Weise von einem Kleriker an präpubertären Kindern gleich welchen Geschlechts oder an Tieren vorgenommen oder versucht werden".[10] Dies wurde verbunden mit dem „schlimmsten Verbrechen", nämlich einem versuchten unzüchtigen Akt durch einen Kleriker „gleich auf welche Weise mit einer Person seines Geschlechts" – ein Zeichen für die Abscheu des Vatikans vor der Homosexualität, selbst zwischen einwilligenden Erwachsenen.

66. Dem in *Crimen* festgelegten Verfahren fehlt es völlig an untersuchungstechnischer Wirksamkeit. Zu DNA-Tests, heute eine Routineangelegenheit in der strafrechtlichen Ermittlung bei Sexualdelikten, gibt es offensichtlich keine Vorgaben. Das Verfahren findet ausschließlich schriftlich statt; es gibt keine Vorgaben zur Befragung von Zeugen, geschweige denn zu Kreuzverhören. Die Durchführung liegt völlig in den Händen von Priesterkollegen, und wenn der mit der Anklage betraute Priester (Promotor iustitiae) die Anklage für unbegründet hält, muss der Bischof sämtliche Spuren der Untersuchung vernichten.[11] Selbst wenn

gewichtige Beweise vorliegen (es z.B. mehrere Ankläger oder Anschuldigungen oder andere Formen der Bestätigung gibt), muss der Bischof immer noch kein Verfahren einleiten, sondern kann beschließen, dem Priester zunächst eine mündliche Verwarnung zu erteilen und bei erneuten Verstößen sogar noch eine zweite. Je nach Schwere des Falls sind diese Verwarnungen „väterlich", (das heißt, ein väterlicher Rat), „ernst" (vermutlich im Sinne von „pass auf, was du tust") oder „sehr ernst" („wenn du noch einmal erwischt wirst, gibt es ein kanonisches Verfahren").[12] Diese Verwarnungen müssen in absoluter Vertraulichkeit erfolgen, und Kopien sind in den Geheimarchiven der Kurie in Rom zu hinterlegen. Man muss sich nochmals klarmachen: Diese Ermahnungen gelten kirchenintern als angemessene Strafe – für Vergehen, die nach Strafrecht häufig, und verdientermaßen, mit Gefängnis geahndet würden. Es gibt kein öffentliches Verfahren und nichts, was einem Sexualstraftäter-Register gleichkäme. Es gibt nur eine Notiz in einem Geheimarchiv im Vatikan – nicht einsehbar für Nachfolger auf dem Bischofsstuhl, wenn der Priester wieder straffällig wird, und völlig unzugänglich für örtliche Strafverfolgungsbehörden.

67. Die „Untersuchung" nach *Crimen* verdient kaum diesen Namen: Es gibt keine Überwachung des Verdächtigen, keine Befugnis, Vermögen oder Kleidung zu beschlagnahmen oder Privatwohnungen oder Besitzgegenstände zu inspizieren. Es gibt keinerlei Vorgaben für ein absolut entscheidendes Beweismittel, nämlich eine medizinische

Untersuchung des Opfers. Anonyme Denunzierungen dürfen nicht beachtet werden (in der praktischen Polizeiarbeit dagegen werden anonyme Anschuldigungen relativ ernst genommen). Zwei Personen, vorzugsweise Priester, die den Kläger kennen (in der Regel ein Kind mit unausgereifter Persönlichkeit und keiner nennenswerten Reputation) und zwei, die den beschuldigten Priester kennen (der keinen Mangel an „Brüdern" haben dürfte und an alten Freunden aus Seminarzeiten), werden unter Eid gestellt, auf Geheimhaltung eingeschworen und dann aufgefordert, über Charakter und Ruf ihres Freundes auszusagen. Der Beschuldigte darf niemals auf die Aussage der Wahrheit vereidigt werden. Falls er einer Befragung zustimmt, darf er das Siegel des Beichtgeheimnisses nicht brechen: „Wenn dem Beschuldigten in erregter Rede etwas entfährt, das auf eine direkte oder indirekte Verletzung des Siegels hindeutet, so darf der Richter nicht zulassen, dass dies vom Protokollführer in das Protokoll aufgenommen wird" – selbst wenn es einem Schuldeingeständnis gleichkommt (s. S. 353).[13] Alle offiziellen Beteiligten an einem kanonischen Verfahren – Richter, Promotor und Protokollführer – müssen Priester sein, das Verfahren muss unter absoluter Geheimhaltung stattfinden, bei Strafe der Exkommunikation selbst des kindlichen Opfers, sollte es zu einem späteren Zeitpunkt einem Anwalt oder der Polizei davon berichten (siehe Anhang B, Abschnitte 11–13). Über Beweislast, Beweismaßstab und Zulässigkeit von Beweismitteln – abgesehen von der Unzulässigkeit von Beweisen darüber, was im Beichtstuhl gesagt wurde – findet sich in den Regelungen nichts; es fehlen also die grundlegenden Verfahrensregeln eines echten Gerichts. Die Abläufe sind starr und bürokratisch, und es ist durchaus zweifelhaft, ob es außer bei eindeutigen Fällen zu einem Urteil kommt (in der Regel dann, wenn der Priester gestanden hat – ist das Geständnis allerdings gegenüber einem anderen Priester im Beichtstuhl erfolgt, darf es dem Gericht gegenüber niemals offengelegt werden).

68. Es ist unmittelbar offensichtlich, dass das kanonische Recht das erste Kriterium eines ordnungsgemäßen Verfahrens nicht erfüllt, nämlich die Existenz eines unabhängigen und unparteiischen Gerichts. Die Priester bilden eine intime, autarke Bruderschaft, und sowohl der Priester in der Anklagevertretung als auch der Priester in der Vertretung des Beklagten werden starkes Mitgefühl mit ihrem Kollegen, dem Beklagten, empfinden. Der Bischof als Richter ist gewohnt, eine Vater-Sohn-Beziehung zu seinem Priester zu pflegen. (Das Ordinationsrecht sieht ein Treuegelöbnis des Neugeweihten gegenüber seinem Bischof vor, der wiederum die Hände des Priesters mit Öl salbt – symbolhaft für einen „heiligen Bund der gegenseitigen Verpflichtung und Unterstützung".[14]) Der Bischof kann offensichtlich gar nicht unparteiisch über einen Mann urteilen, dessen Wohlergehen ihm heilige Pflicht ist – ganz abgesehen von Bedenken hinsichtlich seines eigenen Rufs und des Rufs seiner Diözese. Vor diesem Hintergrund kann ein Verfahren nach kanonischem Recht dem Opfer gegenüber gar nicht fair sein und auch nicht gegenüber dem öffentlichen Interesse, Gerechtigkeit zu schaffen. Die Geheimhaltung bedeutet ja schon, dass

Das kanonische Recht

nicht zu sehen ist, dass Gerechtigkeit geschieht. Alle Fälle, die das Prinzip des öffentlichen Verfahrens im Zivil- und Strafrecht begründet haben, zeigen auf, dass Öffentlichkeit vom Meineid abschreckt, Zeugen zu einer Aussage ermutigt und den sichersten Schutz vor Unredlichkeit bietet – wie Jeremy Bentham es ausgedrückt hat: „Sie stellt den Richter vor Gericht, während er Gericht hält".[15]

69. Die Rolle des Bischofs (des „Ordinarius") als Schiedsrichter bringt noch weitere Probleme mit sich, fehlt ihm doch jede Ausbildung darin, Beweismittel zu analysieren und Schlüsse zu ziehen, vor allem im Zusammenhang mit Fällen von sexuellem Missbrauch. Die Bischöfe wurden im Geiste von *Persona Humana* (1975) ausgebildet, die ungeachtet des Kinsey Report im Einklang mit den sexuellen Vorstellungen des heiligen Paulus daran festhält, dass „jeder Geschlechtsakt nur innerhalb der Ehe erfolgen darf" und dass „Masturbation […] eine zuinnerst schwer ordnungswidrige Handlung" sei, da „der freigewollte Gebrauch der Geschlechtskraft […] außerhalb der normalen ehelichen Beziehungen seiner Zielsetzung wesentlich widerspricht". Die sexuelle Ignoranz des kirchlichen Lehramts weitete sich noch aus, nachdem Karol Wojtyla 1979 als Johannes Paul II. Papst wurde. Er hatte bei der Abfassung von *Humanae Vitae* und *Persona Humana* mitgewirkt und nahm eine derart kompromisslose Haltung zur Sexualität ein, dass seine Nachfolgeenzyklika *Veritatis Splendor* (1988) die Empfängnisverhütung auf eine Stufe mit Völkermord stellte als Taten, die „in sich schlecht" seien. Er verbot weitere Debatten um die Emp-

fängnisverhütung und wies seine Nuntien an, aufstrebende Kleriker zu bespitzeln und nur solche für eine Beförderung zum Bischof vorzuschlagen, die das Verbot bedingungslos unterstützten.[16] Das führte zur Ernennung von Männern, denen in vielen Fällen eine gewisse Gewieftheit und der Einblick in menschliches Sexualverhalten fehlten, und die sich angesichts der Ausreden pädophiler Priester und in ihrer Vorstellung, durch Beten, Buße oder Beratung lasse sich eine Heilung erreichen, als erstaunlich naiv erweisen sollten.

70. Die kirchenrechtlichen Strafen für diejenigen, die des Kindsmissbrauchs für schuldig befunden werden, sind lächerlich – „vor allem geistliche Übungen, die während einer bestimmten Zeitdauer in einer religiösen Einrichtung zu absolvieren sind, mit Ausschluss vom Zelebrieren der Messe während dieser Zeit"[17]. Befürchtet der Bischof einen Rückfall, kann er den Priester einer „besonderen Kontrolle" unterziehen, z. B. durch Suspendierung vom Messelesen oder von der Arbeit mit Kindern. Im Fall schwerwiegender Verbrechen wie der sexuellen Verführung im Beichtstuhl kann der Priester vom Abnehmen der Beichte suspendiert werden; „in schwerwiegenderen Fällen ist er sogar einer Rückversetzung in den Laienstand zu unterziehen (degradatio)".[18] Was als „extreme Strafe" beschrieben wird, soll nur auf diejenigen Priester Anwendung finden, deren Amtsführung „einen derart großen Skandal unter den Gläubigen ausgelöst hat, dass menschlich gesprochen keine Hoffnung oder nahezu keine Hoffnung auf eine Besserung besteht".[19] Einige Entscheidun-

gen der Glaubenskongregation, die durchgesickert sind, zeigen, dass selbst im Falle von Serientätern die bischöfliche Anordnung der Laisierung durch Kardinal Ratzinger aufgehoben wurde, wegen des fortgeschrittenen oder auch des niedrigen Alters der Betreffenden, wegen einer Krankheit oder weil ihre Taten lange zurücklagen (Absatz 28).

71. Die Regelungen von *Crimen* sind kein Ersatz für polizeiliche Ermittlungen und strafrechtliche Sanktionen. Wenn überhaupt, eignen sie sich für eine kleine freimaurerische Gemeinschaft, die Regeln braucht zur Disziplinierung ihrer Mitglieder und, als letztes Mittel, zum Ausschluss aus dem Verein. Kindsmissbrauch wird hier einfach nicht als schwerwiegendes Verbrechen verstanden, und es ist nirgendwo erwähnt, dass ein Bischof oder ein „Promotor iustitiae" verpflichtet ist, die Polizei einzuschalten. In einem aktuellen US-Fall, *O'Bryan gegen den Heiligen Stuhl*, geht es um die Frage, ob *Crimen* die Verweigerung einer Zusammenarbeit mit der Strafverfolgung vorschreibt. Der Vatikan hat einen Schriftsatz eingereicht, dem zufolge „nichts innerhalb von *Crimen* so ausgelegt werden könnte, als sollte es eine Anzeige bei den Strafverfolgungsbehörden vor Einleitung eines kanonischen Prozesses verhindern".[20] Auch wenn *Crimen* dies nicht ausdrücklich verbietet, so strafen doch der gesamte Tenor des Dokuments sowie seine Auswirkungen dieses Argument des Vatikans Lügen. Das kanonische Recht selbst schreibt Geheimhaltung von Anfang an vor, und da es sich um ein „Geheimnis des Heiligen Offiziums" handelt, steht auf Zuwiderhandlung die Exkommunikation – eine schwerere Strafe wohlge-

merkt, als sie nach kanonischem Recht einen der Vergewaltigung schuldigen Priester ereilen könnte, der zwar u. U. aus dem Priesterstand entlassen, aber nicht aus der Kirche ausgeschlossen werden kann. *Crimen* verlangt „äußerste Vertraulichkeit" und „ewiges Schweigen" von allen Prozessbeteiligten einschließlich der Kläger und deren Zeugen, die „unter Androhung automatischer Exkommunikation" verpflichtet werden (s. S. 349).

72. Das Argument des Heiligen Stuhls (Absatz 223), *Crimen* könne nicht so interpretiert werden, dass es eine Kontaktaufnahme mit der Polizei vor Aufnahme des offiziellen kanonischen Verfahrens verbiete, ist unvereinbar mit Absatz 23 in *Crimen* selbst, der vom Kläger verlangt, zunächst eine formelle Anzeige unter Eid zu erstatten; nach deren Unterzeichnung ist „ihm ein Eid der Geheimhaltung abzunehmen, wenn nötig unter Androhung der Exkommunikation" (siehe Anhang B). *Crimen* erfordert also, dass die Anschuldigung in erzwungene Geheimhaltung zu hüllen ist: Ein Kind oder Heranwachsender, der katholisch erzogen wurde, wird nicht die Exkommunikation riskieren, indem er oder sie danach mit seiner Geschichte zur Polizei geht, geschweige denn zur Presse. Die Murphy-Kommission kam zu dem richtigen Schluss, eine derartige Verpflichtung als Teil des kanonischen Prozesses könne „zweifellos ein Verbot der Anzeige des Kindsmissbrauchs bei den zivilen Behörden und anderen Stellen darstellen".[21] Durch die ganzen Vorschriften von *Crimen* zieht sich eine beinahe zwanghafte Besorgnis um Geheimhaltung: Es wird unterstrichen, dass die Kommu-

Das kanonische Recht

nikation „stets unter dem Geheimnis des Heiligen Offiziums" zu erfolgen habe, und das Dokument wird bestätigt von Papst Johannes XXIII., der am 16. März 1962 anordnet, es sei „in allen Einzelheiten einzuhalten". Das Ziel scheint schlicht zu sein, jegliche Kommunikation mit externen Stellen zu unterbinden, sobald eine Anklage erhoben wurde, und dieses Verbot mit den schlimmsten Androhungen geistlicher Strafen zu untermauern. Androhungen einer Art, der kindliche Opfer unmöglich standhalten können, weil sie in der Regel in katholischen Familien aufgewachsen sind, in denen eine Exkommunikation unendliche Schmach bedeuten würde und das höllische Feuer durchaus wörtlich genommen wird. Das mit Billigung Papst Johannes Paul II. und Kardinal Ratzingers ergangene Glückwunschschreiben an Bischof Pican für seine Weigerung, einen pädophilen Priester bei der Polizei anzuzeigen, wurde als Ermutigung zu ähnlichem Handeln an die Bischöfe verbreitet (siehe oben Absatz 53). Damit erledigt sich wirklich auch die irreführende Behauptung, der Vatikan sei ganz damit einverstanden, dass Strafverfolgungsbehörden seine schuldigen Priester festnehmen.

73. Paradoxerweise lautet das alternative Verteidigungsvorbringen des Vatikans in *O'Bryan gegen den Heiligen Stuhl*, *Crimen* sei derart unbekannt und geheim gewesen, dass viele US-Bischöfe von seiner Existenz keine Ahnung gehabt hätten und die vorgeschriebenen Normen häufig nicht befolgt worden seien. Die Bischöfe hätten Anschuldigungen wegen Kindsmissbrauchs informell abgehan-

delt und seien damit nicht an die Geheimhaltungsvorschriften gebunden gewesen (wobei sie die Vertraulichkeit de facto immer wahrten). Das mag bei den Beschwerden in dem betreffenden Fall und anderen Fällen durchaus so gewesen sein, lässt den Vatikan aber kaum in einem günstigen Licht erscheinen. Das kanonische Recht war eindeutig, doch erst 2001 wurden Schritte unternommen, alle US-Bischöfe auf die Verfahrensvorgaben für Fälle von Kindsmissbrauch – so mangelhaft sie auch waren – hinzuweisen. Dieselbe Ignoranz legten die Bischöfe in Irland an den Tag; einer berichtete der Murphy-Kommission, er habe nichts von *Crimen* gewusst, bis ein Bischof in Australien Ende der 90er Jahre entdeckt hätte, dass es immer noch Gültigkeit besaß. Murphy spricht in ihrem beißenden Kommentar dazu von „der ungewöhnlichen Situation, dass ein Dokument existierte, das ein Verfahren für den Umgang mit sexuellem Kindsmissbrauch durch Kleriker festlegte – aber praktisch niemand davon wusste oder es anwandte".[22] Bischöfen eine „informelle" Abhandlung von Anschuldigungen wegen schwerwiegender Verbrechen zu gestatten – indem sie pädophile Priester in Behandlung schickten oder ohne Untersuchung außer Landes verschoben – war auf jeden Fall grob fahrlässig. Es war eine Fahrlässigkeit, für die die Glaubenskongregation verantwortlich war – während der gesamten Zeit, in der Kardinal Ratzinger an ihrer Spitze stand.

74. Am 18. Mai 2001 lenkte Ratzinger die Aufmerksamkeit sämtlicher Bischöfe auf *Crimen*, und zwar durch ein apostolisches Schreiben, das diesmal weithin veröffentlicht

Das kanonische Recht

wurde (Anhang C). Es war mit Billigung des Papstes herausgegeben worden und setzte als gegeben voraus, dass *Crimen* seit 1962 uneingeschränkt in Kraft gewesen war. Dieses neue apostolische Schreiben mit dem Titel „Sacramentorum sanctitatis tutela" definierte einige „schwerwiegende Delikte", die fortan dem Apostolischen Gerichtshof der Glaubenskongregation vorbehalten sein sollten, darunter „eine Straftat gegen die Sittlichkeit […] mit einem noch nicht 18jährigen minderjährigen Menschen". Diese unterlag, wie die anderen kirchlichen Verstöße, einer Verjährungsfrist von zehn Jahren, die in Fällen sexuellen Missbrauchs erst mit dem 18. Geburtstag des Minderjährigen begann (so dass also das Opfer nach seinem 29. Geburtstag überhaupt nicht mehr klagen konnte). Sonstige Änderungen der Verfahrensweise gab es nicht, auch nicht die Auflage oder auch nur die Anregung, dass an einem bestimmten Punkt die Polizei einzuschalten sei. Wieder einmal wurde nachdrücklich betont, Fälle dieser Art unterlägen dem „päpstlichen Geheimnis". Im kanonischen Recht wird dieses päpstliche Geheimnis mit Bezug auf Sollizitationsfälle in einer seit 1866 bestehenden Instruktion für die Kongregation des Hl. Offiziums definiert:

Bei der Behandlung dieser Fälle durch die Apostolische Kommission oder nach einschlägigen Regelungen der Bischöfe ist mit größter Sorgfalt und Wachsamkeit vorzugehen, so dass dieses Verfahren, insofern es Angelegenheiten des Glaubens betrifft, in absoluter Geheimhaltung zu erfolgen hat, und nach seinem Abschluss und der Übergabe zur Aburteilung ist es durch ewiges Stillschweigen vollständig zu verheimlichen. Sämtliche kirchlichen Amtsträger der Kurie und wer auch immer sonst zu dem Verfahren geladen wird, einschließlich der Verteidiger, müssen einen Eid auf die Wahrung der Geheimhaltung ablegen, und sogar die Bischöfe selbst sind zur Wahrung des Geheimnisses verpflichtet[…] doch diejenigen, die der Last der Denunziation Genüge tun, sind verpflichtet, zu Beginn einen Eid auf die Wahrheit ihrer Aussage zu leisten, und müssen nach abgeschlossenem Verfahren die Wahrung der Geheimhaltung schwören, selbst wenn sie Priester sind.[23]

75. Ratzingers Anweisungen von 2001 versäumten es, den grundlegenden Fehler von *Crimen* zu korrigieren, das Verbrechen des sexuellen Kindsmissbrauchs mit Sünden zu verwechseln, die die Beichte und die Sakramente betreffen. Letztere sind lediglich kirchliche Verstöße im Sinne eines Fehlverhaltens im Priesterstand, wohingegen Kindsmissbrauch nach jeglichem nationalen Strafrecht ein schwerwiegendes Verbrechen darstellt. Es gehört nicht als „Delikt" neben priesterliches Fehlverhalten wie das Entwenden der „eucharistischen Gestalten in sakrilegischer Absicht" oder die „verbotene Konzelebration der Eucharistie zusammen mit Amtsträgern kirchlicher Gemeinschaften, die keine apostolische Sukzession haben". Dies sind zweifellos schreckliche Vergehen gegen katholischen Ritus und katholische Tradition, aber doch unmöglich von Belang für Personen außerhalb (oder vielleicht auch für viele innerhalb) der Kirche. Sexueller Kindsmissbrauch aber ist zu Recht für das gesamte Gemeinwesen von Belang, und der Anspruch der Kirche auf ausschließliche und geheime Jurisdiktion über diejenigen ihrer Priester, die deswegen angeklagt werden, zeigt nicht

nur eine Verwirrung der Gedanken, sondern bedeutet die Vereinnahmung der dem Staat vorbehaltenen Strafgewalt für Verbrechen, die auf seinem Gebiet und an seinen Kindern verübt worden sind.

76. Das Verfahren nach kanonischem Recht verläuft nach wie vor unerträglich langsam, da sämtliche glaubhaften Anschuldigungen der Glaubenskongregation zu melden sind, die ein Verfahren in Rom anordnen oder den örtlichen Bischof mit der Durchführung eines eigenen kanonischen Verfahrens beauftragen kann. Als „Ermittler" wird wiederum ein Priester tätig, der über keinerlei juristische und kriminaltechnische Erfahrung oder Mittel verfügt. Die Ermittlungen laufen im Geheimen ab; sämtliche Parteien und Zeugen werden auf Wahrung des „päpstlichen Geheimnisses" vereidigt (s. S. 359). Weder die Zeugen noch die vom „Promotor iustitiae" gesammelten Beweismittel müssen je der Polizei oder Staatsanwaltschaft zugänglich gemacht werden. Unabhängig davon, ob ein Schuldspruch erfolgt, gehen die Unterlagen an die Glaubenskongregation in Rom, wo sie vor einer gerichtlich verfügten Offenlegung geschützt sind. Den Bischöfen wird auferlegt, eventuelle Kopien der Beweismittel hinter Schloss und Riegel zu verwahren, wo sie nur durch die drastische Maßnahme beschafft werden können, zu der unlängst die belgische Polizei greifen musste: ein Durchsuchungsbefehl mit Beschlagnahmungsverfügung, der für die Kathedrale galt. Wenn die Glaubenskongregation die Durchführung eines Verfahrens in Rom beschließt, kommt es zu weiteren Verzögerungen, und jede vom Bischof ver-

hängte „Strafe" muss dort auf jeden Fall geprüft werden. „Strafen" sind unwahrscheinlich und existieren nur dem Namen nach: eine Entlassung aus dem Priesterstand muss vom Papst selbst angeordnet oder bestätigt werden, selbst wenn der schuldige Priester um seine Laisierung gebeten hat. „Wenn der Priester seine Verbrechen gestanden und zugestimmt hat, ein Leben des Gebets und der Buße zu führen", wird die Glaubenskongregation lediglich sein Amt einschränken und damit einem geständigen, nach Sex mit Kindern Süchtigen den Verbleib in der Kirche erlauben.

77. Anhänger Ratzingers haben behauptet, seine Initiative von 2001 demonstriere sein Anliegen, etwas wegen der zunehmenden Flut von Missbrauchsvorwürfen zu unternehmen, indem er klargestellt habe, dass diese künftig der Aufsicht der Glaubenskongregation in Rom unterlägen und nicht mehr dem Ermessen örtlicher Bischöfe überlassen seien. Dieses Argument ist schwer nachvollziehbar, denn seine Anordnung, sämtliche Fälle „unter päpstlicher Geheimhaltung" nach Rom zu überweisen, bedeutete doch, dass der Ortsbischof seinen Ermessensspielraum auch nicht mehr zu einer Anzeige bei der Polizei nutzen konnte, da er sonst wegen der Offenlegung der förmlichen Anschuldigung und des Bruchs des päpstlichen Geheimnisses der Exkommunikation unterlegen wäre. Außerdem diente die Anordnung dazu, jegliches Einschreiten gegen den beschuldigten Priester zu verzögern: Ungefähr ein Jahr später würde die Glaubenskongregation den Fall entweder selbst entscheiden oder ihn an den

Bischof vor Ort zurückverweisen, mit der Anordnung, von vorn anzufangen. Man kann sich nur schwer der Schlussfolgerung verschließen, dass Kardinal Ratzinger sich 2001 des Missbrauchsskandals, der auf die Kirche zurollte, bewusst gewesen war und dass er beschloss, die Kontrolle des Heiligen Stuhls über sämtliche Missbrauchsanschuldigungen zu verschärfen – anstatt die Bischöfe anzuhalten, die Geheimhaltung und die nutzlosen *Crimen*-Verfahrensregeln aufzugeben, Anzeige bei der Polizei zu erstatten und der öffentlichen Rechtsprechung ihren Lauf zu lassen. Damit bekräftigte er, sein „Staat" habe fürderhin die ausschließliche Zuständigkeit zur Ahndung von Verbrechen, die von seinen Priestern in anderen Staaten begangen wurden, allein nach seinem eigenen Recht. Der Heilige Stuhl begriff die weltweite Kirche als Nation mit eigenem, für seine Staatsbürger – also die Priester – verbindlichem kanonischen Recht, gleich, in welchem Land diese sich aufhielten. Als die verstörten US-Bischöfe im Jahr 2002 bei Ratzinger eine mögliche Zusammenarbeit mit den Zivilbehörden in Missbrauchsfällen in Erwägung zogen, wurden sie daran erinnert, dass „die Kirche ihr Recht erneut bekräftigt, eine für all ihre Mitglieder verbindliche Gesetzgebung hinsichtlich der kirchlichen Dimension des Delikts des Missbrauchs von Minderjährigen zu verordnen".[24] Dass die herausragendsten Theologen der Kirche glaubten, Handlungen wie die Masturbation oder Vergewaltigung kleiner Jungen hätten eine „kirchliche Dimension", war erstaunlich genug. Dass Kardinal Ratzinger offenbar glaubte, der Staat, dessen mächtigster Amtsträger er war, habe, ungeachtet des Völkerrechts, das Recht, in befreundeten Staaten ein geheimes Justizsystem für sexuellen Missbrauch unterhalten zu können, war noch weitaus erstaunlicher. Dass er noch im Jahr 2002 entschlossen war, Priester, die des Missbrauchs schuldig waren, zu schützen, war der fatale Fehler, Gott zu geben, was des Kaisers gewesen wäre.

78. Im Jahr 2010, fünf Jahre nach dem Amtsantritt Benedikts und nach all den schmachvollen Skandalen, sind und bleiben die Verfahrensweisen der Kirche bei klerikalem Kindsmissbrauch völlig inakzeptabel. Der Vatikan ist entschlossen, diesen „Verstoß gegen die Sittlichkeit" durch seine kanonische Gerichtsbarkeit zu ahnden – die so ineffektiv, inkompetent und straflos ist wie eh und je, die nach wie vor im Geheimen betrieben wird und die übermäßig auf den Schutz des angeklagten Priesters bedacht ist. Der Vatikan weigert sich, eine „Null-Toleranz-Strategie" für die universale Kirche einzuführen, die Opfer von ihrem Versprechen der päpstlichen Geheimhaltung zu entbinden oder Beweismittel bezüglich pädophiler Priester, mit denen in der Vergangenheit nach kanonischem Recht oder informell verfahren wurde, an die Strafverfolgungsbehörden weiterzuleiten. Das einzige sichtbare Zugeständnis, das nicht im Kirchenrecht oder per apostolischem Schreiben erfolgte, sondern auf einer PR-Website des Vatikans als Reaktion auf die öffentliche Entrüstung über das österliche Schweigen des Papstes erschien, war eine inoffizielle „Verständnishilfe für die grundlegende Vorgehensweise der Kongregation für die Glaubenslehre bei Vorwürfen sexuellen Missbrauchs" und postulierte:

Die staatlichen Gesetze hinsichtlich der Anzeige von Straftaten bei den zuständigen Behörden sind immer zu befolgen.²⁵

79. Das plötzliche Auftauchen dieser neuen Anregung in einem informellen Online-Leitfaden, der „als Einführung für Laien und Nicht-Kirchenrechtler hilfreich" sein sollte, wurde den Medien am 12. April als Beweis dafür verkauft, dass der Papst – ungeachtet seines österlichen Schweigens – schließlich doch gehandelt hatte. Hier habe man es mit einer echten Reform zu tun, einer Anweisung an die Bischöfe, des Missbrauchs schuldige Priester anzuzeigen. Doch die Medien, die diese Nachricht verbreiteten, waren hinters Licht geführt worden: die Vatikan-Website verfügt über keine päpstliche Autorität, irgendwelche Änderungen des kanonischen Rechts herbeizuführen, und die „Verständnishilfe" sollte nur eine Erläuterung des geltenden kanonischen Rechts von 1983 und des Ratzinger-Schreibens von 2001 sein, die beide keinen Hinweis auf eine Anzeigepflicht enthalten. Die Wahrheit, nämlich dass dieser Aspekt des Internet-Leitfadens eine PR-Maßnahme war, kam drei Monate später ans Licht, als der Papst die „Neuen Normen" des kanonischen Rechts *De gravioribus delictis* (Anhang D) veröffentlichte. Darin war keine Rede von irgendeiner Pflicht der Bischöfe oder irgendwelcher anderer Personen zur Anzeige von Missbrauchsfällen bei den Zivilbehörden. Erst nach ihrer Veröffentlichung gab Vatikan-Sprecher Lombardi zu, dass eine Anzeigepflicht im Gespräch gewesen, aber verworfen worden war – man entschied sich bewusst dagegen, dies als neue Regelung im kanonischen Recht einzuführen. Dem „Website-Leit-

faden" kam also gar keine rechtliche Wirkung zu, er hatte aber Medien und Öffentlichkeit irregeführt und war womöglich auch darauf ausgelegt gewesen. Auf jeden Fall war er mit Bedacht formuliert worden: er sollte nur dort Anwendung finden, wo entsprechende staatliche Gesetze existierten. In vielen Ländern vor allem Lateinamerikas und Asiens gibt es keine spezifischen Gesetze über eine Anzeigepflicht, so dass dort selbst bei Befolgung des Leitfadens die Polizei nicht informiert werden würde. In vielen Ländern im anglo-amerikanischen Rechtskreis gibt es ebenfalls keine spezielle gesetzliche Anzeigepflicht, und die Bischöfe konnten sich aus der Anzeigeempfehlung herauswinden mit der Begründung, ihr Schweigen sei keine „Unterstützung von Straftätern" und falle auch nicht unter „Nichtanzeige drohender Verbrechen". Warum bringt der Vatikan es einfach nicht über sich, die Bischöfe zur *unverzüglichen* Anzeige *sämtlicher* glaubhaften Anschuldigungen bei den *zuständigen Behörden* zu verpflichten? Weil der Heilige Stuhl nicht bereit ist, seine kanonische Gerichtsbarkeit aufzugeben, die ihm eine Macht zum Schutz seiner Priester verleiht, die verloren ginge, säßen sie auf der Anklagebank eines öffentlichen Gerichts. Wenn sie doch dort landen, dann in der Regel aufgrund von Informationen, die die Polizei nicht aus einer offiziellen kirchlichen Quelle erhalten hat.

80. Abgesehen davon enthält der Internet-Leitfaden einen gravierenden Fehler: In der Praxis ist das kanonische Verfahren so stark zugunsten der Priester gewichtet, dass die meisten als Sünder Erkannten sich zu ihrer Tat bekannt

haben, häufig in einer förmlichen Beichte. Der Bischof kann aber die Anschuldigung wegen sexuellen Kindsmissbrauchs gegenüber der Polizei nicht wiederholen, wenn sie während der Feier des Bußsakraments erfolgte.[26] Diese Vertuschung erfordert das kanonische Recht, nämlich Can. 983(1):

> Das Beichtgeheimnis ist unverletzlich, dem Beichtvater ist es daher streng verboten, den Pönitenten durch Worte oder auf irgendeine andere Weise und aus irgendeinem Grund irgendwie zu verraten.

81. Selbst wenn also das kanonische Recht, wie die Website vorgab, reformiert worden sein sollte, konnten pädophile Priester nach wie vor im vollen Vertrauen darauf beichten, dass die Polizei niemals über ihre Schuld informiert werden würde. Immer, wenn im Vatikan das Thema „Bischof zeigt Priester bei Polizei an" angeschnitten wird, wird die Analogie gezogen zu den Qualen eines Elternteils, der ein Kind verraten soll – „Es ist so schwer für einen Vater", so ein Vertreter der Glaubenskongregation, „seinen Sohn zu verraten." Solange das sakramentale Siegel unverletzlich ist und bleibt, wird das in vielen Fällen sogar unmöglich sein.

82. Im Juli 2010 unternahm Papst Benedikt einen neuen Anlauf, der Missbrauchskrise mit einer Promulgation zu begegnen (*Normae de gravioribus delictis*, Anhang D), mit der das apostolische Schreiben von 2001 geändert und der Internet-Leitfaden außer Kraft gesetzt wurde. Zu diesem Zeitpunkt waren fünf Bischöfe in Europa zurück-

getreten, Zehntausende Gläubige waren voller Abscheu aus der Kirche ausgetreten, und der US Supreme Court hatte das päpstliche Ersuchen zurückgewiesen, eine gerichtliche Entscheidung zu überprüfen und außer Kraft zu setzen, die dem Vatikan Auskunfts- und Offenlegungspflichten in Schadensersatzverfahren vor US-Gerichten auferlegte. Die Gelegenheit war da für die Ankündigung, man werde sich künftig bei der Untersuchung und Bestrafung von Sextätern in der Kirche nicht mehr auf kanonisches Recht stützen, und für die unzweideutige Anweisung an die Bischöfe, sich bei hinreichendem Verdacht an die Zivilbehörden zu wenden. Das war die Gelegenheit, für die gesamte Kirche die US-Politik des „Einmal – und nie wieder!" zu übernehmen: die automatische Entlassung überführter Kinderschänder aus dem Priesterstand. Doch, leider Gottes für die Kirche und für seine eigene Reputation, schlug der Papst diesen Weg nicht ein. Im Gegenteil, er unterstrich noch die Bedeutung des kanonischen Rechts als angemessene Art, gegen verdächtige Priester vorzugehen, und erweiterte gar dessen angeblichen Geltungsbereich mit der Anweisung, dass weitere Sexualdelikte, die gegen nationales Recht verstoßen, ebenfalls in geheimen, priesterfreundlichen kanonischen Verfahren abgehandelt werden sollten. Diese Straftaten, nämlich Besitz und Verbreitung von kinderpornographischem Bildmaterial und sexueller Missbrauch eines geistig behinderten, nicht geschäftsfähigen Erwachsenen, sind Verstöße gegen die staatlichen Gesetze der meisten zivilisierten Länder. Doch künftig werden auch sie, wenn sie von einem Priester begangen werden, nicht bei der Polizei angezeigt, sondern der Unterwelt des kanonischen Rechts übergeben, wo sie, wie Artikel 30 der „gravioribus delictis" erneut bekräftigt, dem „päpstlichen Geheimnis" unterliegen, dessen Verletzung (selbst wenn sie fahrlässig und nicht absichtlich erfolgt) die schärfsten Strafen nach sich zieht (Anhang D).

83. Der Spindoktor des Vatikans, Pater Lombardi, versuchte, Kritik abzuwenden mit der Erläuterung, geheime Verfahren seien „zum Schutz der Würde aller Beteiligten" notwendig – und, so möchte man vermuten, zum Schutz des Rufes der Kirche. Dass die Öffentlichkeit ein Recht darauf hat, dass der Gerechtigkeit Genüge getan wird, kam ihm nicht in den Sinn. Zum Versäumnis des Papstes, in die neuen Normen eine Pflicht zur Einschaltung der Polizei mit einzuschließen, sagte er, die Frage der „Zusammenarbeit mit den zivilen Behörden" sei diskutiert worden, bleibe aber unangetastet. (Die Vorstellung, es sei eine Art „Kollaboration" – mit dem Unterton der „Unterstützung des Feindes" – wenn man Ermittlungs- und Kriminalexperten die Untersuchung schwerwiegender Verbrechen überlässt, zeigt die fast schon paranoide Angst des Vatikans davor, die eigenen Leute zu opfern.) Dann bekräftigte Lombardi den absurden kirchlichen Anspruch, das kanonische Recht könne schwere Verbrechen abhandeln; das kirchliche Strafrecht sei „in sich abgeschlossen und vollständig vom zivilen getrennt".[27] Gerade die Tatsache, dass es „vollständig ... getrennt" ist, macht es untauglich als Alternative zur öffentlichen Justiz und setzt den Heiligen Stuhl dem Vorwurf aus, durch Unterwan-

derung des Justizsystems eines befreundeten Staates, zu dem er diplomatische Beziehungen unterhält, internationales Recht zu verletzen.

84. Die neue Behauptung, mit dem kanonischen Recht könne man mit Priestern fertig werden, die Kinderpornographie herstellen oder verbreiten, ist genauso ungeheuerlich wie die Behauptung, damit könne man Fälle des sexuellen Kindsmissbrauchs bewältigen. Das kanonische Recht kennt keine Ermächtigung zur Beschlagnahme von Computern und verfügt weder über Ermittlungsexperten für die Untersuchung von Festplatten noch über Polizisten, die pornographische Verteilernetze aufspüren, noch über Ärzte, die Opfer untersuchen könnten. Doch nun soll der Vatikan die Zuständigkeit übernehmen für einen Straftatbestand, der mit Kindsmissbrauch im Zusammenhang steht (es gab auch schon Anschuldigungen über „Pornoringe" unter pädophilen Priestern und das Anlocken von Kindern mittels obszöner Computerbilder) und den das nationale Strafrecht der meisten Länder mit öffentlicher Ächtung und der Aussicht auf Gefängnisstrafen und einen Eintrag in ein Sexualverbrecher-Register ahndet. Nach kanonischem Recht bleiben die priesterlichen Täter unbekannt und müssen lediglich eine Bußanordnung gewärtigen oder höchstens noch den Ausschluss aus dem Priesteramt, der die Rückkehr in eine Gesellschaft ermöglicht, in der sie nichts von einer erneuten Straffälligkeit abhält und andere nicht vor eventuellen weiteren Taten gewarnt werden. Was die neu in das Kirchenrecht aufgenommene Straftat „Sex mit geistig Behinderten"

betrifft, so ist dies unbefriedigend formuliert, denn geschützt sind nur Personen, deren „Vernunftgebrauch dauerhaft eingeschränkt ist", was jedoch bei den meisten Personen mit mentalen Störungen, die einem Priester zum Opfer fallen könnten, nicht der Fall ist. Nicht geschützt sind Personen mit körperlichen Behinderungen; dabei sind Schulen für Blinde oder Taubstumme sowie Krankenhäuser für Behinderte bevorzugte Jagdgebiete für klerikale Sextäter gewesen. Doch der Haupteinwand gegen diesen neuen Straftatbestand im Kirchenrecht ist, dass es Überschneidungen gibt mit nationalen Gesetzen zum Schutz der Schutzlosen und, als Folge davon, dass Anschuldigungen nicht kompetent untersucht werden, Überwachungskapazitäten und kriminalmedizinische Ermittler nicht verfügbar sind und die Chancen sich gegen den Kläger und zugunsten des beschuldigten Priesters verschieben. Es gibt kein öffentliches Verfahren; jegliches in einem Beichtstuhl abgelegte Schuldeingeständnis wird als Beweis völlig unzulässig sein – und wer unbesonnen genug ist, ein solches Beweismittel vorzubringen, wird exkommuniziert.

85. Bezüglich der Einreichung von Klagen enthalten die neuen kirchenrechtlichen Normen von 2010 einige Änderungen. Zumindest hat die Kirche eingesehen, dass Anschuldigungen wegen Kindsmissbrauchs auch viele Jahre nach der Tat erhoben werden können, so dass die Verjährungsfrist auf zwanzig Jahre nach dem 18. Geburtstag des Opfers ausgedehnt wurde – obwohl es sinnvoller gewesen wäre, die Verjährung insgesamt abzuschaffen

Angeklagt: Der Papst

(warum darf ein Opfer mit 38 Klage erheben, aber nicht mit 39?). Auch auf die Kritik hinsichtlich der Verzögerungen und der so seltenen Entlassungen aus dem Priesterstand hat man reagiert und den Papst ermächtigt, Priester, die geständig sind oder ihre Schuld nicht bestreiten, „aus dem Klerikerstand" zu entlassen. Er kann gleichzeitig dem Täter einen „Dispens von der Zölibatsverpflichtung" erteilen, der normalerweise schwer zu bekommen ist (dieser muss aus der Hand des Papstes kommen, so dass in dieser Hinsicht das Verfahren im „Schnelldurchlauf" vorteilhaft sein kann für den Täter, der unmittelbar frei ist, zu heiraten statt sich zu verzehren). Die Abwehrhaltung des Vatikans zeigt sich daran, dass der Papst ein spezielles „Delikt" erfunden hat, das jeden Katholiken betrifft, der es wagen sollte „die vom Beichtvater oder vom Pönitenten in einer sakramentalen Beichte gesagten Dinge mit irgendeinem technischen Hilfsmittel [aufzunehmen] oder in übler Absicht durch die sozialen Kommunikationsmittel zu verbreiten." Mit diesem neuen katholischen „Verbrechen" scheint man Polizei oder Journalisten davon abschrecken zu wollen, tatsächliche oder potentielle Opfer zu verkabeln und in den Beichtstuhl zu schicken, um Beweise gegen Priester aufzuzeichnen, die beschuldigt oder verdächtigt werden, den Beichtstuhl für sexuelle Annäherungsversuche zu benutzen.

86. In anderer Hinsicht jedoch verstärken die neuen Normen nur die Einwände gegen die alten, indem sie Verbrechen wie sexuellen Kindsmissbrauch und Besitz von Kinderpornographie genau so behandeln wie Sünden wie Glau-

Das kanonische Recht

bensspaltung, Ketzerei und Glaubensabfall. Priester, die kleine Kinder missbrauchen, werden nach diesen Normen gleichgestellt mit Priestern, die „geweihte Gegenstände" wegwerfen oder ihren Freundinnen im Beichtstuhl die Absolution erteilen oder verbotene Liturgien durchzuführen versuchen. Die Promulgation von Benedikts „neuen Normen" geriet denn auch zum PR-Disaster für die Kirche, da sie ein neues „schwerwiegenderes Verbrechen" enthielten, so schwerwiegend wie die Sodomisierung eines Kindes, nämlich den Versuch, eine Frau zum Priester zu weihen. In solch einem Fall droht sowohl dem Priester als auch der Frau die schlimmste aller kirchlichen Strafen: die „große Exkommunikation" (was immer das sein mag). Die Absurdität dieser Nebeneinanderstellung – nur wenige Tage, nachdem die anglikanische Kirche die Weihe weiblicher Bischöfe beschlossen hatte –, wurde als Beispiel für Benedikts Frauenhass oder seine sexistische Theologie gesehen (wie eine kirchliche Kommission schon 1976 berichtete, gibt es für das Verbot weiblicher Priester keine biblische Grundlage). Dass Benedikt das Kirchenrecht umschrieb und diesem Verstoß denselben Schweregrad zuwies wie dem Kindsmissbrauch, war ein Rückschlag für diejenigen unter seinen Verteidigern, die Johannes Paul II. die Schuld geben und behaupten, Benedikt habe sich zum Handeln „bekehrt". Im Juli 2010 machten die „neuen Normen" eindeutig klar: Benedikt war nicht bereit zuzulassen, dass seine Kirche ihre Geistlichen dem weltlichen Recht ausliefert. Die „Besserstellung der Geistlichkeit" sollte ihnen durch das kanonische Recht erhalten bleiben.

4. Der Lateranvertrag

Ich kann Ihren Grundsatz nicht akzeptieren, wir sollten Papst und König anders als andere Menschen beurteilen, unter der wohlwollenden Annahme, sie verübten kein Unrecht. Will man hier von Annahmen ausgehen, dann umgekehrt, gegen die Machthaber, und dies um so mehr, je größer die Macht. Historische Verantwortung muss hier den Mangel an rechtlicher Verantwortung wettmachen. Macht korrumpiert leicht, absolute Macht korrumpiert absolut [...] Es gibt keine schlimmere Irrlehre als die, das Amt heilige seinen Träger.

Lord Acton, 1887[1]

87. Der Anspruch des Papstes, Oberhaupt eines Staates zu sein mit der Berechtigung, das kanonische Recht überall auf der Welt anzuwenden, wo er eine Kirche betreibt, steht und fällt mit der Frage, ob der Vatikan (eine winzige Enklave in Rom) oder der Heilige Stuhl (die Leitung der römisch-katholischen Kirche) oder beide zusammengenommen einen souveränen Staat als Subjekt des Völkerrechts bilden können. Beide sind „Personen des internationalen Rechts" in dem Sinne, dass sie Vereinbarungen eingehen, Verträge unterzeichnen, Konferenzen abhalten und Vertreter mit anderen Organisationen austauschen können – seien es Körperschaften, religiöse Organisationen, Wohlfahrtseinrichtungen oder Staaten. Doch von dem Anspruch des Vatikans, mehr als lediglich „Person

des internationalen Rechts", nämlich ein vollwertiger Staat zu sein, hängt viel ab. Dies nämlich bringt viele Vorteile mit sich, davon zwei besonders geschätzte: staatshoheitliche Immunität für den Staat und sein Oberhaupt gegenüber jeglichem gerichtlichen Vorgehen, und direkten Zugang zu den Vereinten Nationen und ihren Sonderorganisationen, Konferenzen und Konventionen, um das zu fördern, was die Kirche als ihre „apostolische Aufgabe" bezeichnet. Dabei ist dem Vatikan bei Ausübung dieser Privilegien selbst klar bewusst, dass er ein Kuriosum darstellt; so räumte er etwa beim Beitritt zur Antifolterkonvention ein:

Im Namen des Staates der Vatikanstadt verpflichtet sich der Heilige Stuhl, diese insoweit anzuwenden, als dies in der Praxis mit dem *eigentümlichen Charakter dieses Staates* vereinbar ist.

In der Tat „eigentümlich", wenn dies bedeuten soll, der Heilige Stuhl müsse wegen seines Glaubens an eine Hölle seinen Verzicht auf Folter entsprechend relativieren. Der Anspruch des Papstes, Oberhaupt eines Staates zu sein, ist noch mit weitaus mehr Eigentümlichkeiten behaftet.

88. Der Anspruch des Heiligen Stuhls, ein selbständiger Staat zu sein, findet zumindest in der Geschichte einen gewissen Widerhall: Ab dem 4. Jahrhundert spielte das Papsttum eine untergeordnete Rolle in den internationalen Beziehungen; später bereitete Kaiser Karl der Große ihm eine territoriale Basis im heutigen Mittelitalien. Dieser knapp 12.700 km^2 große, in und um Rom gelegene „Kir-

chenstaat" wurde zweimal von Napoleon annektiert und schließlich 1870 als krönender Abschluss des *Risorgimento*, der Vereinigung Italiens, von der italienischen Armee ausgelöscht. Es besteht kaum ein Zweifel daran, dass diese Invasion und Besetzung durch das italienische Militär (nachdem Napoleon III. eine zum Schutz des Vatikanpalastes stationierte französische Garnison abgezogen hatte) den Anspruch des Papstes, Oberhaupt irgendeines Staates zu sein, zum Erliegen gebracht hat. Man erlaubte Pius IX. zu bleiben – unter wütendem Protest im Vatikanpalast – und der Heilige Stuhl akkreditierte weiterhin Diplomaten (1914 nahm Großbritannien die 1559 abgebrochenen Beziehungen wieder auf, um den Katholiken die Sicherheit zu geben, dass Gott im Weltkrieg auf seiner Seite stehe), doch weder Papst noch Heiliger Stuhl hatten Staatsbürger oder ein Staatsgebiet, mit denen sie den Anschein von staatlicher Souveränität erwecken konnten. Ein führendes Fachbuch erläutert es so: „Die rechtliche Stellung des Papstes entsprach seiner religiösen Stellung und nicht mehr".[2] Mit Bezug auf den Zeitraum von 1870 bis 1929 entschied ein italienisches Gericht, trotz diplomatischer Beziehungen zu 29 Ländern könne

> der Heilige Stuhl nicht als ausländischer Staat angesehen werden […] Es kann nicht gesagt werden, dass der Papst zwischen 1870 und 1929 ein eigenes, noch so kleines Territorium besessen hätte, über das er seine Souveränität hätte ausüben können.[3]

89. Wurde ihm durch den Lateranvertrag von 1929 plötzlich die „Souveränität" beschert? Durch diesen Vertrag ver-

schaffte Mussolini der Vatikanstadt eine gewisse Unabhängigkeit vom Recht Italiens und machte sie zu dem Gebiet, auf das der Heilige Stuhl heute seinen Anspruch auf Eigenstaatlichkeit stützt. Nach und nach entsandten weitere Länder Delegierte in die Vatikanstadt und empfingen im Gegenzug päpstliche Nuntien. Doch weder Stadt noch Stuhl wurden je als Mitglied zum Völkerbund zugelassen, und ihr Antrag auf Beitritt zu den Vereinten Nationen wurde von US-Außenminister Cordell Hull 1944 mit einigem Spott zurückgewiesen. Dennoch wurde der Vatikanstadt und dem Heiligen Stuhl später die Unterzeichnung internationaler Übereinkommen gestattet, und 1966 sagte UN-Generalsekretär U Thant ohne Befragung der UN-Mitglieder zu, der Heilige Stuhl könne als „Nichtmitglieds-"Staat zugelassen werden – aber immerhin als ein „Staat". In dieser Eigenschaft hat er in der Folge zahlreiche UN-Übereinkommen ratifiziert und wird heute von 178 Staaten „anerkannt", zu denen er diplomatische Beziehungen unterhält, obwohl die meisten keine Botschafter entsenden. Die Anerkennung durch andere Staaten, selbst wenn es zum Austausch von Diplomaten kommt, begründet im Völkerrecht nicht automatisch eine „Staatseigenschaft"; dieser Status wird vielmehr in der Konvention von Montevideo von 1933 objektiv definiert. Weder der Vatikan noch der Heilige Stuhl noch beide zusammen erfüllen diese juristische Definition – eine Erkenntnis, die erst dämmerte, nachdem der Vatikan Mitte der 90er Jahre bei einer Reihe wichtiger UN-Konferenzen den Bogen überspannt hatte, als er seine „Staatseigenschaft" dazu benutzte, Initiativen zur Familienplanung und Bemühungen zur Verbesserung der Stellung der Frau zu Fall zu bringen.

90. Der Vatikan ist mit Sicherheit hocherfreut über seine angemaßte Staatseigenschaft. Er rühmt sich, dass folglich „die katholische Kirche die einzige religiöse Institution der Welt ist, die Zugang zu diplomatischen Beziehungen und großes Interesse am Völkerrecht hat". Staatseigenschaft bedeutet, dass die internationale Gemeinschaft das Papsttum als eine „moralische Macht sui generis anerkennt, eine souveräne und unabhängige moralische Autorität [...] Der Papst mit seinem seelsorgerlichen Amt, das die Völker der Erde und deren Regierende umfasst, kann politische Führer inspirieren, zahlreichen sozialen Initiativen Orientierung bieten und Systeme und Ideen anfechten, die die Würde der Person zersetzen und so den Weltfrieden gefährden".[4] Papst Johannes Paul II. brüstete sich, „der Heilige Stuhl befindet sich inmitten der Gemeinschaft der Nationen, um die Stimme zu sein, auf die das menschliche Gewissen gewartet hat."[5] Diese Stimme verurteilt Homosexuelle als „schlecht", die Homoehe als „schlecht und heimtückisch", während Abtreibung unter allen Umständen (selbst nach einer Vergewaltigung durch den Vater oder einen Priester oder zum Schutz des Lebens der Mutter) eine Todsünde sei, in deren Versuchung man die Frauen gar nicht erst führen solle, die auch verdammt sind, wenn sie irgendeine Form von Empfängnisverhütung außer der Enthaltsamkeit praktizieren. Laut dieser Stimme ist auch jeder „schlecht", der sich mit Invitrofertilisation oder Embryoversuchen jeglicher Art zu

humanen Zwecken befasst. Sie ruft auf zur Beendigung des Gebrauchs und der Verbreitung von Kondomen, mit denen in schwer von AIDS gezeichneten Ländern Leben gerettet werden sollen. Es ist eine Stimme, die jene verurteilt, die sich scheiden lassen, oder ohne Kinderwunsch heiraten, oder (in der Ehe) Sex nur zum Vergnügen betreiben, oder Pornos schauen, oder Samen spenden für künstliche Befruchtung, oder pränatale Untersuchungen durchführen lassen, oder Vereinbarungen für eine Leihmutterschaft treffen, oder bei tödlicher, unheilbarer Erkrankung Sterbehilfe in Erwägung ziehen. Es ist die Stimme, die am lautesten und konsequentesten von Joseph Ratzinger alias Benedikt XVI. erhoben wurde; und es ist keine Stimme, auf die viele menschliche Gewissen im Westen gewartet haben, sondern eher eine, von der sie es kaum erwarten können, sie weit hinter sich zu lassen, auch wenn sie im Chor mit einer Reihe muslimischer Staaten erklingt, nach deren Gesetzen Frauen als minderwertig gelten und Homosexuelle ins Gefängnis wandern.

91. Es ist nicht meine Absicht, diese Aspekte der katholischen Dogmatik anzufechten, sondern darzulegen, dass sie höchst umstritten und höchst politisch sind. Der Vatikan droht katholischen Politikern, die staatliche Politik zugunsten von Abtreibung und Empfängnisverhütung unterstützen, mit der Exkommunikation. 2002 veröffentlichte Kardinal Ratzinger eine „lehrmäßige Note" mit der Klarstellung, katholische Politiker hätten „die klare Verpflichtung", sich Gesetzen zu widersetzen, die Abtreibung, IVF oder Embryoversuche tolerieren könnten; deren

Angeklagt: Der Papst

Unterstützung sei 'einem Katholiken unmöglich'[6], und sie riskierten die Exkommunikation oder den Ausschluss von der Messe, falls sie dafür stimmten (siehe Absatz 150). Dieselbe Art von geistlicher Erpressung wandte er 2003 an, um katholische Politiker an ihre ernste Pflicht zu erinnern, sich homosexuellen Lebensgemeinschaften zu widersetzen, da sie „gegen das natürliche Sittengesetz verstoßen"; sie „entspringen nicht einer wahren affektiven und geschlechtlichen Ergänzungsbedürftigkeit", und alle homosexuellen Handlungen seien „schwere Verirrungen".[7] Der Heilige Stuhl setzt sich mit seinem diplomatischen Engagement dafür ein, diese fundamentalistischen Überzeugungen zu propagieren – und er kann dies nachdrücklich und wirkungsvoll tun, solange er als Staat behandelt wird.

92. Der Vatikan hat im Laufe der Jahre unterschiedliche Argumentationen für seine Staatseigenschaft vorgebracht. Seine jüngste Erklärung gegenüber der UNO im Mai 2010 stützt sich auf das kanonische Recht mit seiner Definition des Heiligen Stuhls als „Regierung der universalen Kirche." Eine überaus anmaßende Beschreibung, denn die römisch-katholische Konfession ist groß, aber nicht „universal", und der Heilige Stuhl sollte nicht anders behandelt werden als die Leitung irgendeiner anderen Kirche. Der Vatikan behauptet, er sei anders, weil er die Regierung eines souveränen Staates sei:

Der Heilige Stuhl übt seine Souveränität aus über das Gebiet des Staates der Vatikanstadt, der 1929 zur Sicherstellung der völligen und sichtbaren Unabhängigkeit und Souveränität zur Erfüllung seiner weltweiten moralischen Aufgabe, einschließlich sämtlicher Handlungen in Bezug auf internationale Beziehungen, geschaffen wurde (siehe Lateranvertrag, Präambel und Art. 2–3.)[8]

93. Da der Heilige Stuhl seinen Anspruch, ein Staat zu sein, direkt auf den Lateranvertrag von 1929 stützt, ist es erforderlich, dieses Dokument in seinem historischen Zusammenhang zu untersuchen. Dabei kann man sehen, dass es aus der Sicht Mussolinis nicht den vorrangigen Zweck hatte, der ihm von der Kirche zugeschrieben wird (nämlich ihr die Erfüllung ihrer „weltweiten moralischen Aufgabe" zu ermöglichen), sondern vielmehr Teil einer Abmachung war, um den Faschisten Unterstützung bei den Wahlen zu verschaffen, die dadurch erkauft wurde, dass man der Kirche Land, Geld und Privilegien bot, in Italien – und sonst nirgends. Vatikanische Diplomaten richteten es so ein, dass einige Formulierungen aufgenommen wurden, die eventuell einen Anspruch auf bevorzugte völkerrechtliche Behandlung vor anderen Religionen begründen könnten – aber es handelte sich hier gar nicht um einen völkerrechtlichen Vertrag. Kein anderer Staat als Italien war an diesem Dokument beteiligt, das gar kein Vertrag war, sondern eine Vereinbarung zwischen der italienischen Regierung und einer Kirche. Damit soll nicht gesagt sein, dass ein Staat nicht durch unilaterales Handeln eines anderen Staates begründet werden kann – viele der heutigen Staaten wurden durch Kolonialmächte „geschaffen", die Ansprüche auf bestimmte geopolitische Gebiete aufgaben, indem sie

einem bestimmten Volk oder einer bestimmten ethnischen Gruppe souveräne Unabhängigkeit gewährten. Kein Staat aber ist je entstanden durch die Übertragung von Eigentum in Form eines Palastes und der ihn umgebenden Gärten.

94. Es ist wichtig, die Wahrheit über den Lateranvertrag zu kennen, so unangenehm dies für den Vatikan und seine diplomatischen Unterstützer auch sein mag. Die Fakten sind so unbestreitbar, dass man sie sogar in Schulbüchern findet.[9] Während des Pontifikats von Pius IX. (1846 bis 1878) wurde die katholische Kirche zum Todfeind des Vormarschs der liberalen Demokratie in Europa; sein ebenso intoleranter wie untolerierbarer „Syllabus Errorum" (Verzeichnis der Irrtümer) von 1864 verurteilte die Meinungs- und Gewissensfreiheit und verlangte, die katholische Kirche als alleinige Religion in jedem Staat durchzusetzen. Diesem Ruf nach Tyrannei folgte das erste Vatikanische Konzil (1869–70) mit der Proklamation der päpstlichen Unfehlbarkeit. Viele führende Katholiken wie Kardinal Newman waren dagegen, und der katholische Historiker Lord Acton schrieb die berühmt gewordenen Worte an Gladstone, jetzt müsse man sich „einer organisierten Verschwörung zur Errichtung einer Macht entgegenstellen, die der furchtbarste Feind der Freiheit wie der Wissenschaft weltweit wäre".[10] (Noch berühmter wurden die Worte, die er im Zusammenhang mit der Bloßstellung päpstlicher Verbrechen schrieb: „Macht korrumpiert leicht, und absolute Macht korrumpiert absolut.").

95. Pius IX. ging es mehr darum, die Freiheit in seinem Heimatland auszumerzen: Er war das Haupthindernis für die italienische Einheit und stellte sich erbittert gegen den großen Kampf von Garibaldi und Cavour, von Mazzini und Verdi. Nichtsdestotrotz versuchte die Führung der neuen Nation nach der Besetzung des Kirchenstaats und Roms durch die italienische Armee 1870, sich mit dem Papst auszusöhnen statt ihn auszuschalten. Man verabschiedete das „Gesetz der Garantien", das ihm erlaubte, seine Paläste zu behalten, Post- und Telegraphendienste frei zu nutzen und seine eigene diplomatische Vertretung aufrechtzuerhalten. Doch Pius IX. lehnte all das in Bausch und Bogen ab, blieb, wo er war und murrte: „Dieses Stück Erde gehört mir. Christus hat es mir gegeben." Er verlangte die Rückgabe all seiner Herrschaftsgebiete und nahm seine italienischen Bataillone – eine Armee von Bischöfen, Priestern, Nonnen und Funktionsträgern, die die katholischen Schulen, Universitäten und Krankenhäuser des Landes betrieben – in die Pflicht, den neuen demokratischen Staat als illegitim zu behandeln. Italienische Katholiken wurden vom Papst angewiesen, weder aktiv noch passiv an nationalen Wahlen teilzunehmen. Erst mit dem Ersten Weltkrieg änderte der Vatikan seine Taktik und unterstützte nun die Volkspartei, die die Kirche unterstützte und das Frauenwahlrecht bekämpfte. Nach dem Krieg befürchtete die Kirche dann, es fehle der katholischen Partei an Entschlossenheit, die kirchlichen Interessen angesichts des Aufstiegs der italienischen Kommunisten zu schützen – das Land brauche eine viel härtere Reaktion. Der Bischof von Mai-

land suchte als erster die Freundschaft Mussolinis, engagierte sich für ihn, der „als Einziger wirklich versteht, was in diesem Lande nottut", und ließ die Fahnen der faschistischen Partei in seiner Kathedrale wehen.[11] Dieser Bischof von Mailand wurde zur rechten Zeit Papst Pius XI. und konnte so dem König raten, Mussolini zum Premierminister zu ernennen. („Il Duce" erwiderte den Gefallen postwendend, indem er die Vatikanbank vor dem Zusammenbruch rettete.) Von entscheidender Bedeutung wurde die Unterstützung des Papstes 1925 während der Krise um Mussolinis Verantwortung für den Mord an Matteotti, einem beherzten Parlamentarier, der mit der Enthüllung von Korruption in der faschistischen Partei gedroht hatte. Diesmal revanchierte sich Mussolini beim Papst, indem er die staatlichen Zahlungen an Priester erhöhte und verfügte, dass in allen Schulen und Gerichtssälen Kruzifixe aufgehängt werden sollten.

96. Aber es gab noch mehr zu regeln: Mussolini (der lebenslang Atheist war) brauchte die positive Unterstützung der Kirche für seine künftige Rolle als Diktator eines Einparteienstaates sowie Stillschweigen über seine Verbrechen, während der Papst den Anti-Sozialismus der faschistischen Bewegung guthieß wie auch deren konservative Ansichten über die Rolle der Frau sowie ihr Engagement für die Zeugung von Nachwuchs. (Insbesondere sollte ihm Mussolinis „Geburtenschlacht"-Kampagne gefallen, die sich ganz auf der Linie seiner Enzyklika von der „Ehelichen Keuschheit" bewegte; darin hieß es, da der Zweck von Sex in der Ehe einzig in der Erzeugung

von Kindern liege, seien alle Verhütungsmittel ein Verstoß „gegen das Gesetz Gottes und der Natur".) Dennoch war der Vatikan besorgt, die Faschisten könnten versuchen, seine Schulen und die sozialen Einrichtungen seiner „Azione cattolica" zu übernehmen, in denen er seine jungen Gläubigen heranzog. Um also die gemeinsamen Ziele zu erreichen und ein Tauziehen um die Seelen und Köpfe der jungen Italiener zu vermeiden, nahmen Pius XI. und Mussolini 1926 geheime Verhandlungen auf, die drei Jahre später in den Lateranvertrag mündeten. Dabei ging es weniger darum, der Kirche die Erfüllung ihrer weltweiten moralischen Aufgabe zu ermöglichen: Mussolini brauchte den Papst, um dem italienischen Faschismus die Vorherrschaft an den Wahlurnen zu sichern, und der Papst stimmte nur allzu gern zu, um den Einfluss der Kirche auf die katholische Jugend Italiens zusätzlich abzusichern.

97. Lateranvertrag und Konkordat wurden am 11. Februar 1929 in einer feierlichen Zeremonie in Rom der Öffentlichkeit vorgestellt. Die Vatikan-Zeitung meldete: „Italien wurde Gott zurückgegeben, und Gott Italien". Bei den Wahlen zwei Monate später wurde Mussolini vom Papst öffentlich als ein „von der Vorsehung Gesandter" gepriesen, und die Priester hielten ihre Gemeindeglieder dazu an, für ihn zu stimmen. In der Folge erzielte Mussolini 98,33 % der Stimmen.[12]

98. Nach den Bestimmungen des Lateranvertrags trat Italien den Vatikanpalast und seine Gärten an den Papst ab –

0,44 km² Fläche – und leistete finanzielle Entschädigung für den Verlust des Kirchenstaates im Jahr 1870. Ein begleitendes Konkordat etablierte die katholische Kirche als offizielle Staatsreligion Italiens, katholischer Religionsunterricht wurde an staatlichen Schulen Pflichtfach, Priester vom Militärdienst ausgenommen, Kirchengesetze auf zivile Eheschließungen ausgedehnt und der Schutz der kirchlichen Sozial- und Jugendgruppierungen garantiert (solange sich die „Azione cattolica" aus der Politik heraushielt). Daraus ergab sich für beide Seiten eine „Win-win-Situation", die ausschließlich auf Italien bezogen war. Sie basierte auf der Erwartung, der „unabhängige" Vatikan würde den faschistischen Staat unterstützen, was er auch tat – abgesehen von einem kleinen Zerwürfnis 1931 wegen der Kontrolle der „Azione cattolica"-Bewegung und später wegen der, allzu verhalten geäußerten, Besorgnis des Vatikans über die anti-jüdischen Gesetze von 1938. Mussolini scherte sich nicht um die „weltweite moralische Mission" der Kirche; er plante Kriege, die ihre vorgebliche „Mission des Friedens" ad absurdum führten: Papst und Bischöfe hatten keinerlei Gewissensbisse, der Armee Mussolinis ihren Segen zu erteilen, als diese sich 1935 zu ihrem brutalen rassistischen Feldzug zur Eroberung Abessiniens aufmachte, und später den Legionen, die zur Unterstützung von Francos Armee im spanischen Bürgerkrieg aufbrachen. Ihre Waffen wurden vorwiegend von einer Rüstungsfabrik geliefert, die über eine Beteiligung der Vatikanbank dem Papst gehörte.[13]

99. Der Lateranvertrag kann nicht als glaubwürdige oder tragfähige Grundlage für den Anspruch des Heiligen Stuhls auf Eigenstaatlichkeit dienen. Die Gewährung von 0,44 km² Grund – der Fläche eines großen Golfplatzes – war nicht das Ergebnis irgendeines völkerrechtlichen Vertrages, sondern vielmehr der einseitigen Erklärung eines einzelnen souveränen Staates durch Vereinbarung mit einem nichtstaatlichen Gebilde, welches keine lokale Bevölkerung repräsentierte; diese Vereinbarung unterlag nicht dem Völkerrecht, sondern dem Recht Italiens, und sie machte mit dem allerersten Artikel den römischen Katholizismus zur Staatsreligion. Im Völkerrecht wird ein „Vertrag" laut der Wiener Konvention als „eine in Schriftform geschlossene und vom Völkerrecht bestimmte internationale Übereinkunft zwischen Staaten" definiert.[14] Wenn der Heilige Stuhl 1929 kein Staat war, und nach richtiger Ansicht war er keiner, dann ist der Lateran-„Vertrag" überhaupt kein Vertrag, sondern vielmehr ein „Konkordat" – ein Dokument, das eine Übereinkunft zwischen einem Staat und einem nichtstaatlichen Gebilde belegt. (Angefangen mit Hitler 1933 unterzeichnete der Heilige Stuhl viele solcher Konkordate, die als Vereinbarungen zwischen einem Staat und der Kirche grundsätzlich keine völkerrechtlichen Konsequenzen haben können. Heute droht Präsident Chavez damit, Venezuelas Konkordat mit dem Vatikan zu zerreißen, und viele Deutsche haben das Gefühl, es sei an der Zeit, der Kirche die Steuervorteile und sonstigen aus dem Konkordat mit den Nazis stammenden Privilegien abzuerkennen.) Zur Verwirrung trägt bei, dass der Lateran-„Vertrag" von einem echten Kon-

kordat begleitet wurde, das der Kirche in Italien weitere Vorzugsbehandlung einräumte. Also wurden 1929 in Wahrheit zwei Konkordate abgeschlossen, die gemeinsam eine inneritalienische Abmachung zwischen einer Regierung und einer Kirche darstellten. Es war also eine völlig andere Situation, als wenn ein Land einen Teil seines Territoriums einem Volk überlässt, das die Unabhängigkeit anstrebt oder einfordert. „Vatikanier", die Freiheit von Italien forderten, gab es nicht.

100. Und doch ist dies der Felsen, auf den sich der Heilige Stuhl nach wie vor in puncto Souveränität und Eigenstaatlichkeit stützt. Seine Erklärung gegenüber den Vereinten Nationen vom Mai 2010 zitiert die Präambel sowie Artikel 2 und 3 des Lateranvertrags. Der einleitende Absatz der Präambel bestätigt, dass mit dieser Vereinbarung die „römische Frage" gelöst werden sollte, und zwar auf eine für Mussolinis Regierung (zu zeremoniellen Zwecken vertreten durch König Viktor Emanuel) und die katholische Kirche günstige Weise:

Ausgehend davon, dass der Heilige Stuhl und Italien es für richtig erachtet haben, jeden Grund des zwischen ihnen bestehenden Zwiespalts dadurch zu beseitigen, dass sie eine endgültige Regelung ihrer gegenseitigen Beziehungen vornehmen, die der Gerechtigkeit und der Würde der beiden Hohen Vertragsparteien entspricht und dem Heiligen Stuhl eine dauernde tatsächliche und rechtliche Lage verbürgt, die ihm Gewähr für die völlige Unabhängigkeit bei der Erfüllung seiner hohen Aufgabe in der Welt bietet, und die es so dem

Heiligen Stuhl ermöglicht, seinerseits die im Jahre 1870 durch die Einverleibung Roms in das Königreich Italien unter der Dynastie des Hauses Savoyen entstandene «Römische Frage» als endgültig und unwiderruflich beigelegt anzuerkennen.

Dass das Italien Mussolinis „Gerechtigkeit und Würde" besessen haben soll, ist, rückblickend, lächerlich, und es war eine Anmaßung, dass der Heilige Stuhl der Einverleibung Roms durch den Staat Italien zustimmte, nachdem Rom schon 59 Jahre lang zu Italien gehört hatte.

101. Weiter unten in der Präambel folgt diese Schilderung:

    ... dass ferner dem Heiligen Stuhl zur Sicherstellung völliger und sichtbarer Unabhängigkeit eine unstreitige Souveränität auch auf internationalem Gebiet verbürgt werden muss, und sich daraus die Notwendigkeit ergeben hat, unter besonderen Bedingungen die Vatikanstadt zu schaffen und das volle Eigentum sowie die ausschließliche und unumschränkte souveräne Gewalt und Jurisdiktion des Heiligen Stuhles über sie anzuerkennen.

102. Dies ist die von italienischen Diplomaten auf beiden Seiten nach drei Jahren geheimer Verhandlungen gedrechselte Formulierung. Hier wird die unbegründete und ungerechtfertigte Behauptung aufgestellt, durch Gewährung von 0,44 km^2 Grund mit Vatikanpalast und Gärten werde die Leitung der katholischen Kirche mit der völkerrechtlichen Souveränität eines Staates ausgestattet. Den Juristen des Vatikans war das völkerrechtliche Erfordernis wohl bewusst, dass ein Staat ein Staatsgebiet braucht, was beim

Heiligen Stuhl (also de facto Papst und Kurie) seit 1870 nicht mehr zutraf. Sie wollten weltweit den Eindruck erwecken (deshalb die Formulierung „sichtbare" Unabhängigkeit), die Zuweisung von etwas Land an die Kirchenleitung, über das sie herrschen konnte, mache sie völkerrechtlich zu einem Staat. Dies war nicht zwangsläufig richtig, wie die Konvention von Montevideo kurz darauf klarstellen sollte. Der Grund, auf der Aufnahme dieses Wortlauts zu bestehen, war, der römisch-katholischen Religion einen Anspruch auf völkerrechtliche Vorzugsbehandlung gegenüber allen anderen Religionen zu verschaffen, und dies ist nach heutigen internationalen Menschenrechtsstandards eine illegitime Zielsetzung (siehe Absatz 109).

103. Der Vatikan beruft sich außerdem auf Artikel 2 und 3 dieses „Vertrags". In letzterem wird lediglich die „souveräne […] Jurisdiktion" des Heiligen Stuhls über den Vatikan anerkannt – damit erkennt ausschließlich Italien an, dass die aus Papst und Kurie bestehende Kirchenleitung den Vatikan regiert (obwohl in der Praxis die meisten hoheitlichen Aufgaben wie Polizeiwesen und Verteidigung Italien überlassen bleiben, während kommunale Funktionen wie Strom- und Wasserversorgung etc. der Stadtverwaltung von Rom obliegen). Laut Artikel 2 ist es nur Italien und sonst kein anderer Staat, der *„die Souveränität des Heiligen Stuhles auf internationalem Gebiet als eine gemäß seiner Überlieferung und den Erfordernissen seiner Aufgabe in der Welt zu seinem Wesen gehörende Eigenschaft"* anerkennt. Doch staatliche Souveränität kann keine „zu [ihrem]

Wesen gehörende Eigenschaft" irgendeiner religiösen Organisation sein, wie groß oder international sie auch sein mag. Das „Wesen" des Heiligen Stuhls wird bestimmt durch seine konstituierenden Bestandteile, Papst und Kurie, als Führung und Organisatoren einer großen Religion, deren Priester ihre Mitglieder bei der Vorbereitung auf ein Leben im Jenseits anleiten. Dies ist kein Gebilde, das als notwendige Eigenschaft die Art von Souveränität für sich beanspruchen kann, wie sie von einem Nationalstaat ausgeübt wird. „Souveränität" kann es nur im metaphysischen Sinn einer geistlichen Macht über Anhänger in vielen verschiedenen Ländern beanspruchen, aber dies ist nicht die Art von „Souveränität", die vom Völkerrecht anerkannt wird.

104. Was die „Überlieferung" der katholischen Kirche anbelangt, so gab es bis 1870 einen Kirchenstaat mit einem Territorium, mit Untertanen und einem diktatorischen Pontifex, der einen gewissen internationalen Einfluss ausübte – aber das war Geschichte und nicht Überlieferung (wie Professor Garry Wills es formuliert, ist „der Papst eine Monstrosität der Geschichte – speziell der mittelalterlichen"[15]). Es ist wahr, dass es für den Vatikan angesichts der „Erfordernisse seiner Aufgabe in der Welt" hilfreich oder kongenial ist, ein Staat zu sein. Für jede Organisation oder Person, die an die Mission glaubt, die Welt verändern zu müssen, würde es den „Erfordernissen dieser Aufgabe" entsprechen, ein Staat zu sein, weil es die Aufgabe erleichtert – zum Beispiel durch besonderen Zugang zur UNO und den Anspruch, andere Staaten müssten

die eigenen Diplomaten empfangen und anhören. Aber dies ist kein Grund, noch viel weniger eine rechtliche Grundlage, um nach dem Völkerrecht ein Staat zu sein oder zu werden. Alle Religionen und Menschenrechtsorganisationen sowie die meisten Wohlfahrtsorganisationen und Körperschaften sowie Bob Geldof sind der Ansicht, sie hätten eine Aufgabe in der Welt, deren Erfordernisse eine besondere Anerkennung durch die internationale Gemeinschaft verlangten. Einzig der römisch-katholischen Kirche hat man dies zugestanden, mit einer Argumentation, die auf dem Lateranvertrag basiert. Sie hat sich also an Mussolini emporgezogen.

105. Ein Artikel des Lateranvertrags wird vom Vatikan kaum je erwähnt, nämlich Artikel 24:

Hinsichtlich der ihm auch auf internationalem Gebiet zustehenden Souveränität erklärt der Heilige Stuhl, dass er den weltlichen Streitigkeiten zwischen den anderen Staaten und den ihretwegen einberufenen internationalen Kongressen fernbleiben will und wird, sofern die streitenden Parteien nicht gemeinsam an seine Friedensmission appellieren. In jedem Falle behält er sich jedoch vor, seine moralische und geistliche Macht geltend zu machen.
Infolgedessen wird die Vatikanstadt stets und in jedem Falle als neutrales und unverletzliches Gebiet angesehen.

106. Durch diesen zentralen Artikel garantiert Italien der Vatikanstadt Unverletzlichkeit im Gegenzug dafür, dass sie einer Beteiligung an „weltlichen Streitigkeiten" entsagt. Ein führender Völkerrechtler kommentierte damals, dieser

Artikel sei eine „Verzichterklärung, und nichts scheint dem Wunsch des obersten Priesters ferner gelegen zu haben als die Ausübung territorialer Macht im Sinne der Staatenpraxis".[16] Eigenstaatlichkeit jedoch erfordert die Fähigkeit, territoriale Macht über diejenigen ausüben zu können, die Bürger des Staates sind, und nicht lediglich eine „moralische und geistliche Macht" der Art, wie sie von Religionen ausgeübt wird. Der Papst meinte damals, er und nicht Mussolini sei es gewesen, der auf Beschränkung der Vatikanstadt auf die 0,44 km^2 Palast und Gärten bestanden habe: „Ich habe keinen Wunsch nach Staatsbürgern."[17] Staatsbürger aber muss ein Land besitzen, um im völkerrechtlichen Sinne „Staat" sein zu können.

107. Der Verzicht des Papstes auf die Ausübung jeglicher weltlicher Macht bindet seine Nachfolger. Seine Nachfolger aus der jüngeren Vergangenheit haben sich nicht daran gehalten. Sie bleiben „den weltlichen Streitigkeiten zwischen den anderen Staaten und den ihretwegen einberufenen internationalen Kongressen" nicht fern. Regelmäßig verurteilen sie Kriege, so gerecht sie auch sein mögen (so zum Beispiel den ersten Golfkrieg zur Vertreibung Saddams aus Kuwait, in das er rechtswidrig einmarschiert war). Die Kritik des Papstes am Einmarsch im Irak 2003 stellte, sosehr sie in bestimmten Kreisen begrüßt wurde, eine Verletzung des Artikels 24 dar, wie übrigens auch seine Kritik an Großbritannien im Falklandkrieg, welche die illegale argentinische Aggression, die ihn ausgelöst hatte, ignorierte. Das öffentliche Einschreiten zugunsten von General Pinochet 1999, als Großbritannien ihn auf

Grundlage der Antifolterkonvention festnahm und in Haft hielt, erfolgte sowohl durch den Papst als auch durch Kardinal Ratzinger und stellte einen weiteren Bruch des Versprechens dar, „weltlichen Streitigkeiten fernzubleiben". Es gibt viele weitere Beispiele dafür, wie die „Staatseigenschaft" dem Heiligen Stuhl (oder dessen „Staatsoberhaupt") zu Kopf gestiegen ist, der sich sogar so weit über Artikel 24 hinweggesetzt hat, dass er einen internationalen Status für Jerusalem verlangt und Taiwan als China anerkannt haben will.[18] Auf UN-Konferenzen mischt sich der Heilige Stuhl häufig in Auseinandersetzungen zwischen Staaten ein, insbesondere zwischen europäischen und Nahost-Staaten, wobei er bei Geburtenkontrolle und Familienplanung sowie den Rechten von Frauen und Minderheiten auf der Seite der Letzteren steht (siehe Absatz 147–155).

108. Die „moralische und geistliche Macht" des Heiligen Stuhls wird häufig in weltlichen Auseinandersetzungen im Widerspruch zu den Menschenrechten eingesetzt. Ein Beispiel aus jüngerer Zeit ist die Attacke Benedikts gegen die im Jahr 2010 vom britischen Parlament verabschiedete Gleichstellungsgesetzgebung als „ungerechte Einschränkung der Freiheit religiöser Gemeinschaften, in Übereinstimmung mit ihrem Glauben zu handeln", wogegen seine Bischöfe mit „missionarischem Eifer" vorgehen sollten.[19] Eine Klausel im Gesetz verlangte von den Kirchen, wie von allen anderen Arbeitgebern auch, Diskriminierung bei der Besetzung nicht religiöser Stellen zu vermeiden; Benedikt befürchtete, man müsse künftig z.B. schwule

Der Lateranvertrag

Gärtner zur Friedhofspflege einstellen oder homosexuelle Paare als Pflegeeltern in Betracht ziehen. Dies sei ein „Verstoß gegen das Naturrecht, auf dem die Gleichheit sämtlicher Menschen gründet", verkündete er, wobei er (wie üblich bei seinen Attacken gegen „angebliche Rechte, die willkürlich und ihrem Wesen nach nicht essentiell" sind) ein nicht definierbares „Naturrecht" beschwört – die Doktrin mittelalterlicher Scholastiker aus der Zeit 750 Jahre vor Dechiffrierung der Natur durch die Entdeckung der DNA und des menschlichen Genoms; eine Doktrin, die ganz zufällig exakt der Lehre der katholischen Kirche entspricht. Artikel 24 des Lateranvertrages wurde längst vergessen von einem Vatikan, der Politiker mit Exkommunikation bedroht, wenn sie nicht das tun, was dem Papst als selbstverständlich erscheint (siehe Absatz 150). All diese Verstöße gegen Artikel 24 bedeuten, dass der Vatikan nicht länger – weder von Italien noch irgendeinem anderen Staat – als „unverletzliches Gebiet" angesehen werden sollte.

109. Auch wenn Diplomaten empfindlich reagieren, wenn man sie an die widerwärtige faschistische Grundlage für den Lateranvertrag erinnert, so ist doch der unvorteilhafte Ausgangspunkt für die Souveränität des Heiligen Stuhls von Bedeutung für die juristische Frage, ob der Vatikan tatsächlich ein Staat ist. Diese Ursprünge stehen in direktem Zusammenhang mit der Frage, ob der Staat der Vatikanstadt zu einem illegitimen Zweck geschaffen wurde. Den südafrikanischen Marionetten-Homelands wurde die Anerkennung verweigert, weil sie zur Förderung der Apartheid geschaffen wurden; und bis heute wird Nordzypern

die Anerkennung als Staat versagt, weil die Türkei es mit illegaler Gewalt „befreite". Der juristische Einwand gegen die Schaffung der Vatikanstadt als Staat ist, dass der Lateranvertrag ersonnen wurde, um eine Kirche mit dem Status eines Staates auszustatten, damit sie ihre „Aufgabe in der Welt" vorantreiben kann und damit alle anderen Religionen diskriminiert. Würde die Welt Mekka als Staat anerkennen, wenn Saudi-Arabien ein Vertragswerk à la Lateranvertrag mit dem dortigen religiösen Führer aushandelte, um eine extreme wahhabitische „Aufgabe in der Welt" zu fördern? Würden wir uns freuen, die Heilige Stadt Qom in den UN-Räten zu begrüßen, wenn Präsident Ahmadinejad einen Vertrag im Stil des Lateranvertrags mit dem führenden Ayatollah aushandeln würde? Würde ihm das staatliche Immunität sichern für die Anstiftung zur Ermordung irgend eines Menschen in Großbritannien, gegen den er eine Fatwa verhängt hat? Es ist erstaunlich, welche Hochachtung die Diplomaten für den Lateranvertrag entwickelt haben. Es wird sogar – vollkommen zu Unrecht – behauptet, die demokratischen Parteien Italiens hätten denselben Handel mit dem Papst abgeschlossen, obwohl der große Liberalenführer Giolitti dessen Anblick nicht ertragen konnte und der katholischen Kirche, dem Feind der Demokratie, nie die Macht eingeräumt hätte, die Mussolini ihr in Italien verschaffte, und ganz sicher hätte er der Welt nicht ihre verachtete antidemokratische Mission zugemutet.

110. Der Lateranvertrag übt eine außergewöhnliche Faszination auf die Diplomaten aus, die sich seiner wahren

Entstehungsgeschichte nicht bewusst sind, oder – wie im Fall des britischen Foreign and Commonwealth Office (FCO) – noch nicht einmal seines tatsächlichen Inhalts. Als Antwort auf eine Anfrage, die in meinem Auftrag an das FCO im Rahmen des Informationsfreiheitsgesetzes gerichtet wurde mit der Bitte um Dokumente bezüglich der Entscheidung, zwei getrennte britische Botschaften beim Vatikan und in Italien einzurichten, kam eine erstaunliche Antwort von einer dortigen Beamtin mit der Funktionsbezeichnung „Sachbearbeiterin, Arbeitsgruppe Papstbesuch". Sie schrieb, „Die Lateranverträge garantierten die uneingeschränkte souveräne Unabhängigkeit der Vatikanstadt im Völkerrecht" und es sei „nach den Bestimmungen dieses Vertrages nicht möglich, dass Botschafter in Italien gleichzeitig die Vertretung beim Heiligen Stuhl wahrnehmen, woraus sich die Notwendigkeit von zwei getrennten Botschaften in Rom ergibt."[20] Das ist Unsinn, der Lateranvertrag enthält keinerlei derartige Aussagen – und selbst wenn es so wäre, wäre dies für Großbritannien nicht verpflichtend, da es nicht Vertragspartei ist. Tatsächlich haben andere Staaten wie z.B. bis vor kurzem noch Australien, die Positionen des Botschafters in Irland und im Vatikan miteinander kombiniert. Doch im Schreiben heißt es weiter: „Nach den Lateranverträgen kann kein Staat seine Botschaften in Italien und beim Heiligen Stuhl zusammenführen. […] Diese sind in getrennten Gebäuden untergebracht […] gemäß den Lateranverträgen befinden sich die Residenzen der beiden Botschafter in unterschiedlichen Stadtteilen Roms."

111. Im Lateranvertrag steht überhaupt nichts, was diese Trennung erfordern würde. Als dies aber dem FCO erklärt wurde, war die Antwort: „Artikel 12 des Lateranvertrags befasst sich mit Fragen im Zusammenhang mit den diplomatischen Beziehungen des Heiligen Stuhls. Es ist die Praxis des Heiligen Stuhls, keine gemeinsame Akkreditierung von Botschaftern für den Heiligen Stuhl und für Italien zuzulassen. Bei weiteren Fragen zu diesem Thema sollten Sie sich an den Heiligen Stuhl wenden."[21] Das ist eine Bestätigung für (a) Unkenntnis des Gesetzes und (b) Feigherzigkeit angesichts der vatikanischen Wichtigtuerei. Laut Artikel 12 verpflichtet sich Italien, auswärtigen, beim Vatikan akkreditierten Gesandten Immunität zu gewähren und erlaubt, dass sie ihre Residenzen auf italienischem Gebiet unterhalten können, was aber nicht bedeutet, dass die Botschaften nicht zusammengelegt werden könnten. Als Großbritannien aber 2004 schließlich die luxuriöse Villa an der Via Appia aufgab, in der seine Botschaft beim Heiligen Stuhl untergebracht war, um das Geld für Miete, Wachpersonal, Gärtner und diverse Lakaien durch Umzug in das Beton-Ungetüm der britschen Botschaft in Italien einzusparen, protestierte Kardinal Sodano lautstark, dies sei ein Verstoß gegen den Lateranvertrag,[22] und Großbritannien kapitulierte und verbrachte seine Gesandtschaft in ein Nachbargebäude. Es hat die britischen Steuerzahler im Laufe der Jahre Millionen Euro gekostet, die Farce mit den beiden getrennten und eigenständigen Botschaften in Rom aufrechtzuerhalten: eine in Italien, die andere beim Heiligen Stuhl. Letztere erbringt keine sinnvollen Dienstleistungen für

Der Lateranvertrag

britische Staatsbürger. Als ich kürzlich während der Bürozeiten dort anläutete, wurde ich barsch darauf hingewiesen, dass Besuche nur nach Terminvergabe möglich seien, und als ich behauptete, meinen Pass in der Sixtinischen Kapelle verloren zu haben, wurde ich auf die britische Botschaft in Italien verwiesen, die alle Probleme bearbeitet, die der normale Bürger in Vatikan Village haben kann. Es ist erstaunlich, dass das FCO sich so schwach gezeigt und einer Forderung vatikanischer Diplomaten nachgegeben hat, die juristisch falsch ist und mit einem Vertrag begründet wird, an dem Großbritannien gar nicht beteiligt ist. Und wenn man von Beteiligung spricht: Die britische Vatikan-Botschaft veranstaltete 52 Empfänge im Jahr 2008, an denen 1338 Gäste teilnahmen, 2009 nahmen an 44 Empfängen 1206 Gäste teil, nämlich „leitende Vatikanbeamte und weitere Personen im diplomatischen Umfeld des Heiligen Stuhls." Dass bei Champagner und Canapés Fragen zur Verantwortlichkeit des Vatikans für sexuellen Kindsmissbrauch zur Sprache gekommen sind, dürfte eher unwahrscheinlich sein.

112. Was genau die aus fünf Mitarbeitern bestehende Botschaft Großbritanniens beim Heiligen Stuhl eigentlich macht, ist ein Geheimnis, das britischen Bürgern vorenthalten wird. Laut eigener Website führt sie einen „Dialog" über Themen im Zusammenhang mit den Menschenrechten. Aber eine Anfrage nach Aktennotizen, Korrespondenz oder sonstigen Grundsatzdokumenten bezüglich dieses „Dialogs" über Menschenrechte – gestellt im Rah-

men des britischen Informationsfreiheitsgesetzes – wurde vom FCO rundweg zurückgewiesen mit der Begründung, eine Offenlegung von Informationen „könnte erfolgreiche Beziehungen zwischen Großbritannien und dem Heiligen Stuhl beeinträchtigen".[23] Im Klartext heißt das, eine Offenlegung wäre der britischen Regierung peinlich, denn der Vatikan kennt ja den Inhalt der Korrespondenz und eines sonstigen „Dialogs" zwischen ihm und dem britischen Botschafter bereits. Die Behauptung des FCO, das gesamte Material sei „vertraulich", kann nicht stimmen. Zweifellos würde sich die britische Öffentlichkeit sehr darüber freuen, zu erfahren, dass ihre Diplomaten beispielsweise Druck auf den Vatikan hinsichtlich des päpstlichen Verbots von Kondomlieferungen in AIDS-verseuchte Länder ausgeübt hätten, eines Verbots, das Tausende von ansonsten vermeidbaren Todesfällen zur Folge hatte. Aber die britische Bevölkerung darf nicht erfahren, welche Menschenrechtsfragen – wenn überhaupt – ihr katholischer Botschafter beim Heiligen Stuhl mit seinen Glaubensbrüdern diskutiert, auf Cocktailpartys oder anderswo.

5. Die Staatseigenschaft auf dem Prüfstand

„Der Papst! Wie viele Divisionen hat der Papst?"

Joseph Stalin, als er den französischen Vorschlag ablehnte, den Vatikan zu den Nachkriegsverhandlungen einzuladen

113. Nur vier Jahre nach dem Lateranvertrag einigte man sich auf die Definition eines Staates nach internationalem Recht. Niedergelegt wurde sie in Artikel 1 der „Konvention von Montevideo über die Rechte und Pflichten der Staaten" von 1933:

Der Staat als Subjekt des internationalen Rechts sollte folgende Eigenschaften aufweisen:
(a) eine ständige Bevölkerung;
(b) ein definiertes Staatsgebiet;
(c) eine Regierung; sowie
(d) die Fähigkeit, in Beziehung mit anderen Staaten zu treten.

114. Die Erfüllung dieser vier Kriterien ist notwendig, aber nicht erschöpfend; so werden auch Fragen nach der Unabhängigkeit und Leistungsfähigkeit eines Landes eine Rolle spielen. Die Bedeutung der Konvention liegt darin, dass sie eine objektive, auf Beweismitteln basierende Prüfung durch ein Gericht ermöglicht und man sich damit nicht auf die politisch beeinflussten (häufig nach

Zweckdienlichkeit getroffenen) Entscheidungen von Regierungen verlässt, diplomatische Beziehungen aufzunehmen oder einzustellen. Das Argument „170 Staaten unterhalten diplomatische Beziehungen zum Heiligen Stuhl, also muss er auch ein Staat sein" spiegelt die veraltete „konstitutive Theorie" wider. Sie war entwickelt worden, um Ländern die Vorteile der Staatseigenschaft vorzuenthalten, deren Regierungen die meisten anderen Länder – häufig aus Voreingenommenheit – nicht anerkennen wollten; man denke an den immer noch von China ausgeübten Druck gegen eine Anerkennung der offensichtlichen Eigenstaatlichkeit Taiwans, oder an die von der überwiegenden Mehrzahl der Staaten verweigerte Anerkennung der demokratischen Republik Osttimor (heute Timor-Leste) als falsch verstandene Unterstützung Indonesiens. Die bessere Sichtweise ist die „deklarative Theorie", nach der Diplomatie und Realpolitik aus einer völkerrechtlichen Fragestellung ausgeklammert werden sollten, die durch Anwendung der Montevideo-Kriterien auf die im Einzelfall vorliegenden Fakten objektiv gelöst werden kann.[1]

115. Man muss kein Jurist sein, um die Montevideo-Konvention auf die Vatikanstadt anzuwenden. Der unbedarfteste Tourist auf dem Petersplatz kann erkennen, dass er nicht einen Staat vor sich hat, sondern einen Palast mit einer Basilika, umgeben von Museen und Gärten. Seine Mauern lassen sich in fünfzig Minuten zügigen Fußmarschs umrunden, das Betreten erfordert keinen Identitätsnachweis, sondern nur die Kontrolle der Taschen und, im Fall

der Museen, die Zahlung von 25 Euro für eine Eintrittkarte – aber kein Visum. Die öffentlich zugänglichen Räumlichkeiten sind zumeist Sammlungen religiöser Kunstwerke und Artefakte (Neros Badewanne setzt einen weltlichen Akzent), und die Sixtinische Kapelle und die Pietà als wichtigste Besuchermagneten sind dem Genie Michelangelos zu verdanken, dessen Auge für männliche Gliedmaßen, Torsi und Hinterteile häufig einer Veranlagung zugeschrieben wird, die Kardinal Ratzinger als „moralisch ungeordnet" anprangern würde. Ansonsten zeigt sich in opulenter Schau eine vermögende Kirche, die dazu einlädt, über ihr Versprechen eines Lebens nach dem Tod nachzusinnen. Beichtstühle bieten Absolution in mehreren Sprachen (allerdings nicht auf Latein, der offiziellen Sprache des Heiligen Stuhls) neben den mumifizierten Überresten mehrerer toter Päpste. Souvenirläden locken in regelmäßigen Abständen mit Papst-Andenken, zumeist Erinnerungsstücke an Johannes Paul II. (Benedikt XVI., der „German shepherd", verkauft sich weniger gut), während Postämter mit „Sondermarken" zu religiösen Themen aufwarten. Die Bitte, doch einmal den Weg zu verschiedenen ausländischen Botschaften erklärt zu bekommen, traf an der Information auf völliges Unverständnis, förderte aber nach langwierigem Nachfragen doch einige Adressen zutage, die alle in Italien liegen. Die Ämter im Vatikan sind mit kirchlichen Angelegenheiten befasst, die Kurie und ihre Büros liegen ebenfalls in Italien, rund um San Giovanni in Laterano, wo die Kardinäle ihre Treffen abhalten und auf italienisch kommunizieren, außer bei der Wahl eines neuen Papstes. Dann wird in der Sixtinischen Kapelle abgestimmt, das Ergebnis wird auf Latein verkündet. Auch Papst Benedikt hält sich häufig in Italien auf, in seiner Sommerresidenz Castel Gandolfo, der im Lateranvertrag Unverletzlichkeit zusichert wird, die aber nicht zum Hoheitsgebiet des Vatikans gehört. Sein Auftritt dort zum mittäglichen Angelus-Gebet am Sonntag ist sowohl eine Touristen-Attraktion als auch eine religiöse Feier, aber wohl kaum ein Staatsakt: Er erscheint an einem hohen Fenster unter dem Applaus der Menge, den er bei den unterschiedlichen Grüppchen erneut auslöst, indem er ein paar Sätze in deren jeweiliger Landessprache spricht, während Nationalflaggen neben den Insignien verschiedener katholischer Orden geschwenkt werden. Kleine Kinder werden hochgehalten und strecken sich ihm mit geöffneten Armen entgegen, während er, wie ein routinierter Schauspieler, mit zittrigen Händen die Menge dirigiert, sie abwechselnd zum Verstummen bringt und segnet. Aber eins ist unmissverständlich klar: Jeder Einzelne in dieser Menge mit den unvermeidlichen Kameras ist ein Tourist, der nach Rom und nicht zum Heiligen Stuhl gekommen ist, um vom Papst als Oberhaupt der Kirche und nicht als Oberhaupt eines Staates gesegnet zu werden.

a) Eine ständige Bevölkerung

116. Der Heilige Stuhl hat per definitionem überhaupt keine Bevölkerung, und der Vatikan hat bei rationaler Betrachtungsweise keine „ständige Bevölkerung" – er ist eine

Stadt ohne Staatsangehörige, ja sogar ohne Einwohner. Es war einmal die Rede davon, dass er 416 „Bürger" habe, darunter 46 Kurienkardinäle, 89 Angehörige der Schweizer Garde, 201 Inhaber diplomatischer Pässe sowie der Papst selbst.[2] Daneben gibt es dort italienische Arbeitskräfte wie Gärtner, Museumspersonal, Reinigungskräfte und ähnliche, die über die Straße aus Italien zur Arbeit kommen, und mehrere tausend Kurien-Angestellte, die in Büros in Rom (d.h. in Italien) arbeiten, in der Mehrzahl Italiener, die italienischem Recht unterliegen. Ein paar Hundert Menschen leben tatsächlich in der Vatikanstadt und können vom Papst die „Staatsbürgerschaft" unter dem dortigen Recht verliehen bekommen, „aufgrund ihres Dienstgrads oder ihrer Anstellung", aber dabei handelt es sich um nicht ortsgebundene kirchliche Würdenträger, kirchliche Funktionäre bzw. Mitarbeiter oder Diplomaten. Für sie ist diese „Staatsbürgerschaft" lediglich eine zeitlich befristete Aufenthaltsgenehmigung bis zur Beendigung ihres Status oder ihrer Tätigkeit; ein ständiger Wohnsitz wird damit nicht begründet. Für Diplomaten gilt eine Sonderregelung, der gemäß die Staatsbürgerschaft auf „die Ehefrau" ausgeweitet wird (ausgehend von der sexistischen Vorstellung, dass Diplomaten grundsätzlich männlich sind) sowie auf „Kinder, Eltern, Brüder und Schwestern", wobei Söhne mit 25 Jahren ausreisen müssen und Töchter mit ihrer Heirat (eine weitere sexistische Regelung). Wie das führende Fachbuch eines vatikanischen Diplomaten erläutert, unterscheidet sich „die Bevölkerung sehr stark von der anderer Staaten", aufgrund des Fehlens jeglicher Form einer nationalen Gemeinschaft

– die Staatsbürgerschaft ist „auf eine spezifische Funktion bezogen, die voll und ganz den geistlichen Interessen der katholischen Kirche dienen soll".[4] Außer den Diplomaten sind die Einwohner katholische Funktionsträger – Kardinäle und Bischöfe, Priester und Nonnen, die alle im Zölibat leben und durch diesen Status daran gehindert sind, die Anzahl der Staatsbürger zu vermehren. Der Vatikan ist ein Ort, an dem kein Vatikaner je geboren wird, außer durch Zufall – die „Staatsbürgerschaft" des Heiligen Stuhls kann nicht durch Geburt erworben werden. Seine Bevölkerung ist nicht „ständig" in dem Sinne, dass sie aus sich selbst fortbestehen könnte oder berechtigt wäre, über Generationen dort zu verbleiben. Eine Nationalität gibt es nicht, da es sich nicht um einen Nationalstaat handelt – oder um irgendeine andere Art von Staat.

117. Der Vatikan, ob er für sich selbst betrachtet oder zur Unterstützung des Eigenstaatlichkeitsanspruchs des Heiligen Stuhls herangezogen wird, kann das Erfordernis einer „ständigen Bevölkerung" nicht erfüllen. Dies erfordert zum allermindesten eine identifizierbare und stabile Gemeinschaft. Die Menschen im Vatikan bilden bei rationaler Betrachtungsweise kein „Volk", sondern vielmehr eine ständig wechselnde katholische Bürokratie mit Würdenträgern, Diplomaten und Bediensteten als Durchgangsgästen, in einem Palast, aus dem jeder dieser „Staatsbürger" jederzeit vom Papst ausgewiesen werden kann.[5] Kurz, dem Heiligen Stuhl fehlt eine stabile menschliche Gesellschaft – das einzige „ständige" Mitglied in

Die Staatseigenschaft auf dem Prüfstand

„Vatikan-Village" ist der Pontifex persönlich –, und wie in einer kürzlich ausgestrahlten TV-Serie zu sehen war, fliegt dieser oft abends mit seinem Papst-Helikopter in seine italienische Residenz Castel Gandolfo (knapp 50 km von Rom entfernt) und genießt dort ein Abendessen aus dem Anbau der papsteigenen Bio-Farm, deren italienischer Chefkoch mit dem Geschmack seiner „Lämmer Gottes" prahlt. Er hat kein „Volk", das bei der Olympiade antreten, bei der Weltmeisterschaft auflaufen oder sich an internationalen Friedensmissionen beteiligen könnte (sogar die päpstliche Garde besteht aus Schweizern). Die Nationalhymne der Vatikanstadt heißt denn sinnigerweise auch „Bischof von Rom" – die Hauptstadt Italiens.

b) Definiertes Staatsgebiet

118. Die „Vatikanstadt" kann eigentlich überhaupt nicht als ein „Gebiet" angesehen werden. In Wahrheit ist es ein weitläufiger Palast, der auf einem Stück Land errichtet wurde, das einst Caligulas Privatzirkus war – wo man Christen den Löwen vorwarf. Es gibt ein paar angeschlossene Gebäude, aber zwei Drittel der insgesamt 0,44 Quadratkilometer sind Gärten. Der Palast – die Basilika öffnet sich hin zum Petersplatz – verfügt über Nebengebäude, die einen Radiosender, eine Bank und das offizielle Presseorgan *L'Osservatore Romano* sowie mehrere Museen beherbergen, während die Geheimarchive (in denen sich unter Umständen die Akten der Glaubenskongregation über

sexuellen Missbrauch befinden) direkt an die Sixtinische Kapelle angrenzen. „Definiert" ist dieses Gebiet nur insoweit, als der Lateranvertrag im Anhang einen Lageplan enthält, mit dem de facto Eigentum übertragen wird, obwohl der Anschein erweckt wird, hier würde „Souveränität" über ein „Gebiet" gewährt. Vom einfachen deutschen – und nicht minder vom italienischen - Sprachgebrauch her betrachtet, ist der Vatikan noch nicht einmal eine Stadt, geschweige denn ein Stadtstaat. Es handelt sich beim Vatikan um einen Palast, der vollständig innerhalb einer italienischen Stadt (Rom) liegt, die wiederum selbst in einem Staat liegt, nämlich in Italien. Die Alternative, dass es sich um einen Staat innerhalb einer Stadt handelt, wäre bizarr.

119. Es gibt nichts „Gebietsmäßiges", was den Vatikan betrifft: Der Palast und das Gelände haben einen einzigen Eigentümer, nämlich den jeweiligen Papst, und Dritten ist es ausdrücklich untersagt, irgendwelche seiner Immobilien zu besitzen oder ohne päpstliche Erlaubnis dort zu wohnen. Es gibt in unserer Welt seltene „Zwergstaaten" mit völkerrechtlicher Souveränität – u.a. Nauru mit einer Bevölkerung von 12.000 Menschen auf knapp 26 km² Vogelmist, sowie das untergehende Tuvalu, dessen 11.000 Einwohner letztendlich wohl nach Neuseeland evakuiert werden müssen. Aber das sind Gebiete, deren Bewohner über eine gemeinsame Nationalität verfügen und für die staatsbürgerliche Dienstleistungen erbracht werden. Der vatikanische Palast hat keine Staatsangehörigen, und die elementaren Versorgungsleistungen wie Strom, Gas, Was-

ser und Abwasser werden von Italien und von Italienern erbracht.

120. Ein entscheidender Faktor ist, dass jeder Staat in der Lage sein muss, die polizeiliche Kontrolle über sein „Gebiet" auszuüben. Doch Demonstranten, Taschendiebe und verhinderte Attentäter auf der Piazza San Pietro werden von *Carabinieri* (der italienischen Polizei) verhaftet, in italienische Gefängnisse gesteckt und vor italienische Gerichte gestellt. Ein Staat, der auf einem Gebiet souverän ist, aber keine Jurisdiktion bezüglich dort verübter Straftaten ausüben kann oder ausübt, macht keinen Sinn. Selbst europäische Zwergstaaten wie Monaco und Liechtenstein verfügen über Polizeikräfte zur Festnahme von Straftätern (es sei denn, es handelt sich um Steuersünder). Zwar hütet der Papst in der Tat die Schlüssel zu seinem Palast, nicht aber die zu seinem Gebiet, das weder über Zoll- noch Einreisebeschränkungen verfügt. Das Erfordernis eines „definierten Staatsgebiets" wird allgemein so interpretiert, dass eine einigermaßen stabile politische Gemeinschaft vorhanden sein muss, und diese muss die Kontrolle über ein bestimmtes Gebiet innehaben[7] – eine Beschreibung, die Atolle, Seen, Felsen, Eisgänge, Kriegsschiffe, Vulkane, Olympiastadien, wolkenverhangene Türme und von Gärten umgebene Paläste ausschließt. Die Vatikanstadt ist zum Weltkulturerbe ernannt worden und besitzt eindeutig kulturelle und historische Bedeutung – aber diese Faktoren genügen nicht, um die zweite Voraussetzung für die Eigenschaft als Staat zu erfüllen.

Angeklagt: Der Papst

c) Regierung

121. Falls man sinnvollerweise davon sprechen kann, dass ein Palast „regiert" wird, dann hat der Vatikan eine Regierung: einen Eigentümer (den Pontifex) und ein Regierungskollegium (die Kurie). Diese Persönlichkeiten in ihrer Gesamtheit werden als „Heiliger Stuhl" bezeichnet – wobei an dieser Stelle ein Punkt zu klären ist, der Verwirrung stiftet: Welcher von beiden ist nun der Staat? Der Heilige Stuhl kann es nicht sein, da er nicht über ein „Gebiet" verfügt, und die Vatikanstadt kann es auch nicht sein, als Palast ohne ständige Bevölkerung und ohne Diplomaten, mit derselben Instanz als „Regierung", die auch die katholische Kirche weltweit beherrscht. Die Vatikanstadt ist nicht zur Unterstützung und zum Schutz von Staatsangehörigen da, sondern um Geschäftsräume für die Verwaltung der römisch-katholischen Kirche zur Verfügung zu stellen – einer Kirche, die selbst kein Staat ist. Die päpstliche Behauptung, der Heilige Stuhl sei 1929 wieder zum Staat geworden, weil er damals die Vatikanstadt als sein „Staatsgebiet" erworben habe, ist wirklich aus den Fingern gesaugt, weil der Heilige Stuhl nicht einen Palast „regiert" (der sich als touristisches Zentrum praktisch selbst betreibt, mit Unterstützung der kommunalen Behörden Roms), sondern dazu da ist, die weltumspannende Kirche zu regieren. Der Papst ist nicht Bürgermeister der Vatikanstadt, sondern Oberhaupt der Kirche und genießt als solches „oberste und uneingeschränkte Jurisdiktionsgewalt […] in Angelegenheiten des Glaubens und der Moral (wo er unfehlbar ist) sowie in allen Belan-

gen, die die Führung und Disziplin der Kirche betreffen".[8] Der Vatikan ist in Wirklichkeit ein Anhang der Kirche – ihr internationaler Hauptsitz, betrieben von einer päpstlichen Kommission, die die Arbeitsverträge für die Bediensteten organisiert, für die Erhaltung des Museums sorgt und sich um Personalangelegenheiten und um die vatikanische Sternwarte kümmert. Die Einnahmen des Vatikans stammen aus dem Tourismus – er erhebt keine Einkommen- oder Vermögenssteuer (Immobilien in Privatbesitz gibt es nicht), betreibt aber einen regen Handel mit Papstsegen (96 Euro das Stück, für Nonnen stark preisreduziert). Seine Staatskasse ist die Kirchenkasse, prall gefüllt durch Abgaben von Anhängern aus aller Welt und insbesondere durch die jährliche Kollekte des Peterspfennig. Doch sämtliche Regierungsfunktionen, im Unterschied zu den Verwaltungsfunktionen, fallen der Kurie zu, die darüber als in Rom angesiedelte Regierung der Kirche außerhalb der Vatikanstadt beschließt und nicht als Regierung des Vatikanpalasts. Wie ein Wissenschaftler es ausdrückt:

Nicht nur ist diese „Regierung" (d.h. der Heilige Stuhl) betraut mit der Leitung einer Religion und nicht einer Nation, es gibt auch kein „Volk" in der Vatikanstadt, über das eine solche Regierung Jurisdiktion ausübt [….]. Der Heilige Stuhl, der nichts weiter ist als das Verwaltungsorgan der römisch-katholischen Kirche, stellt keine „Regierung" im herkömmlichen Sinne dar.[9]

122. Auch nicht in irgendeinem anderen Sinne, den die Konvention von Montevideo in Betracht zieht, die von einem

Angeklagt: Der Papst

Staat ein Mindestmaß an Unabhängigkeit bei der Handhabung internationaler Angelegenheiten fordert. Die tatsächliche Regierung der Vatikanstadt, also die päpstliche Kommission, handhabt überhaupt keine internationalen Angelegenheiten – dies geschieht von Rom aus durch die Kurie als Leitungsinstanz der weltweiten Kirche. Weitere Schlüsselfunktionen einer Regierung – wie z.B. Verteidigung und Polizeiwesen, ganz zu schweigen von Krankenhäusern und Transportwesen in Rom – werden von der Regierung Italiens organisiert, während das einzig gültige Recht vor Ort das kanonische Recht ist, das aber über Wirtschaft und Handel, Delikte, Verträge und Verbrechen nichts aussagt – solche Belange müssen von italienischen Gerichten entschieden werden. So sendet z. B. Radio Vatikan in alle Welt, aber nicht vom Vatikan aus: die Sendeanlage befindet sich in Italien und verbreitet nach neuesten Erkenntnissen starke elektromagnetische Strahlen, die die Atmosphäre verschmutzen und bei in der Nähe wohnenden Kindern Krebs und Leukämie verursacht haben. Der Leiter des Senders, Kardinal Tucci, galt zunächst als immun gegen Strafverfolgung, was in der Berufung jedoch vernünftigerweise revidiert wurde. Ein italienisches Gericht verurteilte ihn jetzt zu einer Gefängnisstrafe auf Bewährung. Der Heilige Stuhl kann nicht einmal Verbrechen gegen sein eigenes Oberhaupt bestrafen, wie die Weltöffentlichkeit 1981 nach den Schüssen von Mehmet Agca auf Papst Johannes Paul II. am Petersplatz miterlebte. Der verhinderte Attentäter wurde von der italienischen Polizei verhaftet, kam in ein italienisches Gefängnis und wurde vor italienische Gerichte gestellt, wo sein Einwand, er sei unrechtmäßig von einem ausländischen Staat ausgeliefert worden, zurückgewiesen wurde.[10]

d) Fähigkeit zur Aufnahme von Beziehungen mit anderen Staaten

123. Sowohl der Heilige Stuhl als auch der Vatikan können Vereinbarungen mit anderen Staaten eingehen und tun dies auch häufig, entweder in Form von Konkordaten oder durch den Beitritt zu Übereinkommen, die für ihr Funktionieren wichtig oder nötig sind (so hat sich die Vatikanstadt unverzüglich dem Weltpostverein und der Internationalen Fernmeldeunion angeschlossen). Dies genügt aber nicht, um die vierte Voraussetzung der Staatseigenschaft zu erfüllen. Viele andere Rechtssubjekte, einschließlich vermögender Privatpersonen, können mit Staaten Beziehungen aufnehmen, indem sie mit deren Regierungen verhandeln. Was bei Kriterium d) im Mittelpunkt stehen sollte, ist die Frage nach der *Art* der Beziehungen, die zu Staaten hergestellt werden: sind sie lediglich zeremoniell oder mit der katholischen Religion befasst, oder entsprechen sie in etwa gewöhnlichen diplomatischen Beziehungen?

124. Der Aufbau diplomatischer Beziehungen zwischen Staaten bringt notwendigerweise die Aufnahme konsularischer Beziehungen mit sich, die für den Vatikan nutzlos sind. So beinhalten konsularische Funktionen nach dem Wie-

ner Übereinkommen über konsularische Beziehungen von 1963[11] z. B. die Ausgabe von Visa, aber für den Zutritt zum Vatikanland ist kein Visum erforderlich (dem am nächsten kommt noch die Möglichkeit, auf der Vatikan-Website Vorausbuchungen für Führungen und Museums-Eintrittskarten vorzunehmen, „Genießen Sie den Besuch ohne Warteschlangen – entdecken Sie die Geheimnisse des Vatikans" etc.). Die Konsuln eines Staates sind vorrangig damit befasst, die Interessen der Staatsangehörigen zu wahren, wenn diese im Ausland verletzt werden, oder sie zu besuchen, wenn sie dort inhaftiert werden. Da jedoch der Vatikan keine Staatsangehörigen hat, sind derartige konsularische Pflichten überflüssig. Und kein Angehöriger eines anderen Staates, der von herabfallendem Mauerwerk in einem Vatikanmuseum verletzt wird oder Taschendieben auf dem Petersplatz zum Opfer fällt, wird von der Botschaft seines Landes im Vatikan Hilfe erhalten, da die betreffenden Diplomaten keine konsularischen Dienste und auch keine sonstigen gewöhnlichen Dienste einer Botschaft erbringen. Die vatikanischen Diplomaten ihrerseits beanspruchen gemäß dem Wiener Übereinkommen von 1961 Immunitäten einschließlich der Unverletzlichkeit der Person, der Räumlichkeiten der Botschaft sowie des diplomatischen Gepäcks. Dies entzieht sie dem nationalen Recht und macht es der Polizei unmöglich, Nuntiaturen nach Beweisen für das Verbergen oder Verschieben pädophiler Priester zu durchsuchen.

125. Von zentraler Bedeutung ist Artikel 41(1) des Wiener Übereinkommens von 1961:

Alle Personen, die Vorrechte und Immunitäten genießen, sind unbeschadet derselben verpflichtet, die Gesetze und andere Rechtsvorschriften des Empfangsstaats zu beachten. Sie sind ferner verpflichtet, sich nicht in dessen innere Angelegenheiten einzumischen.

126. Der Heilige Stuhl, mit seinem geheimen kirchenrechtlichen Verfahren zum Umgang mit klerikalen Kinderschändern, hat genau das getan: Er hat sich in das innerstaatliche Strafrecht eingemischt, indem er Personen, von denen er wusste, dass sie eines Verbrechens schuldig waren, nicht den Behörden übergeben hat. Er beansprucht das Recht, seine schuldigen Mitarbeiter der Jurisdiktion des nationalen Rechts zu entziehen und das örtliche Rechtssystem zu beeinträchtigen, indem er ein Alternativsystem in Form des kanonischen Rechts betreibt. Dies bedeutet einen klaren Verstoß gegen Artikel 41 – einen Verstoß, der in den meisten Ländern schon seit vielen Jahren andauert. Weitere Verstöße lassen sich finden in der „geistlichen Erpressung" des Vatikans durch seine Drohungen, katholische Politiker exkommunizieren zu lassen oder ihnen den Zugang zu Kirchen oder zur Kommunion zu verweigern, sollten sie einer Entkriminalisierung der Abtreibung zustimmen oder für Gesetze votieren, die der Diskriminierung von Homosexuellen ein Ende bereiten (siehe Absatz 150). Zur Rolle des Nuntius gehört es, Informationen über solche Politiker zu sammeln und nach Rom weiterzuleiten, so dass der Vatikan prüfen kann, ob sie mit Exkommunizierung oder dem Ausschluss von der Messe bedroht werden sollen. Die

Wahrheit ist, dass sich der Heilige Stuhl durch Anwendung seiner kanonischen Rechtsprechung auf Verbrechen und durch spirituelle Drohungen gegenüber demokratisch gewählten Politikern in fundamentaler Weise über die Verpflichtungen eines Staates aus Artikel 41 des Wiener Übereinkommens hinweggesetzt hat und nicht länger so behandelt werden sollte, als sei er ein Staat.

127. Diplomaten sind beim Heiligen Stuhl zwar formell akkreditiert, üben dort jedoch eine andere Funktion aus als bei allen anderen Botschaften oder Hochkommissariaten. Konsularische Dienste für durchreisende Touristen werden von den Botschaftern in Italien erbracht, deren Residenz und Botschaften sich in Rom befinden. Die meisten Länder mit „diplomatischen Beziehungen" zum Heiligen Stuhl haben ihre Vertretungen außerhalb des Vatikans, also in Italien, angesiedelt.[12] Man würde Geld sparen, wenn man sie in den Räumlichkeiten ihrer italienischen Botschaften unterbringen würde – aber mit dieser Vorstellung bringt man Kardinal Sodano in Harnisch, der nur im Fall von Israel zu einer Ausnahme bereit war, und zwar aus Sicherheitsgründen (siehe Absätze 111–12). Unter Regierungen ist es häufig geübte Praxis, katholische Bundesgenossen zu belohnen oder katholische Feinde loszuwerden, indem man anstelle von Berufsdiplomaten Politiker als Botschafter beim Heiligen Stuhl ernennt, ein Ruheposten im Einklang mit ihrem Glauben. So bot die britische Regierung den Posten im Jahr 2010 der katholischen Ex-Ministerin Ann Widdecombe an, und die australische Regierung nutzte ihn, nicht zum ersten

Mal, als Köder für einen katholischen Oppositionsführer.[13]

128. Ein Beispiel, wie dem Vatikan, aufgrund der Unachtsamkeit oder Trägheit anderer Staaten, erlaubt wurde, seine Diplomaten in die höchsten Ränge des internationalen rechtlichen Systems einzuschleusen, ist die weit verbreitete Praxis, dem päpstlichen Gesandten (d.h. dem örtlichen Nuntius) den ersten Platz in der Rangfolge innerhalb des diplomatischen Corps einer Hauptstadt einzuräumen – eine Rolle, die eigentlich dem dienstältesten Botschafter zukommen müsste. Diese Praxis entstand in bestimmten erzkatholischen Ländern als Ausdruck des religiösen Respekts, und auf deren Beharren hin sah das Wiener Übereinkommen von 1961 vor, dass seine Regelungen zu diplomatischen Beziehungen „die Übung unberührt [lassen], die ein Empfangsstaat hinsichtlich des Vorrangs des Vertreters des Heiligen Stuhls angenommen hat oder künftig annimmt" (siehe Artikel 16(3)). Dies war lediglich eine Schutzklausel, wurde aber schlau so „gedreht", als handle es sich um eine allgemeine Bestätigung dieser völlig unverdienten Praxis. Viele nicht katholische Staaten wie Deutschland und die Schweiz sowie einige in Mitteleuropa sind darauf hereingefallen und haben den päpstlichen Nuntius zum Doyen des diplomatischen Corps gemacht (der in Neuseeland zum Beispiel bei formellen Anlässen Vorrang vor dem Obersten Richter und dem Vizepremier genießt). In diesen Ländern vertritt also der Mann aus dem Vatikan das gesamte diplomatische Corps und erhält so besonderen Zugang zu ho-

hen Regierungsebenen – ein diplomatischer Coup, der weithin unbemerkt geblieben ist.

129. Die diplomatischen Aktivitäten zwischen den Vertretern der Staaten und dem Heiligen Stuhl sind normalerweise geheim. Doch das Wenige, was bekannt geworden ist, zeigt, dass der Vatikan nicht als normaler Staat behandelt wird, sondern als italienisches Hauptquartier der katholischen Religion – was er ja auch ist. Pius XI. sprach beredt von „unserem teuren Vaterland, dem Land, in dem die Hand Gottes, der den Lauf der Geschichte lenkt, den Thron seines Stellvertreters auf Erden aufgerichtet hat, in dieser Stadt Rom, der Hauptstadt des großartigen römischen Weltreichs, die er zur Hauptstadt der ganzen Welt gemacht hat […] …Garantien dieser Freiheit [des römischen Pontifex sind] von großem Nutzen für Italien", und das sind sie tatsächlich, in Form von Tourismuseinnahmen und unterstützender Diplomatie. Die Politik des Vatikans bleibt Italien-zentriert, Italiener besetzen einen beträchtlichen Teil der Kurienämter, und wie eine kürzlich durchgeführte Analyse der 100 päpstlichen Nuntii zeigte, sind 51 von ihnen Italiener.[14]

130. Ein Großteil des „diplomatischen" Verkehrs betrifft die Organisation von Papstbesuchen und Audienzen beim Papst, die bei politischen Führungspersönlichkeiten und deren Familien hoch im Kurs stehen, ob selbst katholisch (kryptokatholisch im Fall von Tony Blair, der vier solcher „Audienzen" absolvierte) oder nicht (Wladimir Putin beispielsweise hatte ebenfalls vier Audienzen beim Papst,

und George W. Bush war im ersten Jahr seiner Regierungszeit sogar zweimal zu Besuch). Das „Tagesgeschäft" dreht sich im Allgemeinen um die katholische Religion. So meinte z.B. der australische Botschafter 2010, einen Gutteil seiner Zeit verbringe er mit Vorbereitungen zur Kanonisierung des ersten australischen Heiligen; bei anderen diplomatischen Posten braucht es keinen Glauben an Wunder. Unerwähnt ließ er, ob er gegenüber dem Papst auch Stellungnahmen bezüglich der Heimsuchung durch pädophile Priester abgibt (von denen in Australien bislang mehr zutage getreten sind als in den meisten anderen Ländern) oder Dispute um die päpstlichen Ansichten zu Familienplanung und Kondomen führt. Dies scheinen also nicht die Themen zu sein, um die es beim ach so höflichen Austausch unter Diplomaten geht. Nirgends gibt es einen Anhaltspunkt dafür, dass auch nur ein Staat gegen die Verurteilung seiner gesetzestreuen schwulen Bürger durch den Papst als „schlecht" und „ungeordnet" protestiert hat. Bezeichnenderweise hat das US State Department, das zu jährlichen Berichten über die Menschenrechtslage sämtlicher Staaten verpflichtet ist, nie über den Heiligen Stuhl berichtet, und auch das britische Außenministerium erwähnt in seinem Jahresbericht über die Menschenrechte weltweit niemals den Vatikan – nicht, weil dieser über jede Kritik erhaben wäre, sondern weil er als „Weihnachtsmannstaat" angesehen wird (siehe Absatz 12). Die Europäische Union hat kein Interesse gezeigt, den Heiligen Stuhl unter die europäischen Staaten einzureihen, und Jacques Delors hat dem Europäischen Parlament im Namen der Kommission mitgeteilt, es sei höchst unwahrscheinlich, dass der Vatikan je die Möglichkeit zur Mitgliedschaft erhalten würde.[15] Wenn der Heilige Stuhl also schon in Europa nicht als Staat gilt, wo er sich ja befindet, warum dann anderswo?

131. In den Augen der meisten Juristen setzt Kriterium (d) – *Fähigkeit zur Aufnahme von Beziehungen mit anderen Staaten* – Unabhängigkeit voraus, wie sie sich zum Beispiel in einem eigenen Staatsangehörigkeitsrecht ausdrückt und in der Freiheit von ausländischer Kontrolle. Dieses Kriterium hat zu einigen kniffligen Unterscheidungen geführt. Während des Kalten Krieges wurden die meisten Marionettenstaaten Osteuropas aufgrund ihrer unverkennbaren und historischen Nationalitäten und Grenzen anerkannt, obwohl ihre Außenpolitik durch den Warschauer Pakt von der Sowjetunion kontrolliert wurde. Die Marionetten-Homelands („Bantustan") während der Apartheid wurden nicht anerkannt, da sie zwar stammesmäßig eigenständig, aber eben ein Produkt der Apartheid waren und ihre Regierung streng von Südafrika kontrolliert wurde (in den Hauptstädten gab es zwar ein „Botschaftsviertel", die einzige Botschaft dort war jedoch die Botschaft Südafrikas). Es ist müßig, die Vatikanstadt als in diesem Sinne unabhängig betrachten zu wollen: Sie hat keine Staatsangehörigen, und für sämtliche überlebenswichtigen Dienstleistungen, von der Polizei über die Stromversorgung bis hin zur Versorgung mit Lebensmitteln und allen sonstigen Bedarfsgütern, ist sie auf Italien angewiesen. In Wahrheit handelt es sich um nichts anderes als um einen Palast, der in seiner Gänze in Italien liegt und für

sein bloßes Überleben auf Italien angewiesen ist. Dem Heiligen Stuhl als Regierung einer Kirche steht es frei, seine Theologie und Moralvorstellung zu wählen. Aber die 800 Millionen Mitglieder seiner Gemeinden können nicht unabhängig sein, da sie ihren jeweiligen Nationen gegenüber zur Loyalität verpflichtet sind. Niemand kann eine doppelte Staatsbürgerschaft bezogen auf eine Nation und eine Religion besitzen. Und auch wenn der Vatikan seinen Vertretern „Diplomatenpässe" ausstellt, sollten diese nicht mehr Anerkennung finden als Pässe aus Bophotswanaland oder, warum nicht, sogar aus Disneyland (das immerhin größer ist als der Vatikan, mehr Einwohner hat und diese sogar in noch buntere Kostüme kleidet).

132. Man sollte erwarten dürfen, dass eine Frage von so offensichtlicher rechtlicher Bedeutung – ob nämlich der Heilige Stuhl (oder alternativ bzw. zusätzlich die Vatikanstadt) ein Staat sei – sich mittlerweile einfach durch einen Blick in die völkerrechtliche Fachliteratur beantworten lässt. Mitnichten. Den Auftakt bildete „The Creation of States in International Law", ursprünglich eine Doktorarbeit von James Crawford von 1976. In der zweiten Auflage merkt der Autor (untertreibend) an, dass „der rechtliche Status der Vatikanstadt und des Heiligen Stuhls zu vielen Studien und manchen Kontroversen Anlass geboten" habe. Er neigt nach wie vor zu seiner früheren Ansicht, die Vatikanstadt sei ein Staat, räumt aber ein, dass einige Experten dies bestreiten und dass „die Position der Vatikanstadt eigentümlich ist und das Kriterium für die Staatseigen-

schaft in ihrem Fall nur marginal (wenn überhaupt) erfüllt wird".[16] Professor Gillian Triggs kommt zu dem aus meiner Sicht richtigen Schluss, „die Vatikanstadt erfüllt nicht die Kriterien der Staatseigenschaft"[17] – so besitzt sie zunächst einmal keine akkreditierten Diplomaten und dient als territoriale Stütze des Heiligen Stuhls, der die meisten Verträge ratifiziert. Laut Crawford sorgt das Verhältnis zwischen Stadt und Heiligem Stuhl für einige Verwirrung; er zitiert die „beste zeitgenössische Studie" zu dem Thema, die zu dem (aus meiner Sicht richtigen) Schluss kommt, der Heilige Stuhl sei „völkerrechtlich kein Staat, besitzt jedoch eine eigene völkerrechtliche Rechtspersönlichkeit, die ihm ein internationales Handeln wie den Abschluss von Verträgen und die Pflege diplomatischer Beziehungen erlaubt".[18] Ein anderes führendes Fachbuch, *„International Law"*, legt Gründe dafür dar, „die Realität der vatikanischen Staatseigenschaft" in Frage zu stellen[19], während das Standard-Lehrwerk des verstorbenen Professors Ian Brownlie argumentiert, der Anspruch der Vatikanstadt sei zweifelhaft und die Frage nach der Rechtspersönlichkeit des Heiligen Stuhls als politisch-religiösem Hybridwesen sei „noch schwerer zu beantworten"; sie lasse sich nur charakterisieren durch die Art und Weise, wie sich Einzelstaaten mit ihm in Beziehung setzen.[20] Viele Fachbuchautoren ziehen den Vergleich zu einer anderen aufgeblasenen katholischen Organisation, dem „Souveränen Ritter- und Hospitalorden vom Hl. Johannes zu Jerusalem genannt von Rhodos und von Malta", der schon seit Beginn der Kreuzzüge zwischenstaatliche Beziehungen unterhält. Der Orden stellt ebenfalls Diplomatenpässe aus und gibt Briefmarken heraus, pflegt diplomatische Beziehungen zu mehr als 100 Ländern und besitzt Immobilien in Rom, die fast so groß sind wie der Vatikan. Allerdings stuft ihn niemand als Staat ein, und in dieser Hinsicht (abgesehen vom Lateranvertrag) ist er vom Heiligen Stuhl nicht zu unterscheiden. Wie andere NGOs auch, besitzt er bei der UNO nur Beobachterstatus. Das Thema der Staatseigenschaft des Vatikans ist auch in juristischen Fachzeitschriften auf hohem wissenschaftlichen Niveau untersucht worden. Die Tendenz scheint in jüngster Zeit einem abschlägigen Urteil zuzuneigen.[21]

133. Am fatalsten war die Verwirrung über die Staatseigenschaft des Heiligen Stuhls und der Vatikanstadt bezüglich der Vatikanbank, die den an Monty Python erinnernden Namen „Institut für die religiösen Werke" trägt. Unter dem inkompetenten und vermutlich korrupten Erzbischof Marcinkus (sein Motto war: „Mit Ave Marias kann man keine Kirche führen") verstrickte sie sich tief in die Mafia (Michelle Sidona) und in korrupte italienische Finanzkreise (Roberto Calvi, Licio Gelli) und deren rechtslastige Freimaurerbünde, die über Gellis Loge P2 kriminell aktiv waren. Nach dem Zusammenbruch der Banco Ambrosiano 1982 beschuldigte die Mailänder Staatsanwaltschaft Marcinkus der „systematischen Unterstützung Calvis bei zahlreichen seiner gesetzwidrigen Handlungen" und strebte seine Festnahme an, so dass der Erzbischof eiligst von seinem Luxusappartement in Rom in den Vatikan umzog. Letzterer behauptete, dass er dort gemäß Late-

ranvertrag vor Festnahme geschützt sei. Der folgende rechtliche Disput wurde über politische Kanäle beigelegt – die Staatsanwälte verloren das Interesse an Marcinkus, nachdem der Vatikan 250 Millionen Dollar an lokale Gläubiger gezahlt hatte. Der Papst wiederum erklärte das Jahr 1983 zum „Heiligen Jahr", um die italienische Wirtschaft zu unterstützen, indem er große Mengen ablasssuchender, mit Devisen ausgestatteter Pilger ins Land holte.[22]

134. Dass dem Vatikan in *Der Da Vinci Code* finstere Kräfte zugeschrieben werden, hat er teilweise auch seinem Anspruch auf Eigenstaatlichkeit zu verdanken. Ein bereits früher erschienener (eher sachlicher) Bestseller des erfahrenen Journalisten David Yallop, *„In God's Name"* (*„Im Namen Gottes"*), untersuchte das mysteriöse Ableben von Johannes Paul I., der 1978 tot und mit angsterfüllten Zügen in seinem Bett aufgefunden worden war – nach nur 33 Tagen im Amt als Stellvertreter Christi.[23] Während dieser Zeit hatte er bereits beschlossen, Marcinkus zu feuern und die Vatikanbank von ihren Verbindungen zu Gelli sowie zu Calvi und zu deren protofaschistischer Loge P2 zu befreien, die (trotz der Ächtung der Freimaurerei durch das kanonische Recht) einige führende Kurienvertreter als Mitglieder hatte gewinnen können. Für einen Papst war Johannes Paul I. mit seinen 65 Jahren ein Jüngling, dazu bei robuster Gesundheit. Unter Vatikanologen begann man über einen möglichen Selbstmord zu munkeln, sogar über Giftmord. Diese Gerüchte hätte man zum Verstummen bringen können, wäre er in Italien ge-

storben, wo das Gesetz eine unverzügliche Autopsie vorschreibt. Doch das kanonische Recht enthält (nicht überraschend angesichts seiner Überalterung) nichts über Autopsien oder Leichenschauen bei plötzlichen oder verdächtigen Todesfällen. Also zerstörte Kardinal Villot (angeblich P2-Mitglied) verräterische Dokumente und Tablettenfläschchen, die er am päpstlichen Totenbett vorfand, und sorgte dafür, dass ein vatikanischer Arzt nach kurzem Blick auf den Leichnam einen Herzinfarkt feststellte. Danach rückten die Einbalsamierer an (die, wie gemutmaßt wird, schon vor Entdeckung des Toten bestellt worden waren), um die gequälten Gesichtszüge des Heiligen Vaters für die Aufbahrung im Petersdom – außerhalb der Zuständigkeit italienischer Gerichte - in ein glückseliges Lächeln zu verwandeln. Laut Yallop wurde der Papst vermutlich von der Loge P2 vergiftet, um zu verhindern, dass er Marcinkus feuern und die korrupten Freimaurer aus der Vatikanbank entfernen würde. Die Komplizenschaft der Bank bei den Finanzverbrechen Gellis und Sidonas wurde erst nach dem Zusammenbruch der Banco Ambrosiano und Calvis vermutlicher Hinrichtung (man fand ihn in London mit dem Kopf nach unten von der Blackfriars Bridge hängend) publik. Heute räumen hochrangige Katholiken ein, der Tod von Johannes Paul I. sei „mysteriös" gewesen und es gebe „zahlreiche Gerüchte über die Umstände seines vorzeitigen Ablebens", jedoch sei „niemals etwas Glaubhaftes festgestellt worden"[24.]. Sie erklären nicht, warum das so ist: weil nämlich sein Leichnam in den Tiefen des Heiligen Stuhls ruht und damit außerhalb der Reichweite der italienischen

Gerichtsmedizin und deshalb nicht auf Spuren des Giftes (Digitalis) hin untersucht werden kann, das laut Yallop vermutlich benutzt wurde, um ihn zu töten. Im Jahre 1983, fünf Jahre nach seinem Tod, wurde das kanonische Recht unter der Imprimatur von Johannes Paul II. überarbeitet, aber es enthielt nach wie vor keine Vorgaben für eine Autopsie oder eine Leichenschau – die bedeutsamste Änderung war die Aufhebung des jahrhundertealten Verbots für Katholiken, Freimaurer zu werden.

135. Das Thema „Immunität der Vatikanbank" ist nach wie vor aktuell. Tätigkeit und Finanzen der Bank sind in absolute Geheimhaltung gehüllt, und Ermittler des US-Justizministeriums wurden abgewiesen – ohne Befugnisse in einem „ausländischen Staat" und ohne die Möglichkeit, die mit Italien bestehenden Auslieferungsvereinbarungen in Anspruch zu nehmen. Die Bank hat sich in langwierigen Gerichtsverfahren in den USA über ihren Bestand an Nazigold und ihre Verwicklung in den massiven Frankel-Versicherungsbetrug auf staatliche Immunität berufen. Im ersteren Fall – einer Klage von Opfern des Ustasha-Holocaust in Kroatien während des Zweiten Weltkriegs – sandte der Heilige Stuhl eine formelle Protestnote an die US-Regierung und verlangte deren Einschreiten gegen die Missachtung seiner Souveränität wegen Zulassung und Fortführung eines Verfahrens, in dem die Bank angeklagt wird, das Vermögen von 700.000 Opfern des Faschismus gestohlen zu haben. In diesem Fall weigerte sich das Weiße Haus; das Gericht beschrieb die Handlungsweise der Bank als schmutzig und undurchsichtig.[25]

Da der Heilige Stuhl nicht als europäischer Staat anerkannt ist, unterliegt die Bank auch nicht den europäischen Geldwäschegesetzen und -kontrollen. Eine Überwachung und Überprüfung durch den Internationalen Währungsfonds findet ebenfalls nicht statt (zweifellos der Grund, warum der Heilige Stuhl, der sonst so eifrig um Mitgliedschaft bei den meisten internationalen Organisationen bemüht ist, es abgelehnt hat, dem IWF beizutreten). Im Gegensatz zu wirklichen Staaten gibt es beim Heiligen Stuhl keine Grenzkontrollen, keine Devisenkontrollen und keine Zollposten – was seine Bank zu einem nützlichen Instrument für Finanzkriminalität und Steuerhinterziehung macht.[26]

136. Doch so überzeugend die rechtlichen, logischen und moralischen Einwände gegen die Staatseigenschaft des Vatikans auch sein mögen, es bleibt eine Tatsache, dass die meisten Staaten ihn als souverän anerkennen, und staatliche Übung, auf welch schrägen politischen Gründen sie auch beruhen mag, hat einen starken prägenden Einfluss auf das Völkerrecht. Nichtsdestoweniger steht und fällt der Fortschritt auf diesem Rechtsgebiet mit der Beachtung von Prinzipien, und es ist durchaus möglich, dass ein prinzipientreues Gericht – wie der Internationale Gerichtshof oder der Europäische Gerichtshof für Menschenrechte, oder auch ein Gericht in einem Land, in dem die Regierung nicht mit einer Immunitätsbescheinigung interveniert – den Anspruch des Vatikans für unhaltbar befindet. Dies würde bedeuten, dass sowohl der Heilige Stuhl als auch die Vatikanstadt zwar inter-

nationale Rechtspersönlichkeit besäßen und wie in der Vergangenheit Verträge unterzeichnen und mit Regierungen unterhandeln könnten, aber sie hätten nicht die fantastischen diplomatischen Privilegien, die die Staatseigenschaft mit sich bringt, insbesondere Immunität für päpstliche Handlungen, die Schaden verursachen oder deren Legalität zweifelhaft ist. Moralisch betrachtet spricht viel dafür, das Völkerrecht weg von einem Regelwerk der diplomatischen Opportunität hin zu einem globalen Rechtssystem zu entwickeln, welches auf Normen basiert, die nicht nur objektiv formuliert, sondern auch objektiv bestimmt werden, frei von politischem Druck. Am auffälligsten ist diese Entwicklung im Bereich der internationalen Strafjustiz, die mittlerweile Staatsoberhäupter anklagt und in vielen Fällen, wie z. B. dem von Charles Taylor, eine staatliche Immunität verneint. Es ist eine Entwicklung, die objektive Urteile in Fragen der Staatseigenschaft verlangt. Das ist die Herausforderung für internationale Juristen im Fall des Papstes.

137. Wie man es auch dreht und wendet: weder die Vatikanstadt noch der Heilige Stuhl genügen, ob für sich betrachtet oder gemeinschaftlich, den objektiven Montevideo-Kriterien der Staatseigenschaft. Selbst der Leiter der ständigen Vertretung des Heiligen Stuhls bei der UNO gesteht Folgendes ein:

„Er ringt darum, als ‚echter' Staat angesehen zu werden. Seit 1870 hat er nahezu kein echtes Territorium mehr zu verteidigen. Er verfolgt keine wirtschaftlichen oder industriellen Interessen im üblichen Sinne des Wortes. Er hat kaum eine

Bevölkerung […] Er hat die Schweizer Garden, aber keine nennenswerte strategische Verteidigung […]"²⁷

Aus welchem Blickwinkel man es auch betrachtet: Das Gebilde, das man vor sich hat, ist eine Kirche – die römisch-katholische Kirche – mit einem palastartigen Hauptsitz und einem obersten Führer, dessen Hände zum Segnen erhoben sind und nicht zum Salutieren. Mit nominell 800 Millionen Mitgliedern ist sie die weltgrößte Nichtregierungsorganisation. Es ist der Gewandtheit der vatikanischen Diplomaten (und dem Wunsch politischer Führer nach Segnung durch das geistliche Oberhaupt vieler ihrer Staatsbürger) zu verdanken, dass die Kirche über so lange Zeit hinweg ihre Tarnung als Staat auf der Weltbühne aufrechterhalten konnte und einen Einfluss in internationalen Angelegenheiten erlangt hat, der sämtlichen anderen Kirchen und NGOs verwehrt bleibt. Dieser Einfluss leitet sich her aus ihrem priviligierten Status bei der UNO als einzigem „Nichtmitgliedstaat" mit allen Rechten eines Mitglieds, ausgenommen dem Stimmrecht in der Generalversammlung und dem Recht, in den Sicherheitsrat gewählt zu werden.

6. Der Heilige Stuhl und die Vereinten Nationen

Jesus sagte: *Mein Königtum ist nicht von dieser Welt. Wenn es von dieser Welt wäre, würden meine Leute kämpfen, damit ich den Juden nicht ausgeliefert würde. Aber mein Königtum ist nicht von hier.*

Johannes 18, 36 (Einheitsübersetzung 1980)

138. Wie es dazu kam, dass eine einzelne Religion die Vereinten Nationen derart unterwandern konnte, dass sie mit ihren diplomatischen Tentakeln bis in die Tagesordnungen der wichtigsten internationalen Konferenzen hineinreicht, ist immer noch ziemlich mysteriös. Als die Diplomaten des Vatikans 1944 zum ersten Mal für eine Aufnahme warben, sagte ihnen US-Außenminister Cordell Hull, „der Vatikan als Zwergstaat wäre nicht imstande, sämtliche Aufgaben der Mitgliedschaft in einer Organisation zu erfüllen, deren Hauptzweck die Aufrechterhaltung von Frieden und Sicherheit ist." Eine Mitgliedschaft sei, so Hull, ohnehin unvereinbar mit Artikel 24 des Lateranvertrags, der Neutralität garantierte im Gegenzug für den Verzicht des Papstes auf weltliche Macht (siehe Absätze 105–8), und dies um so mehr, wenn er aufgefordert würde, Streitkräfte für einen UN-Einsatz zur Verfügung zu stellen. Der Vatikan sei selbstverständlich eingeladen, wie andere Organisationen, Religionen oder Nicht-Regierungsorgani-

sationen auch, sich als Nicht-Mitglied an den sozialen und humanitären Aktivitäten der UNO zu beteiligen. Nach dem Krieg jedoch traten der Heilige Stuhl und die Vatikanstadt – in mehr oder weniger austauschbaren Rollen – diversen internationalen Abkommen bei. So unterzeichnete die Vatikanstadt (obwohl sie keinen Weizen anbaute) in den 50er Jahren das Internationale Weizenabkommen. Später dann war es der Heilige Stuhl, der sein Wappen unter verschiedene Konventionen setzte – zu Themen wie Atomteststopps, Anti-Personen-Minen und chemische Waffen –, was niemanden zu stören schien, obwohl mit dem Einsatz dieser Waffen seinerseits kaum zu rechnen war. Ob bürokratische Trägheit dahintersteckte oder der Wunsch, eine weitere Unterschrift unter eine Konvention zu bekommen, kein Amtsträger scheint je das Recht der Kirche in Frage gestellt zu haben, ihren Namen mit dazuzusetzen, sei es als Vatikanstadt oder als Heiliger Stuhl.

139. Die Kirche hat sich ganz allmählich in das UN-System eingeschlichen, ohne je eine Festlegung bezüglich ihrer Staatseigenschaft veranlasst zu haben. Nach ihrer Zurückweisung 1944 tauchte sie 1948 bei einer Konferenz der Welternährungsorganisation (FAO) auf und erhielt Beobachterstatus wegen ihres „besonderen religiösen Wesens" – was immer die FAO damit gemeint haben mag; der Hauptsitz der FAO lag in Rom, und sie war anfällig für päpstliche Einflüsse. Ab 1951 besuchte ein Vatikan-Diplomat als Beobachter von Fall zu Fall die Sitzungen der Generalversammlung und der Weltgesundheitsorga-

nisation WHO, und die UNESCO ließ den Vatikan als „ständigen Beobachter" zu. Im Jahr 1956 erschien der Heilige Stuhl auf einer Konferenz der Internationalen Atomenergiekommission und wurde aus irgendeinem Grund als Vollmitglied zugelassen – diese Entscheidung wurde von einem unbekannten Amtsträger getroffen und war nicht Ergebnis irgend einer Abstimmung. Aber mit dieser Ansammlung von Referenzen versehen, ließ sich der Heilige Stuhl dann 1956 ohne Diskussion in den Wirtschafts- und Sozialrat (ECOSOC) wählen und nutzte dies im Oktober 1957 als Sprungbrett, um die Frage nach seinem Status an das Büro des Generalsekretärs heranzutragen, wo man rätselte, ob man es nun mit der Vatikanstadt oder dem Heiligen Stuhl zu tun hatte. Damals wurde vereinbart, dass es (nicht näher definierte) Beziehungen zwischen der UNO und dem Heiligen Stuhl, nicht aber der Vatikanstadt, geben solle, da Letztere „die weltlichen Aspekte der päpstlichen Souveränität unangemessen betont hätte" – und vielleicht ja auch die Aufmerksamkeit darauf gelenkt hätte, dass die Vatikanstadt die Kriterien eines Staates nach der Montevideo-Konvention nicht erfüllte.[1] Diese Vereinbarung bedeutete kein Anerkenntnis der UNO, dass der Heilige Stuhl ein Staat sei, sondern lediglich, dass er die geeignete Körperschaft für die weiteren Beziehungen mit der UNO war.

140. Im Jahr 1964 machte der heilige Stuhl seinen nächsten Zug für eine stärkere Machtposition, indem er Generalsekretär U Thant einseitig darüber informierte, er werde eine ständige Beobachter-Mission an den UN-Hauptsitz

in New York entsenden. U Thant scheint dies als vollendete Tatsache hingenommen zu haben, ohne die Billigung der Generalversammlung oder des Sicherheitsrats einzuholen. (Heute behauptet der Vatikan, die UNO habe ihn 1964 „eingeladen", dabei ging die Initiative vom Heiligen Stuhl aus). 1967 legte der Vatikan nach mit der nicht beanstandeten Entsendung eines weiteren „ständigen Beobachters" an den UN-Sitz Genf. Dann wurde er von der Weltgesundheitsorganisation und anderen UN-Organisationen als Vollmitglied anerkannt und nahm an deren Konferenzen mit vollem Rede- und Stimmrecht teil. Schon bald hatte er sich zum „Nichtmitgliedstaat mit ständigem Beobachter-Status" emporgearbeitet, ein Status, den er damals mit wenigen echten Staaten wie der Schweiz und Nord- und Südkorea teilte.

141. Auch wenn man dem Generalsekretär rückblickend den Vorwurf machen kann, dem Heiligen Stuhl diesen Eintritt durch die Hintertür ermöglicht zu haben, darf man eines nicht vergessen: die Politik des Vatikans war zu dieser Zeit nicht wirklich umstritten. Im Jahr 1964 waren in der großen Mehrheit der Staaten Abtreibung und Homosexualität noch strafbar, während niemand Retortenbabys und Embryonenversuche auf dem moralischen Radar hatte. Hinsichtlich der Verhütung hatte es mit der Billigung der Kalendermethode für verheiratete Paare durch Pius XII. schon einen entscheidenden Durchbruch gegeben, und eine Geburtenkontrollkommission war eingerichtet worden, die den Papst beraten sollte, ob neben dem „vatikanischen Roulette" auch künstliche Methoden

der Empfängnisverhütung erlaubt werden sollten. Erst 1968 wurde der Ratschlag der Kommission (die sich mit überwältigender Mehrheit dafür ausgesprochen hatte) durch *Humanae Vitae* verworfen und der Gebrauch sämtlicher Verhütungsmittel unter allen Umständen verdammt – was den Heiligen Stuhl in Widerspruch brachte zu mehreren UN-Programmen und Problempotenzial hinsichtlich seiner besonderen Beziehungen zur UNO schuf. (Einem angesehenen Mediziner in der päpstlichen Kommission entfuhr der Kommentar, „Ich kann nicht glauben, dass das Heil auf der Empfängnisverhütung durch Temperaturmessung beruht und die Verdammnis auf Gummi."[2])

142. Ein weiterer Faktor für die Akzeptanz des Vatikan bei der UNO war die für die USA und ihre Verbündeten durchaus akzeptable Wahl eines zutiefst antikommunistischen Papstes 1978. Sobald Johannes Paul II. seine pro-westliche Prägung demonstriert hatte, erkannte die Reagan-Regierung den Heiligen Stuhl an (1984), und andere westliche Staaten folgten. Unterhielt der Heilige Stuhl 1978 noch diplomatische Beziehungen zu lediglich 85 Ländern, darunter viele mit katholischer Bevölkerung, so hatte sich diese Zahl zum Ende des Pontifikats von Johannes Paul auf 174 erhöht[3], selbst die Sowjetunion entsandte unter Gorbatschow einen Diplomaten. Der Heilige Stuhl mochte selbst kein Staat sein, aber er verkehrte mit Staaten und lehnte es ab, sich auf einer Ebene zu den NGOs zu gesellen oder Korrespondenz – auch noch so wichtige – von nichtstaatlichen Organisationen entgegenzunehmen (wie z.B.

von gerichtlichen Kommissionen zur Aufklärung von Kindsmissbrauch), und er bestand darauf, offiziell in seiner Landessprache angesprochen zu werden – in Latein.

143. Bis zur UNO-Konferenz von Kairo 1995 fiel kaum auf, welch enormen politischen und lobbyistischen Einfluss die Position als staatliches Nichtmitglied der katholischen Kirche im Vergleich zu konkurrierenden Religionen und NGOs verschaffte. Doch jetzt war diese Konfession infolge ihres Status als staatliches Nichtmitglied Teilnehmer und nicht bloßer Konsultant – ein fundamentaler Unterschied, den eine ECOSOC-Resolution von 1968 so umreißt:

> Die Charta der Vereinten Nationen trifft eine klare Unterscheidung zwischen einer Teilnahme ohne Stimmrecht an den Beratungen des Rats und Abmachungen zwecks Konsultation. Artikel 69 und 70 sehen eine Teilnahme nur im Fall von Staaten vor, die nicht Mitglieder des Rates sind, sowie von Sonderorganisationen. Artikel 71 regelt geeignete Abmachungen für die Konsultation hinsichtlich Nichtregierungsorganisationen. Diese in der Charta bewusst getroffene Unterscheidung ist grundsätzlicher Natur, und die Abmachungen zwecks Konsultation sollten nicht dergestalt sein, dass sie Nichtregierungsorganisationen dieselben Teilnahmerechte zuweisen wie Staaten, die nicht Mitglieder des Rates sind, und Sonderorganisationen, die mit den Vereinten Nationen in Beziehung gebracht werden.[4]

144. Die Botschaft war deutlich: Nichtmitgliedstaaten konnten durch ihren Beobachterstatus Partner und Teilnehmer bei der UNO sein, während NGOs und religiöse Organisationen lediglich „Berater" waren. Diese Unterscheidung

wurde 1990 weiter verdeutlicht, als das Rote Kreuz einen „besonderen" Beobachterstatus erhielt, um ihm eine Teilnahme an UN-Maßnahmen zu ermöglichen, die seinen Aufgaben nach der Genfer Konvention entsprachen. Bis dahin war ihm nur ein „Konsultativstatus" gemäß Artikel 71 der Charta eingeräumt worden, der ihm kein Rederecht auf UN-Konferenzen gab, ja noch nicht einmal eine regelmäßige Teilnahme ermöglichte. Die Organisation beklagte sich bitterlich, dass sie große Teile ihres Budgets für die Lobbyarbeit bei Staaten (einschließlich Nichtmitgliedstaaten) ausgeben müsse, damit diese ihre Interessen vertraten, und dass sie auf allen Ebenen große Schwierigkeiten habe, ihre Belange auf die Tagesordnung der UNO zu bringen.[5] Nichtmitgliedstaaten mit ständiger Vertretung haben solche Probleme nicht – sie haben das Recht, als Mitglied in sämtlichen UN-Gremien präsent zu sein, lediglich das Stimmrecht auf Plenarsitzungen der Generalversammlung bleibt ihnen vorenthalten. Wie erläutert es ein Völkerrechtslehrbuch: „Im Fall des Vatikans verschafft die Anerkennung als Staat einer bestimmten religiösen Gemeinschaft einen privilegierten Zugang zu internationalen Foren".[6]

145. Nachdem im Jahr 2002 die Schweiz – bis dahin der einzige andere Nichtmitgliedstaat mit dem Status eines ständigen Beobachters – demokratisch entschieden hatte, 193. Mitglied der UNO zu werden, ließ der Heilige Stuhl wissen, auch er wünsche die Vollmitgliedschaft. Der Nuntius bei der UNO, Erzbischof Miglione, erhielt die heikle Aufgabe (wie ein Mitglied seines Teams es geziert formu-

lierte), „bei nationalen Delegationen und anderen Experten die Vor- und Nachteile einer Mitgliedschaft zu sondieren, gegenüber der Alternative, unseren Beobachterstatus offiziell klären zu lassen." Weniger euphemistisch ausgedrückt: Der Vatikan betrieb 18 Monate lang eine aggressive Lobbyarbeit, um seinen Anspruch auf Eigenstaatlichkeit mit der Vollmitgliedschaft bei den Vereinten Nationen krönen zu können. Er scheiterte – und dabei müssen Zweifel bezüglich seines rechtlichen Status eine Rolle gespielt haben, trotz seiner Macht über katholische Staaten. (Das Büro des Präsidenten der Generalversammlung ließ lediglich durchblicken, eine Mitgliedschaft des Vatikans sei abgelehnt worden, da „nicht jedes Land den Heiligen Stuhl als Staat anerkennt".) Um sich die Peinlichkeit und eine mögliche Infragestellung seiner „Eigenstaatlichkeit" zu ersparen, wandte sich der Vatikan an sein Alter Ego, den UN-Botschafter Italiens, der einen Deal mit dem Präsidenten der Generalversammlung aushandelte: die Vorlage einer Resolution, mit der die Position des Heiligen Stuhls „klargestellt" werden und dieser ähnliche Rechte bekommen sollte, wie sie Palästina 1998 zugestanden worden waren (de facto bekam er sogar mehr). Auf Vereinbarung mit dem Präsidenten also – ein rotierendes Amt, das damals zufällig gerade mit dem strenggläubigen katholischen Cricketspieler Julian Hunte von der winzigen Touristeninsel St. Lucia besetzt war – kam die Resolution 58/314 über die „Mitwirkung des Heiligen Stuhls an der Tätigkeit der Vereinten Nationen" auf die Tagesordnung. Die Resolution wurde ohne Abstimmung oder Debatte verabschiedet.

146. Diese Resolution enthielt den unrichtigen Hinweis, der Heilige Stuhl sei 1964 ein „Ständiger Beobachterstaat" geworden (tatsächlich war er ein „Nichtmitgliedstaat mit ständigem Beobachterstatus") und bekräftigte seine Rechte, an Debatten der Generalversammlung teilzunehmen (mit nicht weniger als sechs Sitzplätzen im Saal), Stellungnahmen abzugeben, Anträge zur Geschäftsordnung zu stellen, zu erwidern, seine Dokumente offiziell verteilen zu lassen, Resolutionen mit einzubringen und einen Vorrang vor Palästina und anderen akkreditierten Beobachtern einzunehmen, allerdings ohne ein Stimmrecht zu besitzen oder Kandidaten vorschlagen zu können. Die Resolution war nicht diskutiert worden, und laut „See Change" (einem Bündnis aus 700 NGOs, viele davon katholisch und Gegner der Politik des Heiligen Stuhls) hatten einige UN-Vertretungen keinerlei Kenntnis davon. Es war eine verpasste Chance, den wahren Status des Vatikans zu klären – stattdessen wurden die Privilegien bestätigt, die er schon seit mehreren Jahren ausnützte. Der Vatikan stellte diese Trostpreis-Resolution als großen Erfolg dar und präsentiert sie als Bestätigung seiner Staatseigenschaft (obschon sie nichts dergleichen war). Wenige Wochen später verlieh Kardinal Sodano Julian Hunte die höchste päpstliche Auszeichnung für Laien, indem er ihn zum Großkreuz-Ritter machte. Ironischerweise verstieß diese Verleihung gegen das vatikanische Verbot, päpstliche Ehren an Politiker zu verleihen, die für Abtreibung eintreten (wie die Katholiken auf St. Lucia unverzüglich aufzeigten, stammte die entscheidende Stimme zur Legalisierung der Abtreibung auf der Insel

von Hunte, der sich klar als Abtreibungsbefürworter positioniert hatte). Sodano stellte sich taub; offensichtlich waren Huntes Dienste für die katholische Diplomatie wichtiger als seine Bärendienste für die katholische Religion.[7]

47. Der Status des Heiligen Stuhls als „Ständiger Beobachterstaat" war zum ersten Mal 1995 in Kairo dazu benutzt worden, eine bedeutende UN-Konferenz über Bevölkerung und Entwicklung zum Scheitern zu bringen.[8] Schon vor Beginn der vorbereitenden Konferenz, die die Tagesordnung festlegen sollte, startete der Vatikan eine Propagandakampagne über Vorschläge zur Familienplanung und Verhütung mit der Behauptung, „reproduktive Gesundheit" bedeute Abtreibung (ein „abscheuliches Übel") und Tolerierung von Homosexualität (ein weiteres „abscheuliches Übel"). Der Vatikan schmiedete eine unheilige Allianz mit Staaten wie Libyen und dem Iran gegen das anvisierte „Recht auf sexuelle Gesundheit". Bei den alles entscheidenden „prepcoms" (den Vorbereitungskonferenzen, auf denen die endgültige Tagesordnung festgelegt wird), schöpfte der Heilige Stuhl seine „staatlichen" Rechte bis zum Äußersten aus. Als Vollmitglied erhob er Einwände gegen mehr als 100 Paragraphen des ursprünglichen Entwurfs, die sich auf irgendeine Form von Familienplanung bezogen, und verlangte dann gesonderte Debatten zu diesen Themen auf der Konferenz, zu der er eine der größten Delegationen entsandte (17 Diplomaten). Letztere blockierten jeden Konsens und warben Verbündete aus katholischen Ländern in Lateinamerika

und Afrika an, um den Wortlaut zu verwässern und jedes mögliche Eingeständnis zu verhindern, dass Abtreibung oder Empfängnisverhütung unter bestimmten Umständen toleriert werden oder den Opfern von Abtreibungen durch Kurpfuscher oder „Engelmacherinnen" in irgendeiner Weise geholfen werden könnte. Im Ergebnis wurde eine Konferenz, die Bevölkerungspolitik und internationale Unterstützung hätte debattieren sollen, von einer als Staat verkleideten Kirche usurpiert, die jeden Konsens über einen Vorschlag verhinderte, der die These hätte gefährden können, der einzig akzeptable humane geschlechtliche Kontakt sei der zwischen Mann und Frau in der Ehe zum Zwecke der Fortpflanzung.

148. Das proaktive Vorgehen des Vatikans in Kairo brachte einige Staatsmänner zu der Einsicht, dass das Zugeständnis an den Heiligen Stuhl, den Status eines Staates zu beanspruchen, ein Fehler gewesen war. Das Europäische Parlament stellte fest, dass der Vatikan die Kairoer Konferenz mit der Frage der Abtreibung in eine Sackgasse geführt und eine Debatte über Überbevölkerung und Entwicklung verhindert habe.[9] Doch bei der nächsten großen UN-Konferenz, der Weltfrauenkonferenz in Peking 1995, veranstaltete der Vatikan wieder dieselben Umtriebe, wenn auch diesmal etwas subtiler – gestützt auf seine einflussreiche Position als vermeintlich souveräner Staat. So konnte er den Konsens über einen Textentwurf verhindern, indem er auf den Vorbereitungstreffen und auf der Konferenz selbst gegen jede Formulierung stimmte (oder zu stimmen drohte), die ihm nicht passte. Wieder

einmal betrieb er Lobbyarbeit bei seinen Verbündeten – den katholischen Staaten Lateinamerikas und einigen muslimischen Staaten –, um die Aufnahme jeglicher Formulierungen zu verhindern, die ihm einen Schauer über seinen geistlichen Rücken jagten – „Geschlecht" und „Gleichstellung der Geschlechter", „sexuelle Orientierung", „ungewollte Schwangerschaft", „unsichere Abtreibung", „Sexualerziehung", „reproduktive Gesundheit", „Empfängnisverhütung", „reproduktive Rechte", „sexuelle Gesundheit", „Paare und Einzelpersonen" und selbst „Lebensweise". Jegliche Formulierung, die möglicherweise mit Abtreibung (selbst nach Inzest oder Vergewaltigung) oder mit Homosexualität hätte zu tun haben können, war seiner Delegation ein Gräuel, die sich gegen die Verfügbarkeit von Kondomen zur Eindämmung der damals aufflammenden Aids-Seuche in der Dritten Welt stellte.[10] Rasch hatte sie sich die Arroganz zugelegt, die mit einer starken Machtstellung einhergeht; so versuchte die Delegation auf der Konferenz, die Anwesenheit einer Nichtregierungsorganisation namens „Catholics for a Free Choice" zu verhindern, die die Haltung der Kirche in der Abtreibungsfrage ablehnte.

149. Viele Priester und Nonnen, die für katholische Hilfsorganisationen in fernen oder verarmten Regionen Afrikas und Lateinamerikas tätig sind, setzen sich über die vatikanische Lehre hinweg, verteilen Kondome und Spiralen und beraten bei der Familienplanung. Doch der diplomatische Druck des Vatikans hat ernsthafte Folgen für die Finanzierung und Ausrichtung von UN-Organen wie

dem UN-Bevölkerungsfonds, der massive Kürzungen hinnehmen musste (außer für „Abstinenz"-Kampagnen), nachdem Katholiken und US-Evangelikale während der Präsidentschaft George W. Bushs gemeinsame Sache machten. In den Städten der Dritten Welt beharren Bischöfe darauf, dass katholische Wohlfahrtseinrichtungen die vatikanische Linie einhalten; selbst im weltoffenen Sydney wurde ein von Nonnen geleitetes, lebensrettendes Spritzenaustauschprogramm nach persönlicher Intervention von Benedikt XVI. gestoppt.[11] Katholische Politiker, die mit Exkommunikation bedroht werden, fügen sich in der Regel den Kircheninstruktionen – in El Salvador verabschiedeten sie sogar ein unlauteres Gesetz, nach dem sämtliche Kondomverpackungen mit dem „Warnhinweis" zu versehen sind, sie böten keinen Schutz gegen AIDS.[12] Seit Jahren klagt UNAIDS darüber, dass die Dämonisierung des Kondomgebrauchs durch den Vatikan zur Verbreitung von Aids vor allem in Lateinamerika beitrage, wo fast 2 Millionen Menschen einer Epidemie zum Opfer gefallen sind, die sich durch Unterstützung des Kondomgebrauchs in dieser Region würde eindämmen lassen. In Brasilien kriminalisieren entsprechende Gesetze nicht nur Abtreibungen, sondern verpflichten Ärzte zur Anzeige bei der Polizei, wenn Frauen nach selbst eingeleiteten Abbrüchen blutend ins Krankenhaus kommen. Gegenwärtig warten über 100 von ihnen auf ihren Prozess. Es ist ein seltsames Christentum, das verlangt, verletzte Frauen bei der Polizei anzuzeigen – nicht aber kinderschändende Priester.[13]

150. Der Heilige Stuhl hat seinen Status als Staat bei der UNO ausgenutzt, um religiöse Kritiker auszuschließen und die Sozial- und Gesundheitsprogramme der UNO mit seinen fundamentalistischen Moralvorstellungen – alle sexuellen Akte sind schlecht, sofern sie nicht dem vorrangigen Ziel der Fortpflanzung dienen – zu überziehen. Er agiert als Führer einer Gruppe katholischer Staaten, d.h. von Staaten, in denen ein Großteil der Bevölkerung (und damit auch der Politiker) römisch-katholischen Glaubens sind. Die verschleierte Bedrohung führender Politiker mit der Exkommunikation, falls die von ihnen geführten Regierungen politische oder moralische Positionen vertreten, die vom Papst vehement abgelehnt werden, entfaltet einen machtvollen Einfluss im Umfeld der UN-Konferenzen. Das ist die „geistliche Erpressung", die von Kardinal Ratzinger in seiner Zeit bei der Glaubenskongregation entwickelt worden war und in seiner „Lehrmäßigen Note zu einigen Fragen über den Einsatz und das Verhalten der Katholiken im politischen Leben" näher dargelegt wurde. Darin wird jedem katholischen Politiker die „klare Verpflichtung" auferlegt (d.h. eine evtl. per Exkommunikation durchzusetzende Verpflichtung), in Übereinstimmung mit dem moralischen Diktat der Kirche abzustimmen. Ratzingers neuer „Vollstrecker", Erzbischof Burke, den er an die Spitze des höchsten Kirchengerichts berief, wies die Bischöfe 2009 zur Verweigerung der Kommunion gegenüber katholischen Politikern wie John Kerry, Joseph Biden und Nancy Pelosi an, die durch Abstimmung im Ungehorsam gegenüber den kirchlichen Lehren „schwer sündigen" (siehe Absatz 91).[14] Am Thema

des sexuellen Missbrauchs haben Delegierte des Heiligen Stuhls nie Interesse gezeigt. Ihr Engagement für den Kinderschutz drückt sich immer so aus, dass man Kinder schützen müsse vor Abtreibung als Embryo, vor Missbrauch durch Homosexuelle und vor einer Geburt bei Eltern, die Invitrofertilisation oder Sex zum Vergnügen betreiben.

151. Im Jahr 1996 startete der Heilige Stuhl eine Kampagne gegen UNICEF und regte die Staaten an, ihre Beitragszahlungen einzustellen– weil UNICEF ein Handbuch für Frauen in Flüchtlingslagern unterstützt hatte, das Informationen über den Zugang zu Mütterfürsorge- und Familienplanungseinrichtungen enthielt.[15] In all seinen Äußerungen bei der UNO über die „Gleichstellung der Geschlechter" benutzt der Vatikan eine Standardformulierung: er „anerkennt die Unterschiedlichkeit und Komplementarität von Mann und Frau" (was im Klartext bedeutet, dass sie nicht gleichgestellt sind – die Frauen müssen die Kinder der Männer gebären). Im Jahr 2000 startete Kardinal Ratzinger eine beißende Attacke auf die „Neue Weltordnung" der UNO, weil eines ihrer Ziele die Reduzierung der Weltbevölkerung war. „Dieser neuen Weltordnung", so sein unheilverheißender und frauenfeindlicher Kommentar, „liegt die Ideologie einer ‚Stärkung' der Frauen" zugrunde, die fälschlicherweise in Ehe und Familie das Haupthindernis für die Erfüllung einer Frau sieht[…] Christen haben die Pflicht, dagegen zu protestieren."[16] Feministinnen, die beklagen, der Vatikan behandle Frauen als wenig mehr als ein Lebenserhal-

tungssystem für eine Gebärmutter, stützen ihre Argumentation auf solche Zitate von Kardinal Ratzinger.

152. Im Jahr 1998 brachen die Delegierten des Heiligen Stuhls über die römische Konferenz zur Einrichtung des Internationalen Strafgerichtshofs (ICC) herein. Sie waren bereits mit der Nato aneinandergeraten wegen deren Unterstützung für Organisationen, die die „Pille danach" an Opfer von Gruppenvergewaltigungen durch marodierende Soldaten verteilten; nun durchsuchten sie den ICC-Entwurf nach Hinweisen darauf, die Erklärung derartiger Vergewaltigungen zu „Verbrechen gegen die Menschlichkeit" könne in Richtung auf eine Rechtfertigung für die Opfer interpretiert werden, daraus entstehende ungewollte Schwangerschaften abzubrechen. Der Heilige Stuhl konnte die Aufnahme von Vergewaltigung in den Katalog nicht verhindern, zumindest wenn sie auf breiter Basis und systematisch verübt wird, und auch nicht die von „erzwungenen Schwangerschaften", d. h. der Schwängerung von Frauen in der Absicht, die ethnische Zusammensetzung einer Bevölkerung zu beeinflussen (wie z. B. im Fall der serbischen Soldaten, die muslimische Frauen vergewaltigten, um „Tschetnik-Babys zu machen"). Dafür bestand der Vatikan – als Preis für den Konsens über die Definition von Verbrechen gegen die Menschlichkeit – darauf, dass die Ächtung solcher Gräueltaten mit der Zusatzklausel zu versehen sei: „Diese Begriffsbestimmung ist nicht so auszulegen, als berühre sie innerstaatliche Gesetze in Bezug auf Schwangerschaft". Anders ausgedrückt: In Ländern, in denen es der Kirche gelungen war,

Abtreibung gesetzlich verbieten zu lassen, würden im Krieg vergewaltigte Frauen zum Austragen der Kinder jener feindlichen Soldaten gezwungen sein, die sie überfallen und geschwängert hatten – häufig nachdem diese vor ihren Augen ihre Ehemänner und Kinder getötet hatten.[17]

153. Größtenteils auf das Konto des Heiligen Stuhls ging auch die Aufnahme einer der lächerlichsten Bestimmungen aller Zeiten in den ICC-Vertrag. „Verfolgung" war in Artikel 7(1)(h) so definiert worden, dass sie Verfolgung „aus Gründen des Geschlechts" einschloss. Schon das Wort „Geschlecht" ließ beim Heiligen Stuhl die Alarmglocken schrillen, und unter seiner Führung bestanden andere homophobische katholische und islamische Staaten auf der Aufnahme von Artikel 7(3):

Im Sinne dieses Statuts bezieht sich der Ausdruck „Geschlecht" auf beide Geschlechter, das männliche und das weibliche, im gesellschaftlichen Zusammenhang. Er hat keine andere als die vorgenannte Bedeutung.

154. Das bedeutet vermutlich, dass Regierungen mit Transsexuellen nach Belieben verfahren können. Verfolgung (d.h. der „vorsätzliche und schwerwiegende Entzug von Grundrechten") ist ein Verbrechen, wenn sie gegen Männer in ihrer Eigenschaft als Männer gerichtet ist, oder gegen Frauen, weil sie weiblich sind, aber Homosexuelle dürfen nach wie vor Daumenschrauben und Folterbank erdulden, wenn dies „im gesellschaftlichen Zusammenhang" geschieht, also etwa mit Billigung einer schwulenfeindlichen Regierung oder einer grausamen Staatsreligion

oder -kultur. Die Aufnahme von Artikel 7(3) auf Beharren des Heiligen Stuhls ist eine unappetitliche, aber realistische Erinnerung daran, dass 1998 noch viele Staaten für den Entzug von Menschenrechten für Homosexuelle waren und dass ihre politische Kampagne von einer bedeutenden Weltreligion angeführt wurde.

155. Der Vatikan hat versucht, das Verschieben von Drogen zum internationalen Verbrechen erklären zu lassen, war aber bemerkenswert schweigsam im Bezug auf das Verschieben von Pädophilen (wofür er eventuell hätte haftbar gemacht werden können, da er Missbrauchs-Priester von Land zu Land verschoben hatte). Seine größte Anstrengung galt der Einfügung einer Spezialklausel, nach der Priester und ihre Beichtenden davon freigestellt worden wären, jemals ein Beichtgeheimnis enthüllen zu müssen, selbst wenn der Beichtende sich zum Völkermord oder einer anderen Gräueltat bekannt hätte. Dieses wenig ansprechende Ansinnen wurde vernünftigerweise abgelehnt, woraufhin sich der Heilige Stuhl pikiert weigerte, den ICC-Vertrag zu unterzeichnen – wobei er bis heute geblieben ist, trotz seiner vorgeblichen Unterstützung der Menschenrechte. In dieser Hinsicht zeigte Kardinal Ratzinger 1999 sein wahres Gesicht, als er beim britischen Staat leidenschaftlichen Protest gegen die Festnahme des Folterers General Pinochet einlegte. Zunächst nutzte er die hohen diplomatischen Kanäle, die dem Heiligen Stuhl als vermeintlichem Staat offenstehen, doch als das nichts bewirkte, ging er wütend an die Öffentlichkeit, „um der Welt gegenüber zu wiederholen, dass die Souveränität

eines Staates, ob klein oder groß, zu keinem Zeitpunkt dadurch verletzt werden darf, dass man der Heimatregierung des Täters die Jurisdiktion über einen Landsmann entzieht."[18] Das war paradox, da das Beharren der Kirche auf dem kanonischen Recht für ihre Priester ja genau das war: der Entzug der Jurisdiktionsgewalt nationaler Regierungen über Landsleute mit einem bestimmten Beruf. Es war außerdem unredlich, da Chile (wie Ratzinger sehr wohl wusste) zum damaligen Zeitpunkt gar keine Jurisdiktionsgewalt über Pinochet hatte, der sich selbst Amnestie gewährt hatte. Ratzinger behauptete, dass es unabhängig vom Ausmaß eines Verbrechens keine internationale Verantwortlichkeit politischer Führer oder Staatsoberhäupter geben dürfe; sie seien in ihrem eigenen Land vor Gericht zu stellen oder gar nicht. (Eine beruhigende Vorstellung für jeden Papst, würde es doch bedeuten, dass er nur nach dem Gesetz der Vatikanstadt verurteilt werden könnte, das ihm vollständige Immunität gewährt und wo ohnehin er selbst der oberste Richter ist.) Auch in anderer Hinsicht verhielt sich der Vatikan feindselig gegenüber der Durchsetzung der Menschenrechtsnormen, als er Priestern und Nonnen, die angeklagt waren, ruandische Kirchen (in denen sich Tutsis befanden) angesteckt und dem Erdboden gleichgemacht zu haben, Zuflucht in italienischen Pfarrgemeinden gewährte und die Anklägerin Carla del Ponte behinderte, die die Auslieferung eines Priesters verlangte. Es handelte sich um den Priester Seromba, der sich dort mehrere Jahre unter falschem Namen versteckt hielt und später wegen Völkermordes verurteilt wurde. Del Ponte berichtet, wie der „Außenminister" des Vatikans ihr gegenüber sogar leugnete, dass der Vatikan ein Staat sei, um ihr Hilfeersuchen zur Auffindung kroatischer Kriegsverbrecher abzuwenden, von denen man annahm, dass sie sich in Franziskanerklöstern versteckt hielten.[19] Vor kurzem wurde der Vatikan beschuldigt, einem örtlichen Erzbischof und einer katholischen Hilfsorganisation die Unterstützung von Joseph Kony erlaubt zu haben, dem Kopf der „Widerstandsarmee des Herrn" in Uganda, nachdem dieser vom ICC völkerrechtlicher Verbrechen angeklagt worden war – bemerkenswerterweise des Missbrauchs von Kindern als Sexsklaven.[20]

156. Paradoxerweise hat sich der Vatikan Übereinkommen angeschlossen, die sein eigenes Verhalten in Frage stellen. So trat der Heilige Stuhl am 25. Juni 2002 dem Übereinkommen gegen Folter und andere grausame, unmenschliche oder erniedrigende Behandlung oder Strafe (1984) bei. Gemäß diesem Übereinkommen hätte er am 26. Juli 2003 einen Bericht vorlegen müssen, was er aber nicht tat. Auch den nächsten Berichtstermin (26. Juli 2007) ließ er verstreichen, und bis heute ist kein Bericht vorgelegt worden – vielleicht, weil internationale Gerichte mittlerweile entschieden haben, dass Vergewaltigung und sexueller Kindsmissbrauch Folter darstellen können, wenn sie zu Zwecken verübt werden wie zu. B. „Einschüchterung, Erniedrigung, Demütigung, [...] Kontrolle oder Vernichtung einer Person".[21] Der Inter-Amerikanische Gerichtshof für Menschenrechte hat befunden, Vergewaltigung stelle „psychologische Folter" dar[22], was vom Euro-

päischen Gerichtshof für Menschenrechte bestätigt wurde – einem Gerichtshof, dem der Heilige Stuhl sich nicht als Vertragsstaat angeboten hat, trotz seines sonstigen eifrigen Bemühens, bei fast jeder sich bietenden Gelegenheit die Vorstellung zu fördern, er sei ein Staat.[23] Sowohl dieser Gerichtshof als auch das höchste britische Gericht haben entschieden, die besondere Verletzlichkeit von Kindern sei ein wichtiger Faktor bei der Frage, ob eine Misshandlung die höhere Barriere hin zur Folter überschreite, oder zumindest die niedrigere der „unmenschlichen und erniedrigenden" Behandlung.[24] Zweifelsohne würden diese Gerichte klerikale Kinderschändung in die letztere Kategorie einordnen und in vielen Fällen auch als das schwerwiegendere Verbrechen der Folter bewerten, mit Sicherheit in dem bedeutenden Prozentsatz an Fällen, in denen die Opfer unter 12 waren und vergewaltigt oder zum Geschlechtsverkehr gezwungen wurden.

157. Als „Vertragsstaat" der Antifolterkonvention ist der Vatikan verpflichtet, wirksame Maßnahmen zu ergreifen, um Folterungen zu verhindern, und „diese Straftaten mit angemessenen Strafen, welche die Schwere der Tat berücksichtigen" zu bedrohen – eine Verpflichtung, der die unangemessenen Strafen des kanonischen Rechts, Buße oder Laisierung, kaum genügen dürften. Hier ist darauf hinzuweisen, dass die Definition von „Folter" in der Konvention enger gefasst ist als die, die internationale Strafgerichte bei der Beurteilung von Kriegsverbrechen und Verbrechen gegen die Menschlichkeit zugrunde legen, und dass der Kindsmissbrauch durch Priester zur Lustbefrie-

digung nicht unter diese engere Definition fällt, die sich auf Handlungen durch einen Angehörigen des öffentlichen Dienstes oder eine andere in amtlicher Eigenschaft handelnde Person bezieht. Der Folterbegriff der Konvention schließt das Zufügen schwerer seelischer Schmerzen ein, setzt aber einen bestimmten Zweck voraus, und die Beispiele im Text („für solche Zwecke") schließen sexuelle Befriedigung nicht ein – wobei man argumentieren könnte, die Aufzählung der Zwecke sei nicht erschöpfend. Ein anderes Problem ist das Erfordernis, die Schmerzen müssten von einer „in amtlicher Eigenschaft" handelnden Person oder mit deren Einverständnis zugefügt werden: Handelt ein pädophiler Priester „in amtlicher Eigenschaft", wenn er ein Kind missbraucht? Paradoxerweise wäre die Argumentation stichhaltiger, wenn der Heilige Stuhl ein Staat *wäre* und der Priester als ein Angehöriger seines öffentlichen Dienstes bezeichnet werden könnte, der in Amtskleidung (Uniform) den Missbrauch während der Abnahme der Beichte oder in der Sakristei oder während der Arbeit mit einer Jugendgruppe verübt.

158. Die Nichterfüllung seiner Berichtspflichten aus der Antifolterkonvention zeigt auf jeden Fall, dass der Vatikan seine Pflichten als UN-„Nichtmitgliedstaat" nicht ernst nimmt – während er jede Chance nutzt, durch Einsatz seiner Privilegien als Nichtmitgliedstaat mit seinen eigenen theologischen Dogmen zu bestimmen, welche Art von Hilfe die UNO den Armen, Kranken und Verfolgten in den Entwicklungsländern zukommen lassen kann. Was die Heuchelei des Vatikans entlarvt, mit der er auf den

internationalen Foren hausieren geht, ist die Tatsache, dass er für Menschenrechte gar nichts übrig hat. Das zeigt schon die Nicht-Unterzeichnung sämtlicher Menschenrechtsabkommen mit Ausnahme der Antifolterkonvention (mit dem besagten Vorbehalt) und der Kinderrechtskonvention, die er so fundamental verletzt hat. Die Auflistung der Konventionen, die er ablehnt, ist ziemlich atemberaubend; darunter finden sich die zentralen Menschenrechtskonventionen – der *Internationale Pakt über bürgerliche und politische Rechte* mit seinem *Fakultativprotokoll*, das zur Beurteilung staatlicher Handlungspraxis auffordert, der *Internationale Pakt über wirtschaftliche, soziale und kulturelle Rechte* (ohne dessen Ratifizierung er niemals zur Mitgliedschaft in den Gremien des Wirtschafts- und Sozialrates hätte zugelassen werden dürfen, wo er so lautstark seine Stimme erhebt), die *Internationale Konvention zum Schutz der Rechte aller Wanderarbeitnehmer* (nicht ohne Ironie, wenn man an seine Verschiebungen von Wanderpriestern denkt), das *Übereinkommen über die Rechte von Menschen mit Behinderungen* (entgegen all den Beteuerungen seiner Sorge um die Behinderten), das *Internationale Übereinkommen zum Schutz aller Personen vor dem Verschwindenlassen* (eingebracht als Maßnahme gegen die Todesschwadronen rechter Militärführer, die von der Kirche niemals mit Exkommunikation bedroht wurden), die *Konvention über die Nichtanwendbarkeit von Verjährungsvorschriften auf Kriegsverbrechen und Verbrechen gegen die Menschlichkeit* (sogar doppelt ironisch angesichts des Beharrens auf Verjährungsfristen bei Klagen gegen pädophile Priester). Und, wohl unvermeidbar, das *Überein-

kommen zur Beseitigung jeder Form von Diskriminierung der Frau, eine Ablehnung, die eine lange Lehrtradition der katholischen Kirche widerspiegelt, die laut Kronanwältin Cherie Booth „auf der Vorstellung basiert, Frauen seien irgendwie minderwertig. In der Kirche bekommen Frauen immer noch nicht den gebührenden Respekt."[25] Papst Benedikt XVI. hatte inzwischen mehr als 6 Jahre Zeit, sich die Ratifizierung dieser Konventionen zu überlegen.

159. Einige Kommentatoren – darunter am eifrigsten der katholische Journalist John L. Allen jr. – argumentieren, es sei im öffentlichen Interesse, dass der Papst als Oberhaupt eines von der UNO anerkannten Staates über jedem menschlichen Gesetz stehe; so könne er als Mittler bei Streitigkeiten zwischen katholischen Staaten fungieren. Doch das kann ein Papst auch in seiner Eigenschaft als religiöser Führer, er braucht dazu nicht das Deckmäntelchen einer fingierten Staatseigenschaft. Das beste Beispiel für päpstliche Fürsprache ist übrigens der Konflikt zwischen Chile und Argentinien um die Beagle-Inseln, und das liegt 35 Jahre zurück. Zu dieser Zeit machten die militärischen Führer in den katholischen Ländern Lateinamerikas Anstrengungen, Linke (von denen viele junge Katholiken waren, die sich von den Überzeugungen der „Befreiungstheologie" angesprochen fühlten) durch Todesschwadronen und die mörderischen Machenschaften der Operation Condor zu vernichten; die Folterungen in Chile waren ein offenes Geheimnis, und in Argentinien wurden linke inhaftierte Frauen nach der Geburt eines Kindes umgebracht und die Babys von Militärangehöri-

gen adoptiert. Der Vatikan schritt kaum jemals ein, sondern knüpfte stattdessen freundschaftliche Beziehungen zu den Militärführern, die für diese Gräueltaten verantwortlich waren, und die bei Rombesuchen häufig durch persönlichen Empfang vom Papst geehrt wurden. Kardinal Ratzinger ließ es sich 1984 als Chef der Glaubenskongregation nicht nehmen, selbst die Befreiungstheologie zu verurteilen und Befreiungstheologen auszuschließen.[26]

160. Auf internationaler Ebene setzt die päpstliche Diplomatie eher auf Charisma als auf Staatseigenschaft; sie kommt unsensibel und widersprüchlich daher. Viele Bewunderer der Haltung von Johannes Paul II. gegen die kommunistische Unterdrückung in seiner polnischen Heimat waren empört über seine mangelnde Unterstützung für mutige Katholiken in Lateinamerika, wie Erzbischof Romero, dessen letzter Aufruf an das brutale salvadorianische Militär „Ich bitte euch, ich flehe euch an, ich befehle euch im Namen Gottes: beendet die Unterdrückung" seine Ermordung am nächsten Tag zur Folge hatte. Der Angriff des Papstes auf die sandinistische Regierung in Nicaragua und die Priester, die sie unterstützten, sanktionierte die Politik der Reagan-Regierung mit ihrer Unterstützung des Contra-Kriegs in diesem Land und war von keinerlei Sorge um das Leid der betroffenen Menschen begleitet.[27] Zur Apartheid, dem anderen bedeutenden Konflikt dieser Zeit, sagte er wenig; mit Hilfe von Kardinal Ratzinger zog er den tapferen Katholiken, die versucht hatten, Hastings Banda in Malawi und Lee Kuan Yew in Singapur zu trotzen, den Teppich unter den Füßen weg.

Er versäumte es, eine kohärente Doktrin vom „gerechten Krieg" zu entwickeln, was während des Falklandkriegs besonders augenfällig wurde. Damals belehrte er die englischen Katholiken, „Krieg sei völlig inakzeptabel als Mittel zur Konfliktbeilegung zwischen Nationen", flog dann nach Argentinien und nahm bemerkenswerterweise davon Abstand, die katholische Militärführung mit Exkommunikation (oder etwas anderem) zu bedrohen, wenn sie sich nicht von den Inseln zurückzögen, die sie in einem gesetzwidrigen Überfall eingenommen hatte.[28] Der Papst stellte sich gegen den Golfkrieg von 1991, obwohl dieser die volle Unterstützung der UNO hatte und es keinen anderen praktisch umsetzbaren Weg gab, Kuwait von der rechtswidrigen Invasion Saddams zu befreien. Er war gegen den UNO-unterstützten Angriff auf Afghanistan 2001, obwohl dies der einzige Weg zur Vertreibung von Bin Laden und seiner Al-Kaida war.[29] Einigermaßen rätselhaft erschien Benedikts Frage hinsichtlich der Irak-Invasion 2003, „ob es noch gesetzmäßig sei, überhaupt die Existenz eines gerechten Kriegs zuzugestehen". Aber ein Staat, der sich mit einer „moralischen Aufgabe" brüstet, ist nicht viel wert in einer Welt, in der massiven Menschenrechtsverletzungen manchmal mit Gewalt begegnet werden muss – ganz vereinzelt (wie im Fall des Kosovo) auch ohne einstimmiges Mandat der UNO.

161. Allen argumentiert weiter, päpstliche Immunität und UN-Staatlichkeit seien erforderlich, um dem Papst ein Handeln als „neutrale Stimme des Gewissens auf der Welt-

bühne" zu ermöglichen. Das Problem ist nur, dass Benedikts Stimme in Fragen des Gewissens nicht neutral ist. Allen selbst hat Joseph Ratzingers Gedächtnisschwund bezüglich seiner Zeit bei der Hitlerjugend offen dargelegt, seine Versuche, die Zusammenarbeit der katholischen Kirche mit den Nazis zu beschönigen, seine Allianz mit rechten militärischen und politischen Kräften bei ihren Attacken gegen Befreiungstheologie und Weltkirchenrat, seine feindselige Haltung gegenüber Frauen in der Kirche, die fast schon primitiv inbrünstige Ablehnung von Retortenbabys (da das Sperma per Masturbation gewonnen wird), sein Bestreben, Ehepaare vom Kondomgebrauch abzuhalten, "selbst wenn ein Partner HIV-positiv ist und das Ziel darin besteht, die Verbreitung der Krankheit zu verhindern". Darüber hinaus fördern Benedikts „unfehlbare" Edikte über Glauben und Sittlichkeit die Homophobie – er bezeichnet Schwulsein als „in sich schlecht" und fördert die Diskriminierung von Schwulen bei Adoption und Pflegeelternschaft, bei der Anstellung von Lehrern und Trainern sowie bei der Anwerbung beim Militär. Dabei benutzt er eine Art von Hasspredigt, die laut Allen mit Gang-Überfällen auf Homosexuelle und Prostituierte in Lateinamerika in Zusammenhang gebracht werden kann.[30] Die Artikulation solcher Ansichten ist nicht die „neutrale Stimme des Gewissens", die irgend einen konkurrenzlosen moralischen Anspruch auf einen Status als UN-Nichtmitgliedstaat geltend machen könnte, um so eine maximale Wirkung auf der Weltbühne zu erzielen.

7. Die Kinderrechtskonvention

Gesetze sind erforderlich, um Kinder vor jeglicher Form von Ausbeutung und Missbrauch zu schützen, wie im Falle von Inzest und Pädophilie […] diese Geißeln sind ein Affront und ein Skandal für die Menschheit. Diese unterschiedlichen Formen der Gewalt dürfen nicht straflos bleiben.

Heiliger Stuhl, Stellungnahme an die
UNO-Sondertagung über Kinder, 2002, Abs. 23(a)

162. Die wichtigste Konvention, die der Heilige Stuhl ratifiziert hat, ist das Übereinkommen über die Rechte des Kindes (1989). Er begleitete die Ratifizierung mit einer feierlichen Erklärung, dass „der Heilige Stuhl sich mit seinem Beitritt zur Konvention einschaltet, um seiner ständigen Sorge um das Wohlergehen von Kindern und Familien erneut Ausdruck zu verleihen". Diese Prahlerei untergrub er allerdings durch mehrere „Vorbehalte" (also Verlautbarungen, nach denen er Aspekte des Übereinkommens in einer Weise interpretiert oder anwendet, die ihre Rechtswirkung ausschließen oder verändern kann).[1] So interpretierte er etwa den Wortlaut „Bildung im Bereich der Familienplanung" als „Methoden der Familienplanung, die er für moralisch annehmbar hält, also die natürlichen Methoden der Familienplanung" – trotz der Tatsache, dass eine Aufklärung lediglich über die Rhythmusmethode im

Zweifelsfall nicht besonders viel „Planung" ermöglicht. Bedeutsamer noch – aber so undeutlich formuliert, dass kein Vertragsstaat seine Wirkung bemerkt zu haben scheint – war der eingebrachte Vorbehalt, *„die Anwendung des Übereinkommens muss in der Praxis vereinbar sein mit dem spezifischen Charakter des Staates der Vatikanstadt und den Quellen seines objektiven Rechts"*. Die Hauptquelle vatikanischen Rechts ist das kanonische Recht, das ein geheimes, unwirksames und straffreies Verfahren für den Umgang mit sexuellem Kindsmissbrauch durch Priester festlegt – ein Verfahren, das, wie wir noch sehen werden, unmöglich in Einklang zu bringen ist mit bestimmten Kernvorschriften des Übereinkommens und annulliert werden sollte, wenn es dem Papst mit den Pflichten aus der Kinderrechtskonvention ernst ist.

163. Durch seinen Beitritt im Jahr 1990 verpflichtete sich der Heilige Stuhl zur Vorlage eines Berichts über seine Durchführung, und kam dem einmalig nach (März 1994). Er behauptete, eine „tiefe Wertschätzung für die persönliche Würde der Kinder […] vom Zeitpunkt der Zeugung an" zu besitzen und verlangte, andere Staaten sollten Waisen einen „besonderen Schutz" zukommen lassen. In seinem Bericht wetterte der Heilige Stuhl gegen Verhütung und sexuelle Erziehung als Ursachen von sexueller Freizügigkeit unter Teenagern und unterstützte das Stillen, da es gut für das Kind sei und „eine Möglichkeit, die Abstände zwischen den Geburten zu vergrößern", verlor jedoch kein Wort über sexuellen Missbrauch durch Kleriker. Der Sachverständigenausschuss der Konvention empfahl höflich,

die Institutionen und Organisationen der katholischen Kirche sollten sicherstellen, dass „das Kindeswohl und der Respekt vor dem Standpunkt des Kindes vollumfänglich berücksichtigt werden".[2] Eine Empfehlung, die offensichtlich ignoriert wurde – in den irischen Waisenhäusern und amerikanischen Taubstummenschulen, in denen der sexuelle Kindsmissbrauch in dieser Zeit „endemisch" war. Der Heilige Stuhl hätte die nächsten Berichte am 1. September 1997 und dann wiederum am 1. September 2002 vorlegen müssen, ist dem aber zu beiden Terminen nicht nachgekommen und hat tatsächlich seither keinen Bericht mehr vorgelegt,[3] eine völlige Nichteinhaltung seiner Pflichten aus dem Übereinkommen. Der Sachverständigenausschuss seinerseits hätte eine Untersuchung der Vertragserfüllung durch den Heiligen Stuhl einleiten sollen. Dabei hätte er umfangreiche Pflichtverletzungen im Zusammenhang mit den folgenden Artikeln festgestellt:

(a) Vorrang hat das Wohl des Kindes

> *Artikel 3 (1) **Bei allen Maßnahmen, die Kinder betreffen**, gleichviel ob sie von öffentlichen oder privaten Einrichtungen der sozialen Fürsorge, Gerichten, Verwaltungsbehörden oder Gesetzgebungsorganen getroffen werden, **ist das Wohl des Kindes ein Gesichtspunkt, der vorrangig zu berücksichtigen ist**.*

Die Beweislage zeigt, dass im Umgang mit Anschuldigungen von Seiten der Kinder vorrangig der gute Name und das Renommee der katholischen Kirche und der Schutz der Priesterschaft vor Skandalen berücksichtigt wurde. Das Wohl des Kindes verlangt von der Kirche ein sofortiges Eingreifen, um Missbrauch zu stoppen und andere Kinder durch Ausschluss jeglicher Rückfallmöglichkeit zu schützen. Das hätte die Einschaltung der Polizei und der Sozialfürsorge bedeutet und eine Beratung des Kindes und seiner Familie – Maßnahmen, die ins Auge zu fassen der Vatikan sich bei der Veröffentlichung seiner neuen kanonischen Rechtsnormen im Juli 2010 entschieden weigerte.

(b) Verpflichtung zu Untersuchung und Verfolgung von Kindesmissbrauch

*Artikel 19(1): Die Vertragsstaaten treffen **alle geeigneten Gesetzgebungs-, Verwaltungs**-, Sozial- und Bildungsmaßnahmen, um das Kind vor jeder Form körperlicher oder geistiger Gewaltanwendung, Schadenszufügung oder **Misshandlung**, vor Verwahrlosung oder Vernachlässigung, vor schlechter Behandlung oder Ausbeutung **einschließlich des sexuellen Missbrauchs** zu schützen,*

*(2) Diese **Schutzmaßnahmen sollen je nach den Gegebenheiten wirksame Verfahren** zur Aufstellung von Sozialprogrammen enthalten, die dem Kind und denen, die es betreuen, die erforderliche Unterstützung gewähren und andere Formen der Vorbeugung vorsehen sowie Maßnahmen zur Aufdeckung, Meldung, Weiterverweisung, Untersuchung, Behandlung und Nachbetreuung in den in Absatz 1 beschriebenen Fällen schlechter Behandlung von Kindern und **gegebenenfalls für das Einschreiten der Gerichte**.*

Dies erlegte dem Heiligen Stuhl die völkerrechtliche Verpflichtung auf, Vorkehrungen für die Anzeige von sexuellem Kindsmissbrauch bei den Strafverfolgungsbehörden zu treffen – eine Verpflichtung, die er von allem Anfang an eklatant verletzte durch die Unterstellung aller Anschuldigungen unter die von „päpstlicher Geheimhaltung" gekennzeichneten Verfahrensweisen von *Crimen* und später des apostolischen Schreibens von 2001 sowie jüngst des Dekrets vom Juli 2010, das auf kanonischer Jurisdiktion über kinderschändende Priester beharrt.

(c) Verpflichtung zu Untersuchung und Verfolgung von Kindesmissbrauch

*Artikel 34: Die Vertragsstaaten **verpflichten sich, das Kind vor allen Formen sexueller Ausbeutung und sexuellen Missbrauchs zu schützen**. Zu diesem Zweck treffen die Vertragsstaaten insbesondere alle geeigneten innerstaatlichen, zweiseitigen und mehrseitigen Maßnahmen, um zu verhindern, dass Kinder*

a) zur Beteiligung an rechtswidrigen sexuellen Handlungen verleitet oder gezwungen werden;

Der Heilige Stuhl hat, über die Veröffentlichung des Ratzinger-Schreibens 2001 hinaus, das Ermittlungen gegen beschuldigte Priester verzögerte und keinerlei Benachrichtigung der Strafverfolgungsbehörden einforderte, keine „innerstaatlichen, zweiseitigen und mehrseitigen Maßnahmen" durch sein zuständiges Organ, die Glaubenskongregation, ergriffen. Der Heilige Stuhl hat seine Verpflichtungen aus Artikel 34 aufs Ungeheuerlichste verletzt und tut dies mit dem 2010 bekundeten Beharren auf dem kanonischen Verfahren und der „päpstlichen Geheimhaltung" immer noch.

164. Nicht übersehen sollte man auch den mangelnden Willen des Heiligen Stuhls, geeignete Maßnahmen für die Opfer zu treffen, „um die physische und psychische Genesung und die soziale Wiedereingliederung eines Kindes zu fördern", wie in Artikel 39 verlangt wird - dagegen kommen schuldig gewordene Priester regelmäßig in den Genuss solcher Maßnahmen. Artikel 39 verpflichtet die Vertragsstaaten daneben auch, nach dem Missbrauch Maßnahmen zu ergreifen, „die der Gesundheit, der Selbstachtung und der Würde des Kindes förderlich" sind. Der Heilige Stuhl verletzt diese Verpflichtung, außer in Fällen, in denen er auf gerichtliche Anordnung hin oder per Vergleich zur Zahlung von Entschädigungen gezwungen ist.

165. Es wirft ein bedenklich schlechtes Licht auf die Kompetenz und Entschlossenheit der „achtzehn Sachverständigen von hohem sittlichen Ansehen", die in den Ausschuss für die Rechte des Kindes gewählt wurden, dass sie angesichts des dreizehnjährigen Versäumnisses des Vatikans, einen Bericht vorzulegen, nichts getan oder gesagt haben – in einer Zeit, in der über den weit verbreiteten Kindsmissbrauch durch seine Priester in der Presse ausführlich berichtet wurde. Die schweren und umfangreichen Verstöße des Heiligen Stuhls gegen die Kinderrechtskonvention sowie die Missachtung seiner Berichtspflichten in den vergangenen 13 Jahren sollten – ein entsprechendes Interesse der anderen Vertragsparteien vorausgesetzt – seinen Ausschluss rechtfertigen. Und ein solches Interesse sollten die anderen Vertragsparteien und auch die UNO selbst in hohem Maße haben, handelt es sich hier doch

um die einzige Menschenrechtskonvention überhaupt, die fast universale Unterstützung findet – mit Ratifizierung durch mittlerweile 193 Staaten, mit Ausnahme nur des zerrütteten Somalia und der Vereinigten Staaten, die es versäumen, viele völkerrechtliche Verträge zu ratifizieren, diesen jedoch wenigstens unterzeichnet haben. Es ist die „Vorzeige-Konvention" der UNO; die praktische Einstimmigkeit bezüglich ihrer Bestimmungen verleiht ihnen Gültigkeit nach dem Völkergewohnheitsrecht. Die Trotzhaltung des Heiligen Stuhls zeigt seine mangelnde Eignung zur Mitgliedschaft: sein Geprahle über „beständige Sorge um das Wohlergehen der Kinder" ist ein ungeheuerliches Beispiel diplomatischer Heuchelei.

166. Die vatikanischen Diplomaten könnten mit dem „Vorbehalt der Anwendung des Übereinkommens ausschließlich dann", wenn Vereinbarkeit mit dem kanonischen Recht besteht, eine verklausulierte Rechtfertigung für den Heiligen Stuhl vorbereitet haben. Die Abschnitte der Konvention, in denen es um sexuellen Kindsmissbrauch geht, stehen in unvereinbarem Widerspruch zum kanonischen Recht, das den Priester auf Kosten des Kindeswohls begünstigt (ein Bruch von Artikel 3(1)), das keine wirksamen Verfahren zur Untersuchung, Meldung, Weiterverweisung und für das Einschreiten der Gerichte enthält (ein Bruch von Artikel 19(2)), dafür aber Geheimhaltungsvorschriften, die innerstaatliche, zweiseitige und mehrseitige Maßnahmen ausschließen (ein Bruch von Artikel 34). Wenn der wahre Zweck des Vorbehalts die Absicht gewesen sein sollte, den Anspruch der Kirche auf Behand-

lung kinderschändender Priester nach dem internen Disziplinarsystem aufrechtzuerhalten und jegliche Kooperation mit den Strafverfolgungsbehörden auszuschließen, so lief dieser „Vorbehalt" auf eine Nichtanerkennung zentraler Bestimmungen des vertraglichen Kinderschutzes hinaus. Andere Vertragsstaaten hätten ihn entsprechend brandmarken sollen und den Heiligen Stuhl zwingen können, entweder seinen Vorbehalt zurückzuziehen oder die Konvention abzulehnen.[4] Das aber tat keiner der Vertragsstaaten: die naiven oder allzu vertrauensseligen Rechtsberater der Außenministerien sämtlicher Regierungen der Welt fielen auf den Trick des Vatikans herein. Erst im Mai 2010 gab der Heilige Stuhl zu, dass sein Vorbehalt von 1990 hinsichtlich des Rechts der Vatikanstadt sich tatsächlich auf kanonisches Recht bezogen hatte („Das kanonische Recht ist die Hauptrechtsquelle des Rechts des Vatikanstadt"). Konfrontiert mit der Enthüllung der Art und Weise, wie das kanonische Recht pädophile Priester geschützt und Rückfälle zugelassen hatte, beteuerte er verspätet: „Dass ein bestimmtes Verhalten nach kanonischem Strafrecht auch als religiöser Verstoß behandelt werden kann, schließt eine Strafverfolgung nach dem Strafrecht und den einschlägigen Verfahren eines beliebigen Landes nicht aus".[5] Diese Behauptung, die der Vatikan in seinem Bericht über das Fakultativprotokoll (siehe unten) aufgestellt hat, ist unaufrichtig und irreführend. Das kanonische Recht – ebenso wie *Crimen* und das apostolische Schreiben Ratzingers von 2001 und die „Neuen Normen" vom Juli 2010 – schließen eine Strafverfolgung effektiv aus, da alle am Verfahren Beteiligten vom Augenblick der formellen Klageerhebung an und für alle Zeit auf absolute Geheimhaltung eingeschworen sind.

167. Der andere maßgebliche Vertrag, der den Heiligen Stuhl in seiner aufgeblähten Eigenschaft als Staat verpflichtet, ist das Fakultativprotokoll zum Übereinkommen über die Rechte des Kindes von 2000, das er 2001 ratifiziert hat. Hier geht es unter anderem um Kinderprostitution, die das Protokoll definiert als „die Benutzung eines Kindes bei sexuellen Handlungen gegen Bezahlung oder jede andere Art der Gegenleistung" (zu diesen anderen Arten könnten geistlicher Trost, Absolution, Schweigegelübde und sonstige „Gegenleistungen" gehören, die Priester ihren kindlichen Opfern anbieten können). Dabei verlangt das Protokoll ein strafrechtliches Vorgehen gegen Zuhälter, Vermittler und Verführer, was Priester und Kirchenfunktionäre einschließen würde, die pädophile Aktivitäten unterstützen oder organisieren. Artikel 6 des Protokolls verpflichtet die Vertragsstaaten, einander bei der Bereitstellung aller ihnen zur Verfügung stehenden Beweismittel zu unterstützen – eine Verpflichtung, der sich der Vatikan fortwährend entzieht. Im Jahr 2008 verweigerte er sogar eine Antwort auf Schreiben der Murphy-Kommission in Irland, sein Nuntius beleidigte die Kommission und weigerte sich, vor ihr zu erscheinen. Das Fakultativprotokoll verpflichtete den Vatikan zur Vorlage eines Berichts im Januar 2004 (als der Bostoner Skandal bereits Schlagzeilen machte), doch der Vatikan schob seine Antwort bis Mai 2010 hinaus, als seine Haltung schon fast herausfordernd abwehrend war:

Offensichtlich müssen Kinder in Fällen geschützt werden, in denen innerhalb der Familie ein nachgewiesener Missbrauch von Rechten des Kindes (also z. B. Vernachlässigung, körperlicher oder sexueller Missbrauch, Gewalt) verübt worden ist. Über derartige Fälle hinaus dürfen sich die Zivilbehörden jedoch nicht in die Familie einmischen und nicht in die Rechte und Pflichten der Eltern eingreifen, von denen ein Handeln zugunsten des Wohls ihres Kindes angenommen wird, vor allem in Angelegenheiten, welche die Grundversorgung, Religion, Erziehung, Umgang mit anderen und die Privatsphäre betreffen.[6]

168. Liest man zwischen den Zeilen dieser wachsweichen Formulierung, so sagt der Vatikan damit: Nur Pädophilie innerhalb der Familie (z.B. Inzest) bedarf polizeilicher Ermittlungen, darüber hinaus aber darf die Polizei nicht einschreiten. Katholische Eltern müssen von Wohlfahrtseinrichtungen in Ruhe gelassen werden, damit sie sich lieber insgeheim über die Behandlung ihrer Kinder bei der Kirche beschweren, die sie als gute Katholiken wiederum davon überzeugen kann, dem Priester zu vergeben, oder davon, dass sie dem Wohlergehen ihres Kindes eher dienen, wenn sie sich von Polizei und Gerichten fernhalten. Kinder und Eltern werden durch die Geheimhaltungseide, die sie im Rahmen kanonischer Prozesse unterzeichnen, gebunden; Polizei und Wohlfahrtseinrichtungen sollten sich nicht zum Zwecke von Ermittlungen in Familienangelegenheiten einmischen. Die Berufung des Vatikans auf „elterliche Rechte" ist nur zu oft ein Vorwand, um der Kirche Gelegenheit zu geben,

Opfer und ihre Familien in Richtung auf „Vergeben und Vergessen" unter Druck zu setzen. (Im Cumberlege-Bericht steht: „Nur zu gut ist uns bewusst, unter welchen Druck mitunter diejenigen gesetzt werden, die Missbrauch erlitten haben, damit sie jenen vergeben, die sie missbrauchten".)[7]

169. Diese wichtige erste Verlautbarung des Heiligen Stuhls zu dem Skandal über sexuellen Missbrauch von Kindern – der einzige offizielle Bericht, den er bislang bei der UNO erstattet hat – schlug einen herausfordernden Ton an. Der Skandal wurde in einem Abschnitt mit der Überschrift „Der römische Pontifex" abgehandelt; dieser habe – so wird stolz berichtet – „bei vielen Gelegenheiten öffentlich die Verstöße von einigen Kirchenmitgliedern gegen die Rechte des Kindes bekannt". Doch man beharrt darauf, die Kirche unterliege einem „autonomen Rechtssystem" und habe ein „innewohnendes Recht, erworben bei ihrer Gründung durch Jesus Christus und unabhängig von jeglicher ziviler Autorität", im Umgang mit straffällig gewordenen Priestern lediglich „eine authentische christliche Lebensführung" zu verlangen. Er präzisierte, dieses ihm angeblich von Jesus verliehene „innewohnende Recht" zum Umgang mit Kindervergewaltigern teile sich auf in einen seelsorgerlichen Weg (Ermahnung, Verkündigung, Maßregelung), einen sakramentalen Weg (Beichte), einen disziplinarischen Weg (z. B. Einschränkung von Gelegenheiten zur Erteilung des Sakraments, eingehende Prüfung von Priesteranwärtern) sowie einen strafenden kanonischen Weg, der unredlicherweise be-

schrieben wird als „strafende Sanktionen, strafende Abhilfen und Bußübungen", obschon das kanonische Recht – wie in Kap. 4 erläutert – keine echten „strafenden" Sanktionen wie Gefängnis oder auch nur Geldstrafen oder gemeinnützige Dienste kennt.

170. Diese Textpassage – Absatz 26 im Bericht des Heiligen Stuhls – enthält den Kern der Causa Benedikt XVI., der sie abgesegnet haben muss. Darin wird hartnäckig das „innewohnende Recht" der Kirche proklamiert, kriminelle Priester unabhängig vom Strafrecht nach einem archaischen Disziplinarverfahren zu behandeln, das es ihnen ermöglicht, einer Strafe für ihre schwerwiegenden Verbrechen gegen Kinder zu entgehen. Ihre Verbrechen der Vergewaltigung und unsittlichen Übergriffe werden ihnen vergeben, wenn sie ihre Gebete sprechen oder Einschränkungen ihres geistlichen Amts hinnehmen, oder Ermahnungen zugänglich zu sein scheinen – alles im Geheimen und von Mitpriestern oder ihrem väterlichen Bischof entschieden. Dieses von den vatikanischen Diplomaten gedrechselte „innewohnende Recht" wird auf Jesus Christus zurückgeführt – eine Behauptung, die viele Christen erschütternd finden dürften. Von Jesus ist nicht dokumentiert, dass er seine Jünger zum Schutz von Kinderschändern angehalten hätte. Im Gegenteil, sie verdienen es, in den Tiefen des Meeres versenkt statt in den Tiefen des Heiligen Stuhls versteckt zu werden. Aus diesem Absatz und aus den neuen kanonischen Normen vom Juli 2010 (Anhang D) ist klar zu ersehen, dass der Vatikan unter

diesem Papst nicht von seinem Anspruch abrücken wird, die Kirche sei berechtigt, mutmaßliche Kriminelle in ihren Reihen vor polizeilichen Ermittlungen, öffentlichen Verfahren und jeglichen ihnen zukommenden Strafen zu bewahren.

171. Der Rest des Abschnittes über sexuellen Missbrauch durch Kleriker zitiert aus Reden von Papst Johannes Paul II. und Benedikt XVI., in denen sie versuchen, die Schuld von der Kirche abzuwälzen auf „die Gesellschaft als ganzes […]. Es ist eine tiefsitzende Krise der sexuellen Moral und sogar der menschlichen Beziehungen. [...]Die Kirche [möchte] der Gesellschaft helfen, diese Krise zu verstehen und damit umzugehen," offenbar durch die „klare Darstellung der sittlichen Lehre der Kirche" und das Bestreben, „Heilung und Versöhnung" zu fördern. Das ist anmaßender Unsinn: Es gibt keine Krise in der Gesellschaft als Ganzes, die den Missbrauch von Kindern doch einmütig verurteilt und abschreckende Strafen für die Täter fordert. Die Krise existiert in einer Kirche, die unrealistische Forderungen nach Zölibat und Keuschheit an ihre Priester stellt, sie dann mit geistlicher Macht ausstattet und ihnen praktische Gelegenheiten gibt, ihrem sexuellen Verlangen bei ängstlichen, verzweifelten, eingeschüchterten Kindern Luft zu verschaffen. Die Kirche überwacht ihr Verhalten nicht; und wenn sie ertappt werden, so tut die Kirche ihr Bestes, um sie vor der öffentlichen Justiz verborgen zu halten, und behandelt sie als reumütige Sünder, denen man in neuen Gemeinden oder anderen Ländern eine zweite und dritte Chance gibt.

172. Es entbehrt nicht der Ironie, sich an die Worte des Heiligen Stuhls auf der UN-Sondertagung über Kinder 2002 zu erinnern, kurz bevor der Skandal ruchbar wurde, als er die Welt eindringlich aufforderte, Kinder vor der „Geißel" des sexuellen Missbrauchs zu schützen durch die Bestrafung der Täter[8] (siehe einleitendes Zitat in diesem Kapitel). Es ist nur zu offensichtlich, dass die Kirche, ihren eigenen Worten zufolge, wegen ihrer Untätigkeit in den folgenden acht Jahren den Stab über sich selbst, ihre Führung und ihr Rechtssystem gebrochen hat. Was diejenigen wütend macht, die der Kirche und ihrer humanitären Tätigkeit positiv gegenüberstehen, ist der Widerstand gegen Reformen auf Seiten des Papstes und der Kardinäle. Die große Enzyklika Benedikts vom Juni 2009, Caritas in Veritate, war voll von gewundenen Allgemeinplätzen über den traurigen Zustand einer säkularen Welt im Kampf gegen die Erbsünde. Der sexuelle Kindsmissbrauch durch Kleriker wurde mit keinem Wort erwähnt.

173. Amen dazu – doch die Geißel des Kindsmissbrauchs innerhalb der Kirche selbst war viele Jahre hindurch ohne Strafe geblieben, aufgrund der verfahrensrechtlichen Unzulänglichkeiten des kanonischen Rechts, des selbstsüchtigen Wunschs, die Kirche durch Verbergen und Versetzen pädophiler Priester vor dem Skandal zu schützen und aufgrund der nachlässigen Überwachung der Bischöfe durch den Heiligen Stuhl in Gestalt seiner Glaubenskongregation, an deren Spitze in den zwei Jahrzehnten davor Kardinal Ratzinger gestanden hatte. Das Fehl-

verhalten des Heiligen Stuhls zeigt, wie nötig es ist, in allen Ländern eine gesetzliche Anzeigepflicht beim Vorwurf des Kindsmissbrauchs einzuführen, die Verjährungsfristen für die Strafverfolgung aufzuheben und die zivilen Behörden zur Untersuchung von Organisationen zu ermächtigen, die die Erziehung junger Menschen in der Hand haben. Im Falle der römisch-katholischen Kirche bedeutet das: Gesetze, die zivilen Behörden Zugang zu Institutionen verschaffen, die mit Kinderschändern und den von diesen missbrauchten Kindern geheimen Umgang pflegen. Es bedeutet, dass diese Institutionen und ihre Führungspersonen keine Immunität gegenüber polizeilichen Ermittlungen oder Strafverfahren oder Zivilklagen wegen Vernachlässigung der Aufsichtspflicht genießen dürfen. Es bedeutet kurz gefasst, dass der Papst, der Heilige Stuhl und die geheimen Archive der Glaubenskongregation nationalem Recht unterworfen werden müssen und dem Völkerrecht, und dass der Anschein von Eigenstaatlichkeit und Souveränität, der ihnen bislang Immunität gegenüber diesem Recht gewährt hat, nicht länger aufrechterhalten werden kann.

8. Ein Fall für die Justiz?

Es darf nicht verschwiegen werden, dass das weltweit in Kraft gesetzte Vertuschungssystem von klerikalen Sexualvergehen gesteuert war von der römischen Glaubenskongregation unter Kardinal Ratzinger.

Hans Küng, Offener Brief an die katholischen Bischöfe zum 5. Jahrestag der Wahl Benedikts zum Papst[1]

174. Hält diese schwerwiegende Anklage seitens eines früheren Freundes von Benedikt und bedeutenden Theologen einer Überprüfung stand? Jedenfalls wurde unter Kardinal Ratzingers unmittelbarer Zuständigkeit zwischen 1981 und 2005 eine Strategie umgesetzt, nach der Beschwerden gegen Täter durch eidliche Verpflichtung zur Geheimhaltung und vertrauliche Zahlungen vertuscht wurden; Priester, deren Schuld bekannt war, wurden trotz des Wissens um ihre Rückfallneigung in andere Gemeinden oder in andere Länder geschickt; schuldigen Priestern wurde in der Regel nach Bußübungen wie Gebeten und Einschränkung ihrer Bewegungsfreiheit vergeben – nur sehr selten wurden sie aus dem Priesterstand entlassen, und bislang wurde noch kein Fall bekannt, in dem der Vatikan einen Bischof zur Übergabe der Angelegenheit an die zuständigen Behörden zur Ermittlung und Strafverfolgung gedrängt hätte. Die Strategie der Glaubenskongregation war,

Bischöfe *niemals* zu verpflichten oder auch nur zu bitten, die Angelegenheit den zuständigen Behörden zu übergeben, und nur wenige taten dies von sich aus: Wo es zu einer strafrechtlichen Verfolgung kam, geschah dies in der Regel aufgrund eines eigenständigen Eingreifens der Polizei, nachdem sich Opfer oder andere Informanten direkt an sie gewandt hatten. Nach kanonischem Recht ist der Papst der unmittelbare Vorgesetzte und absolute Befehlshaber der katholischen Bischöfe und Priester: Laut Can. 331 besitzt er in der Kirche „höchste, volle, unmittelbare und universale ordentliche Gewalt". Die Bischöfe sind zur Einhaltung der Direktiven des Heiligen Stuhls verpflichtet, wie z. B. von *Crimen* und Ratzingers apostolischem Schreiben von 2001 sowie der „neuen Normen" von 2010, die ihnen allesamt absolute Geheimhaltung auferlegen. Die Glaubenskongregation muss von allen Angeboten zur Zahlung von „Schweigegeld" als Entschädigung für Opfer im Gegenzug für deren Diskretion und von der erzwungenen Unterzeichnung von Vertraulichkeitsvereinbarungen durch Opfer unter Androhung der Exkommunikation Kenntnis gehabt und sie gebilligt haben. In den Worten der Murphy-Kommission zielte diese Strategie ab auf „die Vermeidung eines Skandals, den Schutz des guten Rufs der Kirche sowie den Schutz und die Bewahrung ihrer Vermögenswerte", und diesen Erwägungen wurden „das Kindeswohl und die Gerechtigkeit für die Opfer untergeordnet". Diese Strategie setzte sich fort im Ratzinger-Schreiben von 2001 und den „neuen Normen" von 2010, mit denen der Heilige Stuhl die „päpstliche Geheimhaltung" bestätigte und anord-

Angeklagt: Der Papst

nete, dass *alle* Fälle sexuellen Kindsmissbrauchs der Glaubenskongregation anzuzeigen sind, damit diese entweder den Priester einem Geheimverfahren unterzieht oder dem Bischof Anweisung gibt, wie in dem Fall zu verfahren sei. Die kürzlich enthüllte Anweisung von Johannes Paul II., seine Belobigung eines französischen Bischofs (der sich geweigert hatte, einen pädophilen Priester bei den Behörden anzuzeigen) allen Bischöfen bekanntzumachen, ist der zwingende Beweis für die Strategie des Heiligen Stuhls, priesterliche Verbrechen vor den zuständigen Behörden zu verheimlichen (siehe Abschnitt 153).

175. Diese Strategie, die während des Vierteljahrhunderts der Präfektur Joseph Ratzingers bei der Glaubenskongregation und der ersten fünf Jahre seiner Amtszeit als Papst verfolgt worden ist, wirft ernsthafte Fragen auf – nicht nur in Bezug auf das in der Organisation einer weltumspannenden Religion herrschende fahrlässige Verhalten, sondern auch, ob diese Fahrlässigkeit derart grob war, dass sich daraus eine zivil- oder gar strafrechtliche Haftung für Einzelpersonen ergibt, die die Folgen hätten vorhersehen müssen und am besten in der Lage gewesen wären, sie zu verhindern. Viele Bischöfe müssen hier ganz sicher Rechenschaft ablegen, aber Kardinal Ratzinger nicht minder: Sein Schreiben von 2001 ordnete an, dass sämtliche Beschwerden wegen sexuellen Missbrauchs an die Glaubenskongregation weiterzuleiten seien, entweder zur Verhandlung eines dortigen Verfahrens oder zur Rückverweisung an den Bischof, und zwar unter einer „päpstlichen Geheimhaltung", die eine Weiterleitung an die Strafverfol-

gungsbehörden de facto ausschloss. Als Präfekt der Glaubenskongregation besaß Ratzinger die „Befehlsverantwortung" für das Verhalten von Bischöfen und Priesterschaft. Er muss aufgrund der Informationen, die die Glaubenskongregation in den 1980er und insbesondere in den 1990er Jahren erreichten, um den ausgedehnten und systematischen Missbrauch gewusst haben, aber er leitete niemals eine ordentliche Untersuchung ein, aktualisierte auch nicht das altertümliche Crimen-Verfahren und stellte nicht sicher, dass straffällige Priester wirklich bestraft wurden und nicht erneut straffällig werden konnten. In all seinen zahlreichen Büchern, Schriften und Vorträgen aus jener Zeit scheint er kein einziges Mal die Zeitbombe des klerikalen sexuellen Missbrauchs angesprochen zu haben, um die – unter all den vatikanischen Schwergewichten – insbesondere er hätte wissen müssen, und deren Entschärfung seine Aufgabe als Leiter der Glaubenskongregation gewesen wäre.

176. Es stimmt, dass er 2001 aktiv wurde, aber sein apostolisches Schreiben untermauerte das System, statt es zu verändern, und brachte ihm gesicherte Kenntnis von sexuellem Kindsmissbrauch in Tausenden von Fällen. Dennoch unternahm er immer noch nichts dagegen, und obwohl seine Anhänger nun Papst Johannes Paul II. die Blockierung jeglicher Reformen anlasten, war dieses Nicht-Ansprechen (und ein Ansprechen hätte seine Chancen auf die Wahl zum Nachfolger Johannes Pauls gefährden können) ein moralisches Versagen, das die Fortsetzung des Missbrauchs ermöglichte. Nach seiner

Wahl zum Papst befasste er sich mit einigen berüchtigten Fällen wie dem des mexikanischen Priesters Maciel, rief dabei jedoch nur zu Rückzug und Buße auf, *ohne* die Betreffenden zu laisieren und die Beweise für ihre Schuld den zivilen Behörden zugänglich zu machen. Einige Jahre später traf er infolge der öffentlichen Empörung mit einigen ausgewählten Missbrauchsopfern in den USA, Australien und Malta zusammen und begann, gegen den Missbrauch Stellung zu beziehen. Aber erst Mitte April 2010 (nach ersten Andeutungen, er könne sich strafbar gemacht haben) erschien auf der Website des Vatikans eine Anweisung mit dem scheinbaren Zugeständnis, die Bischöfe sollten ihre Pädophilie-Fälle bei den Zivilbehörden anzeigen (allerdings nur in Ländern mit entsprechender gesetzlicher Anzeigepflicht). Im Juli promulgierte er die „neuen Normen", die – kaum zu fassen – die Anweisung auf der Webseite außer Kraft setzen, indem sie keinerlei Hinweis auf eine Verpflichtung der Bischöfe enthalten, geständige oder dringend verdächtige Priester-Täter bei der Polizei anzuzeigen. Die Anzahl der Verbrechen von Priestern, die die Kirche dem Strafrecht entreißen kann, wurde sogar noch erweitert. Kann man dieses Führungsversagen über dreißig Jahre einfach entschuldigen, einer Zeitspanne, in der Zehntausende von Kindern missbraucht wurden?

177. Einen versierten Verteidiger fand Benedikt in Alan Dershowitz, der seine verspäteten Reaktionen auf die kirchliche Tradition der langsamen Schritte zurückführt, durch ihre wichtige Bindung an Vertraulichkeit und an

das kanonische Recht sowie den essentiellen Wert der Vergebung und ihren Glauben, „dass Angelegenheiten, die die Gläubigen betreffen, im Allgemeinen innerhalb der Kirche ohne Rückgriff auf weltliche Instanzen abgehandelt werden sollten".[2] Das aber sind alles Ausreden – mildernde Umstände vielleicht, aber keine Rechtfertigung für die Vertuschung schwerwiegender Verbrechen. Die Ansicht, dass von Mitgliedern einer Kirche verübte Verbrechen innerhalb der Kirche im Geheimen und mit Nachsicht abgehandelt werden sollten, erweist sich jetzt als Versuch, das Renommee der Kirche auf Kosten von Opfern und Gerechtigkeit zu schützen. Was die Tradition der langsamen Schritte angeht, des bedächtigen Tempos, so wurde der Vatikan schon vor langer Zeit in den 1950er Jahren von den Paracletes vor der „Zeitbombe" gewarnt (siehe Absatz 17); selbst für eine so altehrwürdige Institution wie die römisch-katholische Kirche ist ein halbes Jahrhundert mehr als genug Zeit zum Handeln. Man hätte in den Seminaren beginnen sollen und den Auszubildenden dort deutlich machen müssen, dass das kanonische Rechtssystem zwar für die Beurteilung ihrer Sünden zuständig sein würde, nicht aber von fleischlichen Sünden, die als schwerwiegende Verbrechen gelten. Gary Wills, der bedeutende katholische Historiker, wirft Benedikt nicht vor, dass er sich langsam bewegt, sondern rückwärts:

Papst Benedikt möchte zur lateinischen Messe zurückkehren, bei der sich der Priester vom Volk abwendet. Er hat die ökumenischen Anstrengungen zurückgeschraubt, die Gültigkeit der anglikanischen Weihe erneut bestritten, gemeinsame

Messfeiern mit Protestanten verboten und (in „Dominus Iesus") erklärt, dass sich alle anderen Kirchen in einer „schwer defizitären Situation befinden". Nonnen möchte er wieder in ihre Ordenstrachten stecken. Er betreibt die Seligsprechung der antisemitischen Päpste Pius XI. und Pius XII. Dies sind weitere Anzeichen für Strukturen der Täuschung – der Selbsttäuschung als erstem Schritt, der „Welterfahrung" zu trotzen.³

178. Die Möglichkeit der Erlösung ist ein Schlüssel zu unserer Menschlichkeit, und auch ich begrüße den römisch-katholischen Glauben an Vergebung, der die Kirche zu einem beherzten Gegner der Todesstrafe und Unterstützer gnädigen Urteilens gemacht hat. Ich möchte keineswegs suggerieren, Priester, die Missbrauch verübt haben, gehörten alle für lange Zeit hinter Gitter oder überhaupt hinter Gitter – die Haltung der Gesellschaft gegenüber Pädophilen kann, aufgepeitscht durch die Boulevardpresse, brutal und ignorant sein angesichts von Menschen, bei denen eine Besserung möglich wäre und die in ihrem Leben manch Gutes getan haben (als Verteidiger recht vieler solcher Menschen weiß ich, wovon ich rede). Doch Vergebung ist nicht das Privileg eines Bischofs, sondern ist von einem Richter abzuwägen – unter Berücksichtigung der Einstellung der Opferfamilien, eines bisherigen guten Leumunds und guter Taten, der Aufrichtigkeit der Reue und der Rückfallprognose. Die Kirche darf nicht vergessen, dass manche Vergehen derart abscheulich sind, dass Vergebung nicht angemessen wäre – aus diesem Grund lässt das Völkerrecht auch keine Ver-

jährung zu bei der Verfolgung von Verbrechen gegen die Menschlichkeit wie Völkermord, Massenmord, systematischer Folter und der ausgedehnten Vergewaltigung von Kindern.[4] Es ist der Kirche unbenommen, Vergebung für die Täter im Jenseits anzubieten, aber sie hat kein Recht, aus eigennützigen Beweggründen ihren Bediensteten Vergebung zu gewähren.

179. Was das Schlagwort der „Vertraulichkeit" anbelangt: Dies kann unmöglich informelle Enthüllungen gegenüber Kollegen, Diakonen oder Bischöfen durch Priester mit abdecken, die sich von ihren schuldbehafteten Geheimnissen entlasten wollen, ohne sich den Folgen zu stellen. Dadurch würden andere Kirchendiener zu ihren stillschweigenden Kollaborateuren. Bischof Pican wurde zu Recht verurteilt wegen seines Schweigens in dem Wissen, dass derjenige, der ihn ins Vertrauen zog, weitere Vergehen an Kindern beging. Hinsichtlich der Unverletzlichkeit des Beichtgeheimnisses, welches von der gesetzlichen Anzeigepflicht oft ausgenommen wird, ist eine weitergehende Analyse erforderlich. Die Kirche führt die Unverletzlichkeit dieses Geheimnisses zurück auf König Wenzeslaus IV., genannt „der Faule", der 1393 voll Eifersucht verlangte, die von seiner Gemahlin preisgegebenen Geheimnisse zu erfahren, und in der Hoffnung auf entsprechende Mitteilung ihren Beichtvater foltern und schließlich, als dieser sich weigerte, in einem Fluss ertränken ließ. Diese grausige Geschichte spricht nicht gerade für die Frau, die den Priester durch Verzicht auf Vertraulichkeit hätte retten können, sie macht aber deutlich, dass Pönitenten im

Vertrauen darauf beichten können, dass ihr Beichtvater ihre sündhaften Geheimnisse mit ins Grab nehmen wird. Nicht nur Ehebrecher, auch Bankräuber und Auftragsmörder können ihr Herz ausschütten und empfangen väterlichen Rat und Tadel, genau so, wie sie sich als Mandanten einem Anwalt gegenüber vertraulich hätten offenbaren können, oder als Informanten gegenüber Journalisten. Aber es gibt einen wesentlichen Unterschied, oder sogar mehrere, wenn ein Priester, ein Diener der Kirche, einem Priesterkollegen beichtet – einem Diener derselben Kirche –, dass er seinen Dienst innerhalb der gemeinsamen Kirche ausgenützt hat, um Kinder zu vergewaltigen, die ihm von den Gemeindegliedern dieser Kirche anvertraut worden waren. Mit welchem Recht kann der Beichtvater die Entscheidung treffen, einem solchen Mann Absolution zu erteilen? Er befindet sich in einem hoffnungslosen Konflikt, nicht nur, weil der Beichtende sein Mitbruder ist, sondern weil der Beichtvater Diener derselben Kirche ist, deren Ruf bei Bekanntwerden des Geheimnisses Schaden nehmen würde. Darüber hinaus ist die verbrecherische Sünde unter dem Schutz der Kirche geschehen, indem ihre Macht und ihr Mysterium dazu benutzt wurden, das Opfer zu ködern oder gefügig zu machen. Die Kirche sollte prinzipiell ihren eigenen Priestern unter solchen Umständen keine Beichte oder Absolution gewähren, weil sie sich damit hinsichtlich des Verbrechens ihres Mitarbeiters der Begünstigung schuldig macht. Sie erklärt nicht, was einem schuldigen, aber reuigen Priester gesagt werden soll, der nach dem Versprechen von Buße und Gebeten wohl die Absolution erhalten dürfte. Wie kann eine „Absolution" unter solchen Umständen einen ordnungsgemäßen Gebrauch des Begnadigungsrechts darstellen, das dem Beichtvater kraft des Opfers von Christus am Kreuz zugesprochen wird?

180. Was soll man also halten von dieser „Vergebung", die die Kirche ohne Rücksicht auf Opfer und Öffentlichkeit ihren Leuten gewährt? Stellen wir uns einmal vor, ein Priester gesteht unter dem Beichtgeheimnis, einen Neunjährigen in der Sakristei sodomisiert zu haben. Er sagt, dass er es bereut und das Bußgebet, das er auswendig hersagt, ernst meint. Welche Buße wird verhängt?

Heutzutage kann eine Buße zum Beispiel so aussehen, dass man eine Woche lang seinem Feind täglich etwas Gutes tut. Es können ein oder mehrere Aufenthalte in einem Seniorenheim oder einer Suppenküche sein. Meistens jedoch besteht die Buße aus einigen Gebeten, so dass man etwa das Vaterunser oder das Ave Maria fünf- bis zehnmal aufsagen soll. Wie auch immer die Buße ausfällt: Sie ist lediglich ein Zeichen … [5]

Ganz sicher ist sie nur ein Zeichen, wenn es um die Abgeltung für den Missbrauch an Kindern geht, ehe der Beichtvater die Reinwaschungsformel anstimmt: „Durch den Dienst der Kirche schenke er [Gott] dir Verzeihung und Frieden. So spreche ich dich los von deinen Sünden, im Namen des Vaters und des Sohnes und des Heiligen Geistes, Amen." Selbst wenn der Priester sich bessert, werden seine Opfer mit ihren seelischen Verletzungen weiter leben müssen. Bessert er sich nicht, dann kleben dem Beichtvater sozusagen seine künftigen Verbrechen an den Händen, und lasten vielleicht auch auf seinem Gewissen. Nach kanonischem Recht kann man uneingeschränktes Vertrauen setzen in diese Ungerechtigkeit, doch das staatliche Recht verfährt nach dem Prinzip der Billigkeit, nach dem es kein Vertrauen in Ungerechtigkeit gebenkann. Deshalb sind in Großbritannien Psychiater von der Schweigepflicht gegenüber Patienten entbunden, wenn sie der Ansicht sind, diese würden erneut straffällig werden und schwerwiegende Verbrechen begehen, während ihre Kollegen in den USA verklagt werden können, wenn sie die Polizei nicht über die mörderischen Pläne ihrer Patienten informieren.[6] Ein Priester, der seinem pädophilen Kollegen die Beichte abnimmt, ist also rechtlich nicht zum Schweigen verpflichtet. Wenn er erkennt, dass der Mann Kinder schädigt und das auch weiterhin tun wird, dann wird das kanonische Recht zur Omertà, zum Recht von kriminellen Banden, nicht von Christen.

181. Ethisch betrachtet steht es der Kirche nicht zu, ihren eigenen Verbrechern Absolution zu erteilen. Sie sollte zu einer Regelung übergehen, die eine Ausnahme vom Beichtgeheimnis im Falle ihrer eigenen Angestellten vorsieht, wenn diese Sünden beichten, die gleichzeitig schwerwiegende Verbrechen sind. Oder zumindest bei denjenigen Mitarbeitern, die schwerwiegende Verbrechen gestehen, die im Zuge ihrer klerikalen Pflichten oder in Zusammenhang damit verübt wurden. In solchen Fällen steht der Beichtvater doch wohl in der moralisch unumgänglichen Pflicht, die Verletzung weiterer Kinder durch den pädophilen Beichtenden zu verhindern, indem er den Bischof

informiert – vorzugsweise mit Zustimmung des Priesters selbst. Wenn das nicht geschieht, sollte die Kirche (es müsste der Papst selbst sein) unter solchen Umständen eine Verletzung des Beichtgeheimnisses zulassen. Eine ethische Alternative dazu kann es nicht geben, wenn man eine Mittäterschaft bei den weiteren Verbrechen des Pädophilen vermeiden will, denn sonst würde die Kirche in (durch den Beichtvater erlangter) Kenntnis, dass weitere Verbrechen begangen werden, diesem ja weiter die Gelegenheit und Macht zu deren Verübung geben. Man stelle sich ein Unternehmen vor, dessen Briefkopf, Schriftverkehr und Einrichtungen von einem Angestellten benutzt werden, um einen erfolgreichen und fortgesetzten Betrug an den Kunden des Unternehmens zu begehen. Er gesteht seinem Chef das Vergehen, welcher Stillschweigen darüber bewahrt und ihm weiter Zugang zu den Einrichtungen des Unternehmens gewährt, in der Gewissheit, dass er der Versuchung nicht widerstehen wird, weitere Betrügereien zu verüben. Das Unternehmen und der Chef wären haftbar wegen grober Fahrlässigkeit, Beihilfe zum Betrug usw. Man muss nur den Vorhang vom Beichtstuhl zurückziehen, und die Ähnlichkeit ist offensichtlich: Das dem Beichtvater übermittelte Wissen, das der Kirche zuzurechnen ist, macht sie zu einer Organisation, die das fortgesetzte Verbrechen stillschweigend duldet, welches sie weiterhin ermöglicht und vertuscht. Welche Folgen das hat, werden wir im folgenden Kapitel näher beleuchten. Um diese Folgen zu vermeiden, muss die Kirche ihre Praxis aufgeben, den eigenen Verbrechern Absolution zu erteilen.

182. Die Priester, die sich gegen Veränderungen wehren, machen sich Sorgen, sie könnten falschen Anschuldigungen schutzlos ausgeliefert sein. Aber Männer werden auch nicht grundsätzlich von der Strafverfolgung wegen Vergewaltigung ausgenommen, bloß weil ein winziger Prozentsatz von Klägerinnen falsche Anschuldigungen erhebt. Ein fälschlich beschuldigter Priester hat nicht mehr zu fürchten als jeder andere Beklagte in unserem Strafjustizsystem auch – eigentlich sogar weniger, da sowohl Zeugenaussagen von Kindern (bei zeitnahen Anklagen) als auch solche aus der Erinnerung heraus (bei weit zurückliegenden Vorfällen) für einen Staatsanwalt problematisch sind, wenn es kein weiteres unterstützendes Beweismaterial gibt. Erfolgt eine Erhärtung, und kommt der Fall vor Gericht, wird natürlich die Identität des Beklagten bekannt, was für Priester und Kirche peinlich ist, aber jedem anderen Beklagten in einem öffentlichen Justizsystem ergeht es genauso. Für einen unschuldigen Priester kann es sogar von großem Vorteil sein, wenn bei falscher Anschuldigung Polizei und Gerichtsmedizin von Beginn an ermitteln, also zu einem Zeitpunkt, zu dem die Unrichtigkeit der Anschuldigung noch eindeutig nachgewiesen werden kann. Dies soll keineswegs heißen, dass ein Bischof bei jedem Gerücht oder lediglich auf Verdacht die Polizei einschalten soll – eine Anzeigepflicht sollte erst dann greifen, wenn die Anschuldigung glaubhaft gemacht oder durch Beweismittel bestätigt ist. Die Gefahr falscher Anschuldigungen ist also keine Entschuldigung für Untätigkeit, sobald der Verdacht zum hinreichenden Tatverdacht geworden ist. Eine Ausnahme von der Regel sollte

in Ländern gelten, in denen keine geordnete Strafjustiz existiert oder in denen die Regierung gegen den katholischen Klerus vorgeht und Anlass zu der Annahme besteht, dass die Strafverfolgung zur Verfolgung wird. Diese offensichtlichen Ausnahmen können nicht von der Notwendigkeit einer allgemeinen Regelung der Anzeigepflicht ablenken, sondern nehmen den Vatikan in die Pflicht, ein eigenes Schnellreaktionsteam aus Ermittlern und Gerichtsmedizinern aufzustellen, das diese Ausnahmefälle gegen Kleriker, die sich mit schlüssigen Anschuldigungen konfrontiert sehen, im Rahmen eines ordentlichen und öffentlichen Verfahrens in Rom untersucht.

183. Benedikts hartnäckigster Verteidiger ist John L. Allen jr., der sich selbst als eine Art „vatikanischen Hofberichterstatter" mit Einblick in die undurchdringliche Politik des Heiligen Stuhls darstellt. Er räumt ein, dass Ratzinger als Oberhaupt der Glaubenskongregation sexuellen Kindsmissbrauch ignorierte oder bagatellisierte und sich mit der stillschweigenden Duldung eines pädophilen Priesters wie Pfarrer Hullermann während seiner Zeit als Bischof von München schuldig gemacht haben dürfte. Doch Allen behauptet, Ratzinger habe um 2003/2004 ein „Bekehrungserlebnis" gehabt, nachdem er Tausende von Akten mit Missbrauchsvorwürfe studiert hatte, die ihm in Reaktion auf sein apostolisches Schreiben von 2001 zugesandt worden waren. Durch das Lesen dieser Akten sei ihm das Ausmaß der Krise bewusst geworden, er habe jedoch zunächst nichts unternehmen können wegen der „komplexen Welt der Hofpolitik im Vatikan"

– die selbst die ungeheuerlichsten Kinderschänder wie Maciel Degollado schützte, der aufgrund seiner engen Freundschaft zu Johannes Paul II. und anderen mächtigen konservativen Figuren unantastbar war. Aber im Jahr 2006, ein Jahr nach seinem Aufstieg zum Papst, habe er seine Macht benutzt, um den zügellosen Maciel schließlich zum Rücktritt zu zwingen. Dies zeige, so Allen in seinem überdrehten Stil, dass Benedikt mit frischer Energie beseelt war und „ein katholischer Eliot Ness" wurde, denn er wurde „der erste Papst, der mit Opfern sexuellen Missbrauchs zusammenkam, der erste Papst, der sich im eigenen Namen direkt für die Krise entschuldigte, und der erste Papst, der die vatikanische Mauer des Schweigens brach".[7] Dies wirft ein sehr schlechtes Licht auf Benedikts Vorgänger Johannes Paul II., obwohl bei einer abgewogenen Betrachtungsweise die beiden sich die Verantwortung für das Ignorieren der Krise teilen und das Verhalten Benedikts in jüngster Zeit dann vielleicht nicht das Ergebnis eines damaszenischen Bekehrungserlebnisses ist, sondern der verzweifelten Notwendigkeit der Kirche zur Schadensbegrenzung angesichts schwindender Mitgliederzahlen und Spenden.

184. Dass Kardinal Ratzinger fast ein Vierteljahrhundert lang an der Spitze der Glaubenskongregation stand und bis zum Schluss keine Kenntnis von klerikalem Missbrauch gehabt haben soll, ist nicht glaubhaft. *Crimen* sagt ganz klar und betont nochmals, dass Bischöfe bei einer Anschuldigung wegen Kindsmissbrauchs die Glaubenskongregation unverzüglich informieren müssen, ebenso,

wenn sie ein Verfahren nach kanonischem Recht einleiten.[8] Jeder Bischof hat die ernsteste Pflicht zu solchen Mitteilungen: „da sie von äußerster Wichtigkeit für das kirchliche Gemeinwohl sind, ist die Vorschrift zu ihrer Abgabe verbindlich unter Androhung schwerer Sünde" (d.h. unter Androhung von Exkommunikation).[9] Also müssen die Bischöfe Ratzinger weit vor 2004 informiert haben, und er unternahm keine Anstrengungen zur Veränderung eines Systems, das schuldige Priester versteckte. Allens primärer Beweis für Ratzingers „Bekehrung", sein Umgang mit dem Fall Maciel, überzeugt nicht. Im Jahr 2006 forderte Benedikt Maciel zu einem „zurückgezogenen Leben des Gebets und der Buße" auf. Doch Maciel war Bigamist, Päderast, Drogenkonsument und Vater mehrerer Kinder, die er nach deren Aussage ab dem Alter von 7 Jahren vergewaltigte. Er hatte diverse Geliebte und Ehefrauen (denen er erzählte, er sei CIA-Agent und habe wenig Zeit für ein Familienleben) und verlangte regelmäßig, von kleinen Jungen befriedigt zu werden, wenn er Seminare der Legion Christi besuchte – des von ihm gegründeten konservativen und zutiefst antifeministischen Ordens. Der Vatikan erhielt 1998 eidliche Aussagen von neun seiner Opfer im Teenageralter, doch die Glaubenskongregation unter Ratzinger blieb selbst dann noch untätig, als mexikanische Zeitungen begannen, Maciels unmoralisches und scheinheiliges Leben zu enthüllen.[10] Maciel wurde 2004 in den Vatikan eingeladen, um von seinem Freund Papst Johannes Paul II. gesegnet zu werden. Hätte Ratzinger damals die von Allen behauptete Bekehrung durchlaufen gehabt, hätte er versucht, diese Segnung zu verhindern, und hätte unmittelbar nach seiner Wahl im April 2005 darauf bestanden, Maciel nach kanonischem Recht den Prozess zu machen oder wenigstens seine Entlassung aus dem Priesterstand anzuordnen. Wäre Benedikt wirklich bekehrt gewesen, hätte er der mexikanischen Polizei die Beweise des Vatikans über das lebenslange Verbrechertum Maciels zur Verfügung gestellt. Stattdessen ließ er ein Jahr verstreichen und forderte dieses Priestermonster dann lediglich auf, in den USA, weitab vom Scheinwerferlicht der mexikanischen Medien, ein beschauliches Leben zu führen.

185. Benedikts minimale und verzögerte Reaktion auf den Maciel-Skandal ist typisch – anscheinend handelt er nur, wenn es zur Schadensbegrenzung unumgänglich ist, und tut dann so wenig wie möglich. Jede Handlung, die Allen zitiert, um ihn zu einem katholischen Eliot Ness hochzustilisieren, zeigt ihn wieder nur als den Inspektor Clouseau der Kirche. Er mag der erste Papst gewesen sein, der die vatikanische Mauer des Schweigens brach, aber erst dann, als Schweigen angesichts all der seit 2002 aufgehäuften Beweise keine Option mehr war. Er traf zwar anlässlich seines USA-Besuchs 2008 tatsächlich mit Bostoner Opfern zusammen, aber nicht in Boston – diesen Hort der katholischen Schande wollte er, was manche als Akt der Feigheit beschrieben, nicht besuchen. Er traf in Sydney mit weiteren Missbrauchsopfern zusammen, ironischerweise am katholischen Weltjugendtag, und auch in Malta, aber diese Opfer waren von der Kirche handverlesen worden und umfassten Personen, die in ihrem

Schoß geblieben und entschädigt worden waren oder bereit waren, zu vergeben und zu vergessen. Allen meint, Benedikts Bekehrung habe zu der „Entschlossenheit geführt, Missbrauchstäter zu bestrafen", doch folgte daraus keine Anweisung, dass sie alle aus dem Priesteramt zu entfernen und bei der Polizei anzuzeigen seien. Was den Status „erster Papst, der sich im eigenen Namen direkt für die Krise entschuldigte" betrifft, so bezieht sich Allen dabei auf die Aussage Benedikts „Ich bedauere wirklich zutiefst den Schmerz und das Leid, die die Opfer ertragen mussten, und ich versichere ihnen, dass ich als ihr Hirte ihr Leid mitfühle." Was für eine Entschuldigung soll das sein? Keine Selbstkritik, keine Einsicht in seine persönliche Verantwortung oder das Versagen des kanonischen Verfahrens und der Glaubenskongregation. Zu Ostern 2010, auf dem Höhepunkt der Krise, ließ Benedikt verlauten, sein Glaube habe ihn zu der „Tapferkeit [geführt], die sich nicht vom belanglosen Geschwätz der herrschenden Meinungen einschüchtern lässt".[11] Jede Führungsperson, die deutlichste Beweise für schwerwiegende Sexualverbrechen ihrer Untergebenen an kleinen Kindern als „belangloses Geschwätz" abtut, sollte vom Gesetz die Abrechnung präsentiert bekommen.

186. Was lässt sich noch zu Benedikts Verteidigung vorbringen? Der Vatikan-Sprecher sagt, es sei „falsch und verleumderisch" zu behaupten, Ratzinger habe als Leiter der Glaubenskongregation den Missbrauch und die Täter gedeckt; er habe beim Umgang mit den Fällen vielmehr Weisheit und Mut gezeigt. Leider zeigen die Fälle, die ans Licht

gekommen sind – wie Murphy und Kiesle – ihn als Zauderer, der schließlich aus Angst vor dem Skandal handelt. Als Papst habe er viele Priester aus dem geistlichen Stand entlassen.[12] Aber wie viele sind „viele"? Der Vatikan nennt niemals Namen oder Einzelheiten, und solange die Akten der Glaubenskongregation nicht von unabhängiger Stelle untersucht werden können, lässt sich der Wahrheitsgehalt einer solchen Aussage nicht überprüfen. Erzbischof Vincent Nichols, Englands oberster Katholik, trat auf den Plan, um die 24-jährige Amtszeit Ratzingers bei der Glaubenskongregation zu verteidigen, hatte aber seine liebe Not bei der Suche nach tatsächlichen Reformen Ratzingers in Sachen Kindsmissbrauch – abgesehen von der Aufnahme von Internet-Pornographie in die Vergehensliste, der Erweiterung des Schutzalters von 16 auf 18 Jahre und der Verlängerung der Frist für Anzeigen von fünf auf zehn Jahre (mittlerweile sind es 20). Nichols behauptet, Ratzinger hätte eine Laisierung im Schnellverfahren eingeführt, deren Wirkungsweise lässt sich jedoch aufgrund „päpstlicher Geheimhaltung" nicht nachweisen: Früher zogen sich Berufungsverfahren über Jahre hin, und ungerechtfertigte Berufungen von Priestern gegen eine angeordnete Laisierung waren, wie in dem von der Murphy-Kommission aufgedeckten Fall Keisel, erfolgreich. Der Vatikan erhob Einspruch gegen den „Null-Toleranz"-Ansatz, auf den sich die amerikanischen Bischöfe 2002 geeinigt hatten, mit dem Argument, „der Missbrauchsbegriff wird zu breit gefasst, steht im Widerspruch zum kanonischen Recht und schützt nicht das Recht eines vermeintlichen Sexualverbrechers auf ein ordent-

Ein Fall für die Justiz?

liches Verfahren".[13] Später billigte der Vatikan dann eine verwässerte „Nulllösung", aber nur für die US-Kirche. Schon eher taugt zu Benedikts Verteidigung, dass er mit 84 einfach sehr alt ist – zu alt, um all die Reaktionäre um ihn herum im Vatikan auszutricksen und grundlegende Reformen einzuleiten. Johannes Paul II. litt in seinen letzten Lebensjahren an Parkinson: Die Taktik der Vatikan-Quellen, die ihn sowie Benedikt rechtfertigen wollen, ist, Journalisten zu erzählen, er habe in seinen letzten Lebensjahren unter dem Einfluss seines polnischen Assistenten, des extrem reaktionären und protektionistischen Stanislaw Dziwisz, gestanden, den er zum Kardinal ernannte und der ihn bei seinem Widerstand gegen jegliche Reform beeinflusst haben soll. Verantwortungsbewusste Päpste sollten jedoch zurücktreten, wenn die Arbeit zuviel wird, und die Kurie sollte darauf bestehen – statt sie, wie im Fall Benedikts, im Alter von 78 noch zu wählen. Auch dies zeigt wieder die Notwendigkeit einer institutionellen Reform.

187. Es kann keinen Zweifel daran geben, dass Benedikt in seiner Abscheu vor Priestern, die Kinder missbrauchen, aufrichtig ist – einmal ließ er seine charakteristische Umsicht fallen und nannte sie „Unrat", kehrte dann jedoch wieder zum Angebot der Vergebung zurück (auf der lehrmäßigen Basis, dass es keine irdische Sünde gebe, die im Himmel nicht vergeben werden kann). Auch seine Entschuldigungen bei den Opfern sind ehrlich, so inszeniert sie mittlerweile auch sein mögen. Man kann ihm den Wunsch nach Reformen zugute halten – im

Gegensatz zu seinem Vorgänger, dessen Duldung von Kinderschändern ein unaufgedeckter Skandal war, und ungeachtet der sexuellen Unwissenheit vieler der ältlichen Kardinäle und Vatikanbeamten, die während des reaktionären Regimes von Johannes Paul II. auf ihre Posten kamen. Vielleicht liegt es an seinem Alter (er ist 84) oder am Konservatismus seiner Berater, oder auch einfach nur am Gewicht der Jurisprudenz des kanonischen Rechts, dessen jahrhundertealte Geschichte bis zurück zur Inquisition reicht, dass er keine von hohen Grundsätzen geleitete Haltung einnimmt und den Anspruch der Kirche nicht fallenlässt, die Sexualverbrechen ihrer Priester und Bischöfe selbst abzuhandeln. Die Feuerprobe kam im Juli 2010 nach der öffentlichen Einsicht in den bestehenden Handlungsbedarf und monatelanger Zeit zum Nachdenken über die nächsten Schritte. Diese Probe bestand er nicht. Der erhoffte Berg „de gravioribus delictis" kreißte und gebar eine Maus: die Verlängerung der kanonischen Frist für die „Verfolgung" von Sexualverbrechen an Kindern um zehn Jahre, ohne jegliche Forderung nach Öffentlichkeit oder Transparenz und ohne auch nur einmal anzuerkennen, dass diese Verbrechen stets bei den Strafverfolgungsbehörden anzuzeigen seien. Benedikt hat sich als Papst erwiesen, der sich nicht zu den harten Maßnahmen durchringen kann, die nötig wären, um seine Kirche vor den Folgen der Tatsache zu bewahren, dass sie zu ihrem eigenen Gesetz geworden ist.

188. Gott um Vergebung zu bitten, wie Benedikt es am 12. Juni 2010 vor 15.000 Priestern auf dem Petersplatz tat,

ist schön und gut. Aber er bat um Vergebung für Sünden: dass das, was einige von ihnen begangen hatten, ein Verbrechen war, hatte er immer noch nicht begriffen. Zu diesem Zeitpunkt begann er, um Vergebung für sich selbst zu bitten, wie auch für seine fehlgeleiteten Bischöfe und Priester, obschon er nicht erklärte, für welche Sünde oder welches Vergehen er persönlich der Gnade bedurfte. Solange nicht eine Zivilklage gegen den Heiligen Stuhl die Immunitäts-Hürde überwindet, entweder durch den Nachweis, dass der Vatikan kein Staat ist, oder indem man diesen Staat stellvertretend haftbar macht für das Verhalten seiner Vertreter oder für Verschulden bei deren Überwachung, wird es keine gerichtlich verfügte Offenlegung der Akten der Glaubenskongregation geben und keine uneingeschränkte Rechenschaft über sein Fehlverhalten. Wenn der Papst Vergebung möchte, würde es eigentlich ihm obliegen, eine Untersuchungskommission zur Prüfung der Archive der Glaubenskongregation einzurichten und volle Rechenschaft darüber abzulegen, was während seiner Präfektur getan und was versäumt wurde. Immerhin war das die Zeit, in der Zehntausende Kinder durch katholische Priester umgarnt, sodomisiert und verstört wurden, während seine Aufmerksamkeit fixiert war auf „schlechte" Homosexuelle, sündhafte Geschiedene, abweichlerische Befreiungstheologen, Familienplaner und Kondombenutzer. Solange dieser fehlbare Mann nicht seine Irrtümer einräumt und dem kanonischen Recht als Ersatz für das Strafrecht abschwört, gibt es keine Garantie, dass er oder sein Nachfolger aus seinen Fehlern lernen wird.

9. Verbrechen gegen die Menschlichkeit

Verbrechen gegen die Menschlichkeit ... können nur deshalb in den Geltungsbereich dieses grundlegenden Kodexes der Menschlichkeit gelangen, weil der betreffende Staat aus Gleichgültigkeit, Unvermögen oder Komplizenschaft nicht in der Lage war oder es abgelehnt hat, den Verbrechen Einhalt zu gebieten und die Täter zu bestrafen.

Urteil von Nürnberg[1]

189. Wenn der Heilige Stuhl wirklich ein Staat ist, dann genießt der Papst als Staatsoberhaupt Immunität gegen Strafverfolgung und Zivilverfahren gemäß den Gesetzen jeglichen Staates, den er besucht, und der Heilige Stuhl kann die meisten (allerdings nicht alle, siehe dazu Kapitel 10) zivilrechtlichen Ansprüche abwehren. Doch in einem Rechtsbereich könnte der Arm des Gesetzes lang genug sein, um dem Papst an den Kragen zu gehen: im internationalen Strafrecht, insbesondere in dem Recht hinsichtlich der Begehung von Verbrechen gegen die Menschlichkeit. Solche Verbrechen fallen unter das Völkergewohnheitsrecht und, in etwas engerem Sinn, in die Kompetenz des Internationalen Strafgerichtshofs (IStGH), wenn sie nach Juli 2002, als der Gerichtshof eingerichtet wurde, begangen wurden oder fortdauerten. Artikel 27 des IStGH-Statuts proklamiert die Irrelevanz der amtlichen Eigenschaft,

indem er die staatliche Immunität für Präsidenten, Premierminister – und Päpste – abschafft:
Dieses Statut gilt gleichermaßen für alle Personen, ohne jeden Unterschied nach amtlicher Eigenschaft. Insbesondere enthebt die amtliche Eigenschaft als Staats- oder Regierungschef, als Mitglied einer Regierung oder eines Parlaments, als gewählter Vertreter oder als Amtsträger einer Regierung eine Person nicht der strafrechtlichen Verantwortlichkeit nach diesem Statut […]
(2) Immunitäten oder besondere Verfahrensregeln, die nach innerstaatlichem Recht oder nach dem Völkerrecht mit der amtlichen Eigenschaft einer Person verbunden sind, hindern den Gerichtshof nicht an der Ausübung seiner Gerichtsbarkeit über eine solche Person.

190. Obwohl der Heilige Stuhl an der Konferenz zum Entwurf des IStGH-Vertrags teilnahm und Johannes Paul II. sogar dessen Treuhandfonds für Opfer äußerst bescheidene 3000 US-Dollar spendete, weigert sich der Heilige Stuhl, sich den 111 Staaten anzuschließen, die ihn bislang ratifiziert haben; vielleicht aus Sorge, die Ratifizierung werde dem IStGH Jurisdiktionsgewalt über den Papst verleihen. Diese Tatsache veranlasste einige Rechtswissenschaftler zu der Ansicht, Benedikt XVI. sei sicher, da außer den ratifizierenden Staaten nur der Sicherheitsrat dem Gericht Fälle unterbreiten kann, und auch dies nur, wenn Frieden und Sicherheit auf internationaler Ebene gefährdet sind – wie bei den ethnischen Säuberungen im Kosovo durch Milosevic oder dem Krieg in Darfur durch Bashir –, und weil sexueller Kindsmissbrauch nicht in diese Kategorie fällt. Wissenschaftler können manchmal die alleroffen-

sichtlichsten Dinge übersehen, und eine äußerst offensichtliche Tatsache in Bezug auf Benedikt ist: Joseph Ratzinger ist Deutscher,[2] und Deutschland hat das Rom-Statut (den IStGH-Vertrag) am 11. Dezember 2000 ratifiziert. Gemäß Artikel 12 kann der IStGH seine Jurisdiktionsgewalt über die Angehörigen eines Vertragsstaates ausüben, also befindet sich Benedikt, zumindest potenziell, innerhalb seines Zuständigkeitsbereiches. Der Papst und seine Funktionsträger könnten auch zur Verantwortung gezogen werden, wenn ihre heimliche Begünstigung eines völkerrechtlichen Verbrechens per diplomatischem Gepäck oder in Form von E-Mail-Anweisungen oder lateinischen Direktiven des Papstes oder der Glaubenskongregation grenzüberschreitend an Bischöfe oder Nuntien in Länder getragen worden wäre, die den Vertrag ratifiziert haben – wie z.B. Deutschland, Irland oder Australien –; auch in diesem Fall hätte der Gerichtshof nach Artikel 12 des Rom-Statuts die Kompetenz für eine Anklage. Wenn sie innerhalb des Vatikans bleiben, sind sie natürlich vor einem internationalen Haftbefehl sicher, aber sie könnten das Gelände nicht wegen einer Krankenhausbehandlung in Rom verlassen, und der Vatikan besitzt keinen Flugplatz, von dem aus sie zur Behandlung in einen anderen Nicht-Unterzeichnerstaat fliegen könnten (es sei denn, der Papst-Hubschrauber schafft es bis nach Libyen).

191. Bei Betrachtung der Frage, inwieweit und unter welchen Umständen systematischer sexueller Kindsmissbrauch eine völkerrechtliche Straftat darstellt, werde ich mich

zunächst mit dem IStGH befassen, einem funktionstüchtigen internationalen Strafgerichtshof, der jedoch einige statutenmäßige Beschränkungen aufweist, von denen eine (der Aspekt der „Verbrechenselemente") durchaus geeignet sein könnte, den Vatikan zu entlasten. Für das Völkergewohnheitsrecht ist dies jedoch kein Problem, auf das man sich (vorbehaltlich der Immunitätsfrage) auch vor solchen nationalen Gerichten berufen kann, die universelle Jurisdiktionsgewalt wegen Verbrechen gegen die Menschlichkeit besitzen. Was den IStGH betrifft, so stellt sich zunächst die Frage, ob eine Klage gegen einen Amtsträger des Vatikans zulässig wäre. Da der IStGH ein Gericht letzter Instanz ist, wird er nur Fälle annehmen, in denen Staaten nicht willens sind, Ermittlungen oder ernsthafte Strafverfolgung durchzuführen. Bleibt der Papst im Vatikan, ist diese Hürde einfach zu nehmen: der König von Vatikanstadt wird sich nie und nimmer selbst verfolgen. Außerdem muss die Sache „schwerwiegend genug" sein. Sexueller Missbrauch durch Kleriker ist zwar entsetzlich, aber nicht gleichwertig mit Massenmord. Doch angesichts des Ausmaßes und der Auswirkungen auf die Opfer, sowie insbesondere angesichts der Weigerung des Vatikans, vom kanonischen Recht abzurücken und Priester an die zivilen Behörden zu überstellen, könnte dieses Kriterium für eine Zulässigkeit erfüllt sein. Ein sehr viel größeres Problem für eine Strafverfolgung durch den IStGH stellt die Bestimmung dar, dass die Straftat nach dem Juli 2002 verübt worden sein muss (als der IStGH mit sechzig Ratifikationen des Vertrags zustandekam). Sicher gibt es Beweise dafür, dass der Vatikan nach diesem Zeitpunkt die Augen vor sexuellem Missbrauch verschlossen hat und sich selbst im Juli 2010 noch immer weigerte, anzuordnen, dass Straftäter den Strafverfolgungsbehörden anzuzeigen seien. Doch eine große Menge des Beweismaterials für sein Pflichtversäumnis stammt aus den 1980er und 1990er Jahren.

192. Es mag seltsam erscheinen, dass der Papst – per definitionem ein Mann des Friedens – sich überhaupt wegen eines Verbrechens strafbar machen kann, das im Allgemeinen mit Krieg in Zusammenhang gebracht wird. Als ich erstmals andeutete, eine derartige Strafverfolgung sei nicht undenkbar, tappten viele Kritiker und auch der US-Anwalt des Papstes in diese Falle und behaupteten, Verbrechen gegen die Menschlichkeit könnten nur während eines Krieges verübt werden. Da sind sie im Irrtum. Das „Verbrechen gegen die Menschlichkeit" wurde erstmals in Artikel 6(c) der Nürnberger Charta definiert und umfasste dort unmenschliche Akte gegen eine Zivilbevölkerung „vor einem Krieg oder während eines Krieges". Die Vorstellung, ein derartiges Verbrechen könne in Friedenszeiten nicht verübt werden, wurde insbesondere von der Berufungskammer des Internationalen Strafgerichtshofs für das frühere Jugoslawien (ICTY, dem UN-Tribunal für die Aufarbeitung von Verbrechen gegen die Menschlichkeit und Kriegsverbrechen auf dem Balkan) im Fall Tadic zurückgewiesen:

Es ist mittlerweile eine feste Regel im Völkergewohnheitsrecht, dass Verbrechen gegen die Menschlichkeit keines Zusammenhangs mit einem internationalen bewaffneten Konflikt bedürfen. [...][Das Völkerrecht] verlangt unter Umständen nicht einmal einen Zusammenhang zwischen Verbrechen gegen die Menschlichkeit und einem wie auch immer gearteten Konflikt.[3]

193. Diese Frage wurde konkret entschieden auf der Rom-Konferenz 1998, die den IStGH-Vertrag festlegte. Dort wurde ein Vorschlag, Verbrechen gegen die Menschlichkeit an internationale bewaffnete Konflikte zu koppeln, mit Entschiedenheit und auch einigem Spott von allen Großmächten mit Ausnahme Chinas zurückgewiesen. Wie das Protokoll zeigt, meinte der US-Delegierte: „Wenn Situationen in Friedenszeiten nicht abgedeckt würden, nähme dies dem Gericht die Zuständigkeit für viele der Verbrechen, mit denen es sich befassen sollte"[4], und die russische, kanadische, israelische, französische und australische Delegation stimmten dem zu. Elizabeth Wilmshurst (die später wegen des Disputs über die Unrechtmäßigkeit der Irak-Invasion von ihrem Posten im britischen Außenministerium zurücktrat) wies im Namen Großbritanniens darauf hin, dass Verbrechen gegen die Menschlichkeit nach Völkergewohnheitsrecht in Friedenszeiten verübt werden könnten. Folglich gibt es keine Bestimmungen im IStGH-Statut dahingehend, dass solche Verbrechen nur während eines Krieges verübt werden könnten oder die Gerichtsbarkeit des IStGH auf Verbrechen beschränkt sei, die in Zeiten bewaffneten Konflikts verübt werden. Die Vorverfahrenskammer des IStGH entschied 2010, dass der Ankläger seine Ermittlungen zu Verbrechen gegen die Menschlichkeit während der Ausschreitungen im Umfeld

der Wahlen in Kenia fortsetzen könne, obwohl dort kein „bewaffneter Konflikt" als solcher vorlag.[5]

194. Die nächste – und sehr bedeutsame – Frage ist, ob die tatsächliche Grundlage der Anschuldigung – der objektive Tatbestand – unter die Definition eines „Verbrechens gegen die Menschlichkeit" fällt. Es kann mit einiger Sicherheit gesagt werden, dass der sexuelle Missbrauch kleiner Kinder durch Artikel 7 des IStGH-Statuts implizit abgedeckt wird. Dieser definiert „Verbrechen gegen die Menschlichkeit" unter Einschluss von „Vergewaltigung" und „sexueller Sklaverei" oder „jeder anderen Form sexueller Gewalt von vergleichbarer Schwere"[6] sowie als „andere unmenschliche Handlungen ähnlicher Art, mit denen vorsätzlich große Leiden oder eine schwere Beeinträchtigung der körperlichen Unversehrtheit oder der geistigen oder körperlichen Gesundheit verursacht werden."[7] Sexueller Missbrauch durch Kleriker hat nachweislich schwere Auswirkungen auf die geistige Gesundheit und verursacht durchaus seelische Pein, geschieht er doch unter Verrat der Fürsorgepflichten seitens der Priester und Kirchenfunktionäre und ist häufig gegen sehr junge und sehr verletzliche Personen gerichtet (z.B. in Waisenhäusern und Einrichtungen für taubstumme oder anderweitig behinderte Kinder). Internationale Gerichtshöfe haben geurteilt, dass die Rekrutierung von Kindern als Soldaten und insbesondere die Rekrutierung von Mädchen als „Trostfrauen" oder Sex-Sklavinnen ein Verbrechen gegen die Menschlichkeit darstellt, genau wie Zwangsverheiratungen.[8] Also kann sexueller Missbrauch

durch Kleriker als Teil einer „ausgedehnten oder systematischen" Praxis ein Verbrechen gegen die Menschlichkeit darstellen. Derartige Verbrechen sind nach dem Explanatory Memorandum des IStGH *„besonders abstoßende Verbrechen dahingehend, dass sie einen schwerwiegenden Angriff auf die menschliche Würde oder eine schwere Demütigung oder Herabsetzung eines oder mehrerer Menschen darstellen. Diese Vorkommnisse treten nicht isoliert oder sporadisch auf, sondern sind Teil einer breit angelegten Verübung von Gräueltaten, die von einer Regierung oder einer De-facto-Autorität toleriert oder gebilligt werden."*

195. Sexueller Missbrauch durch Kleriker trat in den Fällen, die am sorgfältigsten untersucht wurden, weder „isoliert" noch „sporadisch" auf, im Gegenteil, die Murphy-Kommission beschrieb ihn als „endemisch" in katholischen Einrichtungen für Jungen in Irland, und in den USA, wo die John Jay-Untersuchung bei konservativer Schätzung die Zahl schuldig gewordener Priester auf mehr als 4000 veranschlagte, haben Sammelklagen bislang fast 1,6 Mrd. Dollar für mehr als 10.000 Opfer erbracht. Ein ähnliches Schema hat sich in Deutschland, Malta, Australien und Kanada gezeigt. Es handelt sich hier um eine ausgedehnte und systematische kriminelle Aktivität, und es kann glaubhaft unterstellt werden, dass die Täter – durch Regelungen, die von mehreren aufeinanderfolgenden Päpsten und Präfekten der Glaubenskongregation gutgeheißen worden waren – Unterschlupf fanden sowie Unterstützung, wenn es darum ging, der Gerechtigkeit zu entgehen. Doch kann man sagen, dass der Missbrauch einem An-

griff gegen eine Zivilbevölkerung gleichkommt? Gemeint ist damit *"eine Verhaltensweise, die mit der mehrfachen Begehung der Handlungen [d. h. Vergewaltigung, Kindsmissbrauch etc.] gegen eine Zivilbevölkerung verbunden ist, in Anwendung der auf die Verübung eines solchen Angriffs gerichteten Politik eines Staates oder einer Organisation oder zur Unterstützung dieser Politik"* (Artikel 7(2)(a)). Hier bieten sich dem Papst mehrere Argumente zur Verteidigung:

(1) dass die Opfer nicht als Teil einer „Zivilbevölkerung" angegriffen wurden;
(2) dass es nicht seine Absicht war, dass irgendein Kind missbraucht werden sollte, und
(3) dass es keine auf die Verübung von Missbrauch gerichtete „Politik" des Heiligen Stuhls gab.

196. Der erste Verteidigungsgrund wäre nicht besonders stichhaltig, denn die Opfer waren sämtlich verletzliche Zivilpersonen und das Erfordernis eines „Angriffs gegen eine Zivilbevölkerung" ist so weit ausgelegt worden, dass z. B. auch Angriffe auf Patienten in zivilen Krankenhäusern oder Zwangsverheiratungen von Frauen mit Soldaten in bestimmten Regionen Sierra Leones mit eingeschlossen sind. Nach einer Entscheidung des ICTY (des Internationalen Strafgerichtshof für das ehemalige Jugoslawien) ist das Erfordernis eines „Angriffs" nicht auf den Einsatz von Streitkräften beschränkt, sondern „umfasst jegliche Misshandlung der Zivilbevölkerung".[9]

197. Ein zweiter und wichtigerer Verteidigungsgrund für den Papst wäre das Fehlen eines subjektiven Elementes – des

Vorsatzes –, der seine Schuld an den ausgedehnten Verbrechen seiner pädophilen Priesterschaft begründen könnte, da er in seinen 24 Jahren als Oberhaupt der Glaubenskongregation nicht die Absicht hatte, dass auch nur ein einziges Kind zu Schaden kommen solle. Das kann man bedenkenlos anerkennen – aber genügt dies, um Joseph Ratzinger von strafrechtlicher Verantwortlichkeit freizusprechen, wenn er der Beihilfe zum völkerrechtlichen Verbrechen des systematischen Kindsmissbrauchs beschuldigt würde? Die Antwort darauf würde von der Beweislage abhängen, denn die völkerrechtliche Doktrin von der „Befehlsverantwortung" schreibt einem Vorgesetzten – politischen oder militärischen Führungspersonen, Päpsten, Präsidenten und Premierministern – eine Haftung für die völkerrechtlichen Verbrechen ihrer Untergebenen zu, selbst wenn sie nicht im Einzelnen wussten, dass die Verbrechen begangen wurden, und sogar wenn sie absolut gegen ihre Begehung waren, aber ihre Aufsichtspflicht in fahrlässiger Weise verletzten oder, sobald sie in Kenntnis von diesen Verbrechen gesetzt wurden, es unterlassen haben, sie zu bestrafen oder bei der Polizei oder sonstigen „zuständigen Behörden" zwecks Untersuchung, Strafverfolgung und Bestrafung anzuzeigen.

98. Das Prinzip der Befehlsverantwortung erhielt seine klassische Formulierung durch den US Supreme Court im Fall des japanischen Generals Yamashita, dessen Truppen gegen Kriegsende auf den Philippinen in seiner Abwesenheit Amok liefen. Auf sein Vorbringen, er sei Hunderte von Meilen vom Schauplatz der Verbrechen entfernt

gewesen und habe als Ehrenmann kein Verlangen nach den von seinen Soldaten begangenen Vergewaltigungen und sonstigen Gräueltaten, ja sei sogar empört darüber, antwortete das Gericht:

> a person in a position of superior authority should be held individually responsible for giving the unlawful order to commit a crime, and he should also be held responsible for failure to deter the unlawful behaviour of sub-ordinates if he knew they had committed or were about to commit crimes yet failed to take the necessary and reasonable steps to prevent their commission or to punish those who had committed them.[1]

199. Diese Regelung mag hart erscheinen, sie ist aber eine notwendige Begleiterscheinung der Macht: Wer Macht über das Leben anderer anstrebt und erhält, wird bei Straftaten seiner Untergebenen haftbar gemacht, falls er bei seiner Aufsicht ernsthaft fahrlässig gehandelt oder Ermittlung und Bestrafung sorglos gehandhabt hat. Das Prinzip der Befehlsverantwortung wird auch aus den Anklagen gegen die DDR-Führung in Gestalt von Erich Honecker und Egon Krenz ersichtlich, die mit ihrer Politik die Grenzposten darin bestärkten, Zivilisten bei Fluchtversuchen über die Berliner Mauer zu erschießen. Die Führung stellte sicher, dass die Wachposten für ihre Todesschüsse niemals bestraft wurden (Honecker wurde selbst vom Krebstod ereilt, bevor er vor Gericht gestellt werden konnte, aber Krenz wurde zu sechs Jahren Gefängnis wegen Totschlags in Mittäterschaft verurteilt). Das Prinzip der Befehlsverantwortung in seiner Anwendbarkeit auf

nicht-militärische Vorgesetzte wie den Papst (die Kriterien im Fall militärischer Befehlshaber sind strikter) wird in Artikel 28(b) des IStGH-Statuts wie folgt formuliert:

VERANTWORTLICHKEIT MILITÄRISCHER BEFEHLSHABER UND ANDERER VORGESETZTER

Artikel 28 (b) […] *ein Vorgesetzter [ist] strafrechtlich verantwortlich* für der Gerichtsbarkeit des Gerichtshofs unterliegende Verbrechen, die von *Untergebenen unter seiner tatsächlichen Führungsgewalt* und Kontrolle als Folge seines *Versäumnisses begangen wurden, eine ordnungsgemäße Kontrolle über diese Untergebenen auszuüben*, wenn:

i) der Vorgesetzte entweder *wusste*, dass die Untergebenen solche Verbrechen begingen oder zu begehen im Begriff waren, oder eindeutig darauf hinweisende Informationen *bewusst außer Acht ließ*;
ii) die Verbrechen *Tätigkeiten* betrafen, *die unter die tatsächliche Verantwortung* und Kontrolle des Vorgesetzten fielen, und
iii) der Vorgesetzte *nicht alle in seiner Macht stehenden erforderlichen und angemessenen Maßnahmen ergriff*, um ihre Begehung zu verhindern oder zu unterbinden oder *den zuständigen Behörden die Angelegenheit zur Untersuchung und Strafverfolgung vorzulegen.*

200. Wenn man eine Strafverfolgung wegen grob fahrlässigen Verhaltens in Bezug auf sexuellen Missbrauch durch Kleriker in Betracht ziehen würde, dann auf Grundlage von Artikel 28(b)(iii). Es kann kein Zweifel daran bestehen, dass Joseph Ratzinger während seiner gesamten Amtszeit als Präfekt der Glaubenskongregation die Befehlsver-

antwortung innehatte für die Entscheidungen derjenigen Instanz des Heiligen Stuhls, die unter kanonischem Recht mit der Aufsicht (und ab 2001 der Regie) betraut war, was den Umgang mit Beschuldigungen wegen sexuellen Missbrauchs durch Kleriker betraf. Der Missbrauch selbst war ausgedehnt und systematisch, mit Sicherheit in den USA, Irland, Australien und Teilen Europas, Orte, an denen ordentliche Untersuchungen stattgefunden haben. (Zuverlässigen Prognosen zufolge war er noch schlimmer in den Entwicklungsländern, wo bislang noch keine ordnungsgemäßen Ermittlungen stattgefunden haben.) (Siehe Absatz 37) Es ist wahrscheinlich, dass Kardinal Ratzinger das Ausmaß bekannt war, da die Bischöfe im Rahmen von *Crimen* angewiesen waren, sämtliche Fälle der Glaubenskongregation zu melden. Er war verantwortlich für das System, in dem Anschuldigungen mit äußerster Geheimhaltung und ohne Unterrichtung der nationalen Strafverfolgungsbehörden abgewickelt wurden. Er hätte um die Verschiebung pädophiler Priester wissen müssen, da die Glaubenskongregation sie in einer Reihe von Fällen bewilligte. Was er aber tatsächlich wusste bzw. bewusst übersah, kann nur durch Einsichtnahme in die „geheimen Archive" des Vatikans festgestellt werden, die sich, Touristenplänen zufolge, direkt neben der Sixtinischen Kapelle befinden, mit größerer Wahrscheinlichkeit jedoch in den Büros der Kurie in Rom zu finden sind. (Für einen Zugriff müsste man sich über die Immunität des Heiligen Stuhls hinwegsetzen, da der Vatikan seit 1939 keinen Zugang mehr zu päpstlichen Dokumenten gestattet.)

201. Die ganze Tragweite des Prinzips der Befehlsverantwortlichkeit ist in einer Reihe völkerrechtlicher Strafprozesse ausgeleuchtet worden, allerdings im Zusammenhang mit hierarchisch-militärischer Führung. Dabei muss die Strafverfolgung nicht beweisen, dass die Untätigkeit des Vorgesetzten die späteren Verbrechen *verursacht* hat. Dazu schreibt Professor Cassesse im führenden Lehrbuch zum Völkerstrafrecht:

> Ein Vorgesetzter verletzt seine *Anzeigepflicht* bei den zuständigen Behörden bezüglich Verbrechen, die von seinen Untergebenen ohne sein Wissen verübt wurden. Hierbei weiß der Vorgesetzte, dass ein Verbrechen verübt worden ist, unterlässt es aber, die Aufmerksamkeit der für die Ermittlung oder Verfolgung des Verbrechens zuständigen Stelle unmittelbar darauf zu lenken. In diesem Fall muss der Vorgesetzte mit einer Bestrafung wegen der konkreten Straftat der Nicht-Anzeige rechnen. Dieses Vergehen unterscheidet sich deutlich von dem seiner Untergebenen: Er ist dafür verantwortlich, wenn er es – sobald ihm die Straftat seiner Untergebenen bekannt wird – bewusst oder schuldhaft fahrlässig versäumt, sie den zuständigen Behörden zur Bestrafung anzuzeigen. Hier kann das Verhalten des Vorgesetzten nicht so angesehen werden, als habe es die Straftat verursacht oder zu ihrer Begehung beigetragen.[11]

202. Kurz gefasst: Vorgesetzte in verantwortlicher Stellung – erst recht Staatsoberhäupter – sind gesetzlich verpflichtet, ihre Untergebenen strafrechtlich zur Verantwortung zu ziehen, und diese Pflicht wird nicht ausreichend erfüllt, wenn sie nur von einem kirchlichen Disziplinarsystem zur Verantwortung gezogen werden, das keine „Bestra-

fung" im üblichen Sinn dieses Wortes vorsieht. Ein Bischof ist keine „zuständige Behörde" im Sinne von Absatz 28(b)(iii), da ihm das kanonische Recht über die Verhängung von Gebeten und Bußen hinaus keine gesetzliche Autorität zur Ermittlung und Bestrafung verleiht. Das Erfordernis der „Kenntnis" ist erfüllt durch die Wahrnehmung, dass Priester (die „Untergebenen") sexuellen Kindsmissbrauch verüben oder wahrscheinlich verüben werden – die Nichtbeachtung der bei der Glaubenskongregation eingehenden Informationen ist keine Entschuldigung, denn dies wäre „bewusst außer Acht lassen". Aus der Rechtsprechung geht klar hervor, dass Befehlsverantwortung vorliegt, wenn der Vorgesetzte „Informationen allgemeiner Art" über die Straftaten und die Wahrscheinlichkeit ihres Begehens besitzt – um haftbar gemacht zu werden, muss er keine Details über konkrete Straftaten oder Straftäter wissen (so wurden Befehlshaber etwa schon für Handlungen von Soldaten haftbar gemacht, wenn sie wussten, dass sich darunter seelisch instabile oder zur Trunksucht neigende Personen befanden).[12] Der Papst und der Präfekt der Glaubenskongregation tragen effektiv Verantwortung für das Verhalten von Priestern, und die Frage, die sich nach Artikel 28(b)(iii) stellt, lautet: Haben sie es versäumt, „alle in [ihrer] Macht stehenden erforderlichen und angemessenen Maßnahmen" zu ergreifen, um sexuellen Kindsmissbrauch zu verhindern oder zu unterbinden oder ihre Bischöfe anzuweisen, „den zuständigen Behörden die Angelegenheit zur Untersuchung und Strafverfolgung vorzulegen"? In diesem Punkt sähe sich Joseph Ratzinger eindeutig mit einer schlüssigen Klage konfrontiert, sowohl als Präfekt der Glaubenskongregation (1981– 2005) wie danach als Papst, der sich nach wie vor – zuletzt erst wieder mit den „neuen Normen" im Juli 2010 – weigert, eine Regelung zu erlassen, wonach diese Straftaten stets bei der Polizei anzuzeigen sind.

203. Hier ist zu sagen – und es wurde auch von Gerichten gesagt, die Militärführer nach dem Prinzip der Befehlsverantwortung verurteilt haben –, dass die Urteile gemäßigt und gnädig ausfallen sollten, da der Befehlshaber die grausamen Absichten des Täters nicht teilt, ja sein Verbrechen vielleicht sogar verabscheut. Der subjektive Tatumstand, den die Anklage nachweisen muss, ist grobe oder schwere Fahrlässigkeit, wie sie das absichtliche Übersehen von Informationen darstellt, bei deren Erhalt eine moralische Pflicht zum Handeln entsteht. Im hypothetischen Fall des Papstes ist die Frage, ob er um die Verbrechen seiner Untergebenen hätte wissen müssen oder ob er, falls er tatsächlich davon wusste, hätte erkennen müssen, dass es zur Beendigung solcher Taten oder zur Abschreckung angemessen und erforderlich war, das „päpstliche Geheimnis" zu lüften und die Bischöfe anzuweisen, die Polizei einzuschalten, anstatt die Täter bloß zu verwarnen oder sie in neue Pfarreien zu versetzen oder sie zu Therapien zu schicken, die bekanntlich nur selten etwas bewirken. Der subjektive Tatumstand, der zum Begehen der Straftat „Unterlassen der Meldung der Angelegenheit bei den zuständigen Behörden zur Untersuchung und Strafverfolgung" erforderlich ist, könnte reichen von vorsätz-

licher Blindheit bis zum trotzigen Widerstand aufgrund irgendeiner Annahme, das kanonische Recht sei besser und versöhnlicher als das Strafrecht oder, da der Heilige Stuhl ein Staat sei, seien seine Bediensteten keiner Bestrafung unterworfen, außer im Rahmen seiner eigenen spirituellen Bußübungen.

204. Wenn jemand, der den Papst wegen Verbrechen gegen die Menschlichkeit nach dem Rom-Statut anklagen wollte, bis hierhin einen schlüssigen Fall hat, so stellt sich nun ein großes Problem. Bereits kurz nach Errichtung des Gerichtshofs machten sich die Vertragsparteien an der in den Statuten festgelegten Definition von „Verbrechen gegen die Menschlichkeit", die im Allgemeinen die Definition solcher Verbrechen nach Völkergewohnheitsrecht wiedergibt, zu schaffen. Sie billigten ein umfängliches Dokument mit dem Namen „Elements of Crime" (Verbrechenselemente), das das Erfordernis in Artikel 7(2)(a) erklären sollte, dass der Angriff auf die Zivilbevölkerung *„in Ausführung oder zur Unterstützung der Politik eines Staates oder einer Organisation, die einen solchen Angriff zum Ziel hat"* geschehen müsse. Obschon „Elements of Crime" klarstellt, dass es sich dabei nicht um einen militärischen Angriff handeln muss, hält das Dokument doch fest, der Staat oder die Organisation müsse *„einen derartigen Angriff auf die Zivilbevölkerung aktiv fördern oder unterstützen".*[13] Es könnte niemals gesagt werden, der Papst oder die Glaubenskongregation unter seiner Leitung hätten sexuellen Missbrauch *aktiv* gefördert, ganz gleich, wie wenig das kanonische Recht zur Abschreckung tat und wie sehr

ihnen hätte bewusst sein müssen, dass die „Wiedereinsetzung" Pädophiler grünes Licht gab für neue Straftaten. Wie aber ist dies vereinbar mit der Befehlsverantwortung gemäß Artikel 28? Die Wahrheit ist: Es ist gar nicht vereinbar, weshalb die Autoren von „Elements of Crime" für solche Fälle eine verwässerte Version von Artikel 28(b) erstellten. Sie legten fest, dass in Ausnahmefällen eine Politik auch umgesetzt werden kann durch das vorsätzliche Unterlassen einer Handlung, das bewusst auf die Unterstützung eines solchen Angriffs abzielt. Auf das Vorliegen einer solchen Politik könne jedoch nicht einzig und allein aus dem Nichthandeln von Regierungen oder Organisationen geschlossen werden.[14]

205. Man könnte fast meinen, die Diplomaten, die diesen Teil der im September 2002 von den 60 ursprünglichen Vertragsstaaten des IStGH-Statuts verabschiedeten „Elements of Crime" verfasst haben, hätten den Papst im Sinn gehabt. Ihre verwässerte Version scheint maßgeschneidert dafür, ihn von der Befehlsverantwortung auszunehmen, da es schwer ist, sein Nicht-Handeln als „bewusst auf die Unterstützung des Missbrauchs abzielend" zu beschreiben. Tatsächlich gehen die „Elements of Crime" auf eine Initiative der USA zu einer Zeit zurück (Bush war noch nicht US-Präsident), zu der das Land verhalten auf der Seite des Gerichtshofs stand. Das Verwässern des Prinzips der Befehlsverantwortung hatte mehr damit zu tun, künftig Personen vom Schlage eines Richard Nixon oder Henry Kissinger zu schützen als den Papst, und wurde insbesondere von der Türkei und

anderen betroffenen Ländern unterstützt, denen es darum zu tun war, Rückschlüsse auf ihre militärischen Führungskräfte zu verhindern, die es unterließen, die Streitkräfte von Angriffen gegen Aufständige abzuhalten. Doch das 50-seitige „Elements of Crime"-Dokument, das vom vorbereitenden IStGH-Ausschuss im Juni 2000 erstellt und von der Versammlung der Vertragsstaaten im September 2002 verabschiedet wurde, ist nun eine Quelle des Rechts, das der Gerichtshof anzuwenden hat. Allerdings sind die „Elements of Crime" gegenüber dem IStGH-Statut selbst subsidiär, das Vorrang vor sämtlichen anderen Rechtsquellen hat, so dass sie lediglich „dem Gericht [helfen] bei der Auslegung und Anwendung" der Vorschriften des Statuts bezüglich eines Verbrechens gegen die Menschlichkeit (IStGH-Statut, Artikel 9). Gemäß Artikel 9(3) müssen die „Verbrechenselemente" vereinbar sein mit dem Statut, doch sie sind schlicht unvereinbar mit der satzungsgemäßen Definition von „Befehlsverantwortung" nach Artikel 28 des Statuts,[15] sowie auch mit dem weit gefassten Prinzip im Fall Yamashita und dem Völkergewohnheitsrecht.

206. Diese schwerwiegende und ungelöste Problematik muss geklärt werden, insbesondere weil diese verwässerte Version keinen Platz im Gewohnheitsrecht hat. Artikel 15 des IStGH-Statuts bietet dazu die Möglichkeit, falls Opfer von sexuellem Missbrauch durch Kleriker oder eine Nichtregierungsorganisation bereit wären, die Sache vor Gericht zu bringen und dem Ankläger beim Internationalen Strafgerichtshof Informationen zur Verfügung zu

stellen, die diesem plausibel genug erschienen, um Ermittlungen gegen den Vatikan zu rechtfertigen. Er würde den Fall zunächst einer mit drei Richtern besetzten Vorverfahrenskammer unterbreiten und dort beantragen, ihm die Aufnahme formeller Ermittlungen zu genehmigen. In diesem Vorverfahren, bei dem die Opfer Eingaben machen können, könnte entschieden werden, ob die Sache unter die Gerichtsbarkeit des Gerichtshofs fällt, d.h. ob der ausgedehnte sexuelle Missbrauch durch katholische, unter Aufsicht des Vatikans stehende Priester einen „Angriff auf eine Zivilbevölkerung" im Sinne der Artikel 7 und 28 des IStGH-Statuts darstellt, unbeschadet der restriktiven Definition in den „Verbrechenselementen". Die zentrale Frage wäre hier sogar, ob eine derartige Definition das Erfordernis des Artikels 9(3) hinsichtlich Vereinbarkeit mit den Artikeln 7 und 28 des Statuts erfüllt. Artikel 18 und 19 enthalten weitere Bestimmungen, nach denen die Vorverfahrenskammer vorläufige Anordnungen treffen kann, bevor es dann um die Frage der Anklageerhebung geht.

207. In dem Vorbereitungsstadium könnte der Vatikan die Zuständigkeit des Gerichtshofs in Frage stellen, und die Opfer könnten ebenfalls Eingaben machen – wie übrigens auch andere Vertragsstaaten, insbesondere Deutschland, das Heimatland des Papstes, das (da der IStGH ein Gericht letzter Instanz ist) die Unzulässigkeit einer evtl. Klage herbeiführen könnte, indem es nachweist, dass seine eigenen Strafverfolgungsbehörden ernsthafte Ermittlungen dahingehend aufgenommen haben, ob sein

Staatsangehöriger mitschuldig ist an der Vertuschung von weltweit durch katholische Priester begangenem Missbrauch. Die Ausgangsentscheidung darüber, ob die Sache ein Vorgehen des IStGH rechtfertigt, wäre vom Ankläger des IStGH, Luis Moreno Ocampo, zu treffen, der als früherer Verteidiger pädophiler Priester in seinem Heimatland Argentinien über beträchtliche Erfahrung auf diesem Gebiet verfügt; bei ihm könnte man sich darauf verlassen, dass er angemessene Entscheidungen über das weitere Vorgehen treffen würde. Man hätte hier einen geeigneten Testfall für die Klarstellung, was das Erfordernis der „staatlichen Politik" in der Definition eines Verbrechens gegen die Menschlichkeit genau bedeutet, und in welchem Bezug es steht zum Prinzip der Befehlsverantwortlichkeit. Man muss jedoch erkennen, dass sich der IStGH noch in einem frühen Stadium befindet (das erste Verfahren wurde eingeleitet und dann wieder unterbrochen, bis jetzt wurde noch kein Prozess dort abgeschlossen) und von politischem Druck gebeutelt wird (insbesondere seitens afrikanischer Staaten, die über seinen Haftbefehl gegen Präsident Bashir erzürnt sind); es ist also wahrscheinlich, dass er einem Prozess gegen den Pontifex zurückhaltend gegenüberstehen würde – selbst wenn ein solches Verfahren demonstrieren würde, dass er sich nicht nur um afrikanische Führer kümmert.

208. Es gibt eine Alternative, mit der sich die „Elements of Crime"-Problematik des IStGH umgehen ließe, nämlich die Strafverfolgung in einem Land, in dem die Gerichte ihre „universelle Jurisdiktion" hinsichtlich Verbrechen

gegen die Menschlichkeit bejahen. Verwirrenderweise würde ein derartiges Strafverfahren nach Völkergewohnheitsrecht erfolgen und nicht nach dem Römischen Statut; dabei bietet das Gewohnheitsrecht den Vorteil, dass es kein Erfordernis dahingehend enthält, dass der Angriff im Rahmen einer „Politik" eines Staates oder einer Organisation erfolgt sein muss,[16] und auch nicht die weitere Einschränkung aus den „Elements" gilt, dass der Staat den Angriff „aktiv fördern oder unterstützen" muss. Nach Gewohnheitsrecht ist der Nachweis durch den Ankläger ausreichend, dass „die Vorgehensweise [d. h. der systematische und ausgedehnte klerikale Kindsmissbrauch] von dem Staat oder der Organisation hingenommen oder toleriert wurde, oder ihm zugestimmt wurde",[17] was einer eventuellen Anklage gegen Vatikan und Glaubenskongregation näher käme. Zur Last gelegt würden ihnen Beihilfe zu einem Verbrechen gegen die Menschlichkeit, indem sie den Opfern ewiges Stillschweigen auferlegten und einen Prozess nach kanonischem Recht betrieben, der auf Bestrafung verzichtete und so ausgelegt war, dass er unverbesserlichen pädophilen Priestern Beistand, Zuspruch und moralische Unterstützung zuteil werden ließ.

209. Wenn der Papst ein Staatsoberhaupt ist, dann wurde die Befugnis zu seiner strafrechtlichen Verfolgung außerhalb von UN-Gerichten durch die Entscheidung des Internationalen Strafgerichtshofs im Fall Demokratische Republik Kongo gegen Belgien stark eingeschränkt.[18] Demnach muss ein Außenminister (und umso mehr noch ein

Staatsoberhaupt) überall, wohin er sich bewegt, Immunität genießen, um seine Pflichten erfüllen zu können. (Dieses Grundprinzip würde den Papst nur auf „Staatsbesuchen" schützen und nicht bei Reisen, auf denen er lediglich religiöse Funktionen als Oberhaupt der Kirche wahrnimmt, z. B. zu einem „Weltjugendtag".) Wenn der Heilige Stuhl jedoch kein Staat ist, dann wäre sein Führer einem Gericht mit universeller Jurisdiktion unterworfen, sobald er in dessen Zuständigkeitsbereich gelangt, sei es auf einer Papstreise oder infolge der Vollstreckung eines internationalen Haftbefehls, den eine nationale Strafverfolgungsinstanz durch Interpol ausstellen lassen könnte, oder eines noch wirksameren europäischen Haftbefehls. Eine Folge der Einleitung eines solchen Verfahrens wäre, dass eine Klärung der rechtlichen Frage nach der Staatseigenschaft des Heiligen Stuhls durch ein Gericht erforderlich würde; wäre ein europäisches Land der Schauplatz, dann könnte diese Frage letztlich vor den Europäischen Gerichtshof für Menschenrechte gebracht werden.[19] Jeder derartige Fall würde nach Völkergewohnheitsrecht und nicht nach dem Römischen Statut für den IStGH abgehandelt, so dass auch Ereignisse vor Juli 2002 verhandelt werden könnten.

210. Ein geeigneter Ort für eine eventuelle derartige Klage könnte Belgien sein, wo unter Leitung eines Untersuchungsrichters bereits eine polizeiliche Untersuchung über die Verwicklung hoher kirchlicher Kreise in den Kindsmissbrauch läuft. Im Juni 2010 nahm die Polizei sogar die neun katholischen Bischöfe des Landes und den Nun-

tius für einen Tag fest, während sie mehrere kirchliche Computer beschlagnahmte und 475 Vorgangsakten einer vor dem Scheitern stehenden, kirchlich ernannten Kommission an sich nahm.[20] Sollten die belgischen Strafverfolgungsbehörden diese polizeilichen Ermittlungen fortsetzen, wäre es nur logisch, wenn sie dabei über den Kreis der Bischöfe hinausschauen und die Verantwortlichkeit des Vatikans überprüfen würden. Der Papst sollte sich darauf einstellen, Dokumente aus den Geheimarchiven des Vatikans offenzulegen, die für die strafrechtlichen Ermittlungen höchst bedeutsam sein würden und den Verdacht ja auch entschärfen könnten, sollte daraus beispielsweise hervorgehen, dass er hinter den Kulissen alles ihm Mögliche zur Lösung des Problems unternommen hat. Im wahrscheinlicheren Fall, dass er die Offenlegung einschlägigen Materials verweigern würde, würde der Erlass einer Europäischen Beweisanordnung durch ein belgisches Gericht auf Offenlegung von Akten der Glaubenskongregation (die sich sehr wahrscheinlich außerhalb des Vatikans in den Büros der Glaubenskongregation in Rom befinden) eine Menge wichtiger rechtlicher Fragen aufwerfen – über die Erfüllungspflichten Italiens gegenüber dem Europarat und über die Staatseigenschaft des Vatikans, falls die Akten der Glaubenskongregation eilig in die Geheimarchive des Vatikans neben des Sixtinischen Kapelle verbracht werden.

211. Diese Perspektive eines Prozesses gegen den Heiligen Stuhl in Europa, und sogar gegen den Papst, mag weit hergeholt erscheinen. Doch der Europäische Gerichtshof

für Menschenrechte hat sich bereits dagegen verwahrt, dass dem Völkerrecht durch die von Mussolini in den 1920er Jahren getroffenen Abmachungen Fesseln angelegt wurden. Ein Gesetz aus dieser Zeit, das das Anbringen eines Kruzifixes in allen staatlichen Schulen in Italien vorsah, wurde 80 Jahre später als unrechtmäßige Einmischung in das Recht der Eltern gewertet, ihre Kinder in einer Art und Weise erziehen zu lassen, die neben dem katholischen Glauben auch andere Glaubensrichtungen respektiert. Eine versuchte Rechtfertigung durch Verweis auf die Rolle der katholischen Religion in der italienischen Geschichte und den Traditionen des Landes wurde nachdrücklich zurückgewiesen – Eltern wie Kinder hätten das Recht, an andere Religionen oder auch an gar keine zu glauben.[21] Daneben hat der Europäische Gerichtshof in Italien geltende Bestimmungen des Konkordats von 1929 verurteilt, die es vatikanischen Gerichten ermöglichten, Ehen auf Antrag des Ehemanns zu annullieren, ohne seine Ehefrau über die Aussage ihres Ehemanns zu informieren oder ihr einen Anwalt anzubieten. Der Gerichtshof stellte fest, dass das kanonische Recht die in der Europäischen Konvention enthaltene Garantie eines fairen Prozesses verletze.[22] Im anglo-amerikanischen Rechtskreis gilt seit langen Jahren der Grundsatz, dass das kanonische Recht der römisch-katholischen Kirche fremdes Recht ist und keinen Platz im Recht des Landes hat: Ein Gericht kann es nur beachten, wenn von einer Partei ein entsprechender Sachverständigenbeweis angetreten wird.[23] Zumindest in einer Nation, nämlich den USA, wurde über die Verfassung (die die Einführung einer Staatsreligion verbietet) die Verwendung von Steuergeldern für Papstbesuche gestoppt,[24] in deutlichem Gegensatz zu Großbritannien, wo sich anglikanische, jüdische, muslimische und atheistische Steuerzahler an den Kosten beteiligen müssen. In Frankreich wurde ein Bischof bestraft, weil er einem pädophilen Priester Unterschlupf gewährt und die Polizei nicht benachrichtigt hatte. Dies sind nur erste Vorzeichen, die aber zeigen, wohin der Wind weht – ein Wind, der auch an den bunten Kirchenfenstern des Petersdoms zu rütteln beginnt.

212. Es hat viele müßige Spekulationen darüber gegeben, ob der Papst bei seinem Besuch in Großbritannien verhaftet werden könnte. Verwirrung stiftete der Haftbefehl gegen die frühere israelische Verteidigungsministerin Tzini Livni, den ein Londoner Richter im Dezember 2009 im Zusammenhang mit dem Gaza-Krieg erlassen hatte und der sie zur Absage ihres Besuchs bewog. Doch dieser Haftbefehl erging wegen eines „schwerwiegenden Verstoßes" gegen die Genfer Konvention, ein Verbrechen, das nur im Zuge eines bewaffneten Konflikts verübt werden kann.[25] Die universelle Jurisdiktion wegen Verbrechen gegen die Menschlichkeit ist nach Absatz 51 des britischen International Criminal Court Act von 2001 beschränkt auf Straftaten, die entweder in Großbritannien oder von britischen Staatsbürgern außerhalb verübt werden, so dass ein Haftbefehl unwahrscheinlich ist; für den Papstbesuch würde zudem, wenn die Gerichte (wie die britische Regierung) den Papst als Staatsoberhaupt ansehen, diplomatische Immunität gemäß dem Diplomatic Privileges Act

von 1964 gelten (der gemäß Absatz 20 des State Immunities Act auf Staatsoberhäupter anzuwenden ist). Die Gesetze zur universellen Jurisdiktion in anderen europäischen Ländern wie Belgien und Irland sind wesentlich breiter gefasst und nicht auf Verbrechen gegen die Menschlichkeit während eines Krieges beschränkt.

213. Allerdings gibt es in Großbritannien ein Gesetz gegen versuchte Rechtsvereitelung, die zum Beispiel darin bestehen kann, dass eine Straftat vertuscht oder ein Täter dabei unterstützt wird, sich der Gerechtigkeit zu entziehen - unabhängig davon, ob bereits polizeiliche Ermittlungen eingeleitet wurden,[26] und in den meisten Ländern des Commonwealth wird die Nichtanzeige eines begangenen Verbrechens bestraft, also das Verschweigen der Kenntnis einer schwerwiegenden Straftat gegenüber den Strafverfolgungsbehörden (gegen Roger Mahony, Kardinal in Los Angeles, läuft gerade ein Grand-Jury-Ermittlungsverfahren aus genau diesem Grund.) Eine Absprache zwischen einem vatikanischen Amtsträger und einem Ortsbischof, um einen als schuldig bekannten Priester in eine andere Pfarrei oder ein anderes Land zu versetzen oder auch nur, um ihn einem geheimen Verfahren zu unterziehen, kann den Betreffenden als „conspiracy" (Verschwörung) zur Last gelegt werden. In Großbritannien unterläge es der Entscheidung des Director of Public Prosecutions, ob eine entsprechende Anklage erfolgt, und es müsste ein Beweis dafür vorliegen, dass das Verbrechen eines in Großbritannien straffällig bekannten Priesters durch Vereinbarung zwischen seinem Ortsbischof und dem

Verbrechen gegen die Menschlichkeit

Oberhaupt der Glaubenskongregation oder einem sonstigen vatikanischen Amtsträger verheimlicht wurde. In Großbritannien hätte dies nach 2001 nicht mehr geschehen können, falls die Nolan-Empfehlung, sämtliche Fälle bei der Polizei zu melden, tatsächlich befolgt worden wäre – doch Vertuschungen dieser Art waren gängig in Europa, wo die Ermittlungsrichter jetzt beginnen, eine Spur zu verfolgen, die sie in den Vatikan führen könnte.

214. Lesern, die keine Juristen sind, aber auch solchen, die Juristen sind wie Jack Straw (der, wie Elizabeth Wilmshurst bei der Irak-Untersuchung ausführte, „kein Völkerrechtler" ist), wird dieses Kapitel zweifellos übermäßig fachlich und kompliziert vorkommen. Das ist ein ständiges Problem beim Völkerrecht, insbesondere beim internationalen Strafrecht, das prinzipiell so einfach sein müsste, dass potenzielle Verbrecher es verstehen können. Man muss sich jedoch in Erinnerung rufen, dass dieses Rechtsgebiet, nachdem es bei den Prozessen von Nürnberg und Tokio erstmals in Erscheinung getreten war, durch den Kalten Krieg fünfzig Jahre lang auf Eis lag und sich immer noch in einer frühen Phase seiner Entwicklung befindet. Die bisherigen Fälle von „Befehlsverantwortung" betreffen alle politische und militärische Führer in einer andauernden Kriegssituation – eine nennenswerte Strafverfolgung wegen Verbrechen in Friedenszeiten hat noch nicht stattgefunden. Das aber muss der nächste Schritt sein im Kampf um weltweite Gerechtigkeit: Pionierarbeit ist gefordert hinsichtlich der Strafverfolgung von Führungspersonen, deren Staaten systematisch schwerwie-

gende Verbrechen gegen die eigene Bevölkerung verüben, die sich nichts weiter hat zuschulden kommen lassen als eine abweichende Meinung. Das Musterbeispiel für Verfolgung ist ebenfalls eine Theokratie, allerdings eine barbarische: Im Iran wurden nach Ende des Krieges mit Saddam 1988 Tausende von politischen Häftlingen ermordet, und viele Mitglieder der heutigen Führung einschließlich des obersten Führers waren daran beteiligt. Heute billigen sie die Steinigung von Frauen, die beim Ehebruch ertappt wurden, die Folterung politischer Gefangener und die Ermordung von Regimekritikern im Ausland. Es bleibt zu hoffen, dass das Völkerrecht mit der Zeit sein wirkliches Abschreckungspotential entfalten wird, gegenüber Staatschefs, die zur Verantwortung gezogen werden, wenn sie ihr eigenes Volk oder ihre eigenen Gläubigen unterdrücken, oder ihre Augen vor den Verbrechen ihrer eigenen Leute verschließen. Es mag die Krönung der Ironie sein: Die Entscheidung des Vatikans, als Staat zu gelten, macht ihn haftbar gegenüber einem Völkerrecht, das Mechanismen entwickelt, um ein verantwortliches Handeln von Staaten einzufordern.

10. Kann man den Papst verklagen?

Der Bischof der Kirche von Rom, in dem das vom Herrn einzig dem Petrus, dem Ersten der Apostel, übertragene und seinen Nachfolgern zu vermittelnde Amt fortdauert, ist Haupt des Bischofskollegiums, Stellvertreter Christi und Hirte der Gesamtkirche hier auf Erden; deshalb verfügt er kraft seines Amtes in der Kirche über höchste, volle, unmittelbare und universale ordentliche Gewalt, die er immer frei ausüben kann.

Can. 331

215. Sexueller Kindsmissbrauch ist nicht nur ein Verbrechen, sondern auch eine unerlaubte Handlung (des Angriffs und der Körperverletzung eines Menschen), die einen körperlichen oder seelischen Schaden verursacht, für den das Opfer auf finanzielle Entschädigung klagen kann. Der unmittelbare Täter wird, wenn er Priester ist und damit per definitionem ein Armutsgelübde abgelegt hat, kaum in der Lage sein, Schadensersatz zu leisten, aber in den meisten Fällen wird sein Arbeitgeber, also der Bischof oder die Diözese, für den oder die er arbeitet, nach dem Prinzip der Haftung für Hilfspersonen ebenfalls haften, weil die unerlaubte Handlung im Rahmen des Beschäftigungsverhältnisses verübt wurde. Bischöfe könnten auch direkt haftbar gemacht werden wegen fahrlässig unterlassener Überwachung des Priesters oder mangelnder

Fürsorge für die ihm anvertrauten Kinder, wenn beispielsweise deren Beschwerden nicht beachtet wurden oder eine effektive Untersuchung unterlassen wurde. In den meisten Fällen werden sich die Kläger daher nicht an Rom halten müssen, um einen Angeklagten mit „dicker Brieftasche" zu finden; Diözesen haben normalerweise Versicherungen, die bei zivilrechtliche Klagen eintreten und entscheiden, ob streitig verhandelt oder der Fall durch einen Vergleich beigelegt werden soll. Die Gerichte in den meisten Ländern des anglo-amerikanischen Rechtskreises haben Regelungen zur Arbeitgeberhaftung bei sexuellen Übergriffen durch Mitarbeiter entwickelt und wenden im Allgemeinen die Haftung für Hilfspersonen an, wenn die unerlaubte Handlung des Mitarbeiters mit seiner Tätigkeit zusammenhängt, wie in den meisten Fällen klerikalen Missbrauchs.[1] Es gibt allerdings Ausnahmefälle; in den USA sind Diözesen Körperschaften mit eigener Rechtspersönlichkeit (corporate entities), was Klagen gegen sie erleichtert, sie jedoch als Antragsgegner ungeeignet macht, wenn sie Konkurs anmelden. Und in einigen Ländern des anglo-amerikanischen Rechtskreises besteht die katholische Kirche als rechtlich nicht verfasste Vereinigung, ist also keine juristische Person und kann nicht in eigenem Namen verklagt werden; eine Klage wird also scheitern, wenn der Kläger nicht die Führungskräfte benennen kann, die infolge ihrer aktiven oder leitenden Funktion persönlich haftbar gemacht werden können.[2] Es gibt mit anderen Worten berechtigte Ansprüche, die aus technischen oder rechtlichen Gründen nicht von beklagten Kirchenvertretern vor Ort erfüllt werden können, so dass manche Kläger also guten Grund haben, rechtliche Schritte gegen den Heiligen Stuhl oder den Papst in Erwägung zu ziehen.

216. Es ist weder prinzipiell noch rechtlich etwas dagegen einzuwenden, wenn Schadensersatz von der letztendlich für einen Schaden verantwortlichen Organisation (oder deren Leiter) verlangt wird. Gerichtsverfahren dienen nicht nur dazu, die Geschädigten zu entschädigen, sie sollen auch der betreffenden Organisation einen maximalen Anreiz dazu bieten, ihre Verfügungsgewalt so einzusetzen, dass anderen Personen ein ähnlicher Schaden künftig erspart bleibt. Hinter dem Grundsatz des *Respondeat Superior*, nach dem ein Arbeitgeber für die Handlungen seiner Beauftragten und Arbeitnehmer haftet, unabhängig davon, ob eine direkte Anweisung erfolgt ist, steht der Gedanke, diesen zu größerer Sorgfalt bei der Auswahl und Kontrolle solcher Personen anzuhalten. Der Papst ernennt und entlässt Bischöfe und ist letztlich verantwortlich für die Disziplinierung von Priestern: Can. 331 des kanonischen Rechts verleiht ihm die höchste Gewalt in der Kirche. Der Heilige Stuhl hat bislang keine Schwierigkeiten damit gehabt, kraft seiner moralischen und rechtlichen Autorität über Untergebene in katholischen Orden, die dem Papst „als ihrem höchsten Oberen" durch Gehorsam verpflichtet sind (Canon 590), Kleriker überall auf der Welt für Fehler in Lehre und Moral zur Verantwortung zu ziehen. Folglich könnte die Zulassung von Klagen gegen den Heiligen Stuhl wegen sexuellen Missbrauchs durch Kleriker „einen entscheidenden strategi-

schen Effekt haben, indem sie bessere Schutzmaßnahmen und eine strengere Überwachung von Seiten der höchsten Ebene der Kirchenverwaltung fördern und die Notwendigkeit der Zusammenarbeit mit den Strafverfolgungsbehörden hervorheben würde, während gleichzeitig die Kirchenführung ihre Leistungsfähigkeit bei der Aufsicht über ihr Personal und dem Schutz der ihr anvertrauten Gläubigen unter Beweis stellen müsste".[3] Gibt es angesichts dieser augenfälligen öffentlichen Interessen einen guten Grund, warum Kläger in geeigneten Fällen von Klagen gegen das Oberhaupt oder das Leitungsorgan der katholischen Kirche ausgeschlossen werden sollten?

217. Die erste Hürde, die es dabei zu überwinden gilt, ist die staatliche Immunität, die vor Zivilklagen ebenso wie vor strafrechtlicher Verfolgung schützt. Im Fall „Doe gegen die römisch-katholische Diözese Galveston-Houston und Joseph Kardinal Ratzinger" war der zweitgenannte Beklagte zum Zeitpunkt der Verhandlung bereits Papst Benedikt XVI. Als Kardinal Ratzinger wurde er beschuldigt, das Vertuschungssystem von *Crimen* gebilligt zu haben; sein Schreiben von 2001, so argumentierten die Kläger, „ist offensichtlich konspirativ, da es die Erzdiözese daran erinnert, dass sexueller Missbrauch Minderjähriger durch Kleriker der ausschließlichen Kontrolle der Kirche und der päpstlichen Geheimhaltung unterliegt".[4] Das US-Außenministerium jedoch reichte eine von Bush-Anwalt John Bellinger III. unterzeichnete sogenannte „Suggestion of Immunity" ein, in der es u. a. hieß: „Die apostolische Nuntiatur hat offiziell darum ersucht, die US-

Regierung möge alle erforderlichen Schritte unternehmen, um die Abweisung dieser Klage gegen Papst Benedikt XVI. zu erwirken".[5] Amerikanische Gerichte behandeln solche „Vorschläge" seitens des Außenministeriums ehrerbietig als Diktate, und die Klage wurde angesichts der Versicherung Bellingers abgewiesen, dass der Papst das „amtierende Staatsoberhaupt des Heiligen Stuhls ist, [...] eines ausländischen Staates". Es gab keine Auseinandersetzung über die Frage, ob es sich dabei tatsächlich um einen Staat handelte, da der „Vorschlag" der Regierung als schlüssiger Beweis betrachtet wurde. Gerichte in einigen anderen Ländern sind nicht bereit, sich der Exekutive in diesem Maß zu unterwerfen, und könnten sich mit einem Vorbringen zu der Frage, ob der Heilige Stuhl die Montevideo-Kriterien erfüllt, befassen. Auch wenn Artikel 21 des State Immunity Act in Großbritannien festlegt, dass ein „Certificate of Statehood" seitens des Außenministers einen schlüssigen Beweis dafür liefert, dass ein Land ein Staat ist[6], wären die Gerichte im Fall des Heiligen Stuhls vermutlich doch bereit, die Korrektheit oder zumindest die Rationalität der ministeriellen Entscheidung zur Gewährung des „Certificate" im Lichte des Völkerrechts zu überprüfen. Wie Lord Woolf im Pitcairn-Fall ausführte,

kann man es heute nicht mehr als selbstverständlich voraussetzen, dass die Gerichte akzeptieren, es gebe irgendeine Maßnahme seitens der Krone, die nicht einer wie auch immer gearteten Überprüfung durch die Gerichte unterzogen werden könnte, wenn eine angemessene Begründung für die Überprüfung gegeben wird.[7]

Angeklagt: Der Papst

Wenn jedoch der Heilige Stuhl ein Staat ist, dann kann der Pontifex vor keinem zivilen Gericht verklagt werden, auch nicht wegen Verfehlungen, die er noch als Kardinal Ratzinger begangen hat.[8] Im Falle seines Rücktritts könnte er selbstverständlich verklagt werden – wie der Fall von Ex-König Farouk zeigt (der nach seiner Absetzung haftbar gemacht wurde für die durch den Kauf von Dior-Roben angehäuften Pariser Schulden seiner Geliebten), ist nichts so „ehemalig" wie ein ehemaliges Staatsoberhaupt. Ein Ex-Papst allerdings wäre ein Widerspruch in sich.[9]

218. Beim Heiligen Stuhl selbst liegt der Fall anders. Selbst wenn ihm der Nachweis gelingen sollte, dass er ein Staat ist, wird er keine vollständige Immunität gegenüber Zivilklagen besitzen. Schließlich ist die staatliche Immunität ein Überbleibsel aus vergangenen Jahrhunderten, in denen große souveräne Länder einander als ihresgleichen betrachteten: ihr freundschaftliches Einvernehmen würde aus dem Gleichgewicht geraten, wenn man den eigenen Gerichten Verfahren gegen andere Nationen erlaubte. Doch als Staaten und staatliche Unternehmen begannen, sich an internationalen Projekten zu beteiligen, die durch Vertragsbruch oder die Herbeiführung von Verletzungen ernsthaften Schaden anrichten konnten, musste sich hier etwas ändern. Heute besitzen die meisten Länder nationale Gesetze, die die Immunität von Staaten einschränken, wenn sie sich geschäftlich engagieren oder Aktivitäten betreiben, die durch Fahrlässigkeit Personenschäden in dem betreffenden Land verursachen. Das Europäische Übereinkommen über Staatenimmunität spiegelt diese Ausnahmen wider, die auch

in Großbritannien im State Immunity Act (SIA) von 1978 und in den USA im Foreign Sovereign Immunities Act (FSIA) in weiten Teilen verankert sind. Eine Ausnahme von der Immunität gilt demnach für Staaten, die kommerziell tätig sind; es ist jedoch schwierig (wenn auch nicht unmöglich), geltend zu machen, dass der Heilige Stuhl geschäftliche Transaktionen mit seinen Diözesen durchführt. Man könnte anführen, er versorge sie mit organisatorischen und lehrmäßigen Leistungen gegen finanzielle Beiträge (z.B. den Peterspfennig). Klarer anfällig für einen Immunitätsverlust ist der Heilige Stuhl, wenn er wegen fahrlässig begangener unerlaubter Handlungen angeklagt wird, etwa bei Verfahren wegen „Personenschäden, die durch eine Handlung oder Unterlassung im Vereinigten Königreich verursacht wurden" (Abs. 5 SIA). Oder wenn „Schadensersatz in Geld angestrebt wird für Personenschäden, die in den USA eingetreten sind und verursacht wurden durch die unerlaubte Handlung oder Unterlassung des betreffenden fremden Staates oder eines Beamten oder Angestellten dieses fremden Staates im Rahmen seiner beruflichen Tätigkeit".[10] Andere fortschrittliche Nationen beschränken die Immunität mit ähnlichen Bestimmungen – es gäbe also keinen unmittelbaren Hinderungsgrund für einen Zivilprozess gegen den Heiligen Stuhl bezüglich sexuellen Kindsmissbrauchs, der durch einen bei der katholischen Kirche angestellten Priester in dem Land, in dem die Anklage erfolgt, verübt wurde, solange eine kausale Verbindung zu fahrlässig rechtswidrigen Anweisungen oder Direktiven oder Entscheidungen seitens des Vatikans glaubhaft gemacht werden kann.

219. Wie bei allen deliktischen Ansprüchen käme es stark auf die Einzelheiten des jeweiligen Falles an. Offensichtlich weist der Vatikan Priester nicht an, straffällig zu werden, noch billigt er auf irgendeine Weise sexuellen Missbrauch. Die in den USA von Opfern rückfälliger Priester eingereichten Klagen gegen den Vatikan basierten auf der Hypothese, dass der Missbrauch nicht geschehen wäre, wenn der Vatikan seine Bischöfe zur Weitergabe der Nachweise für den ursprünglichen Missbrauch an die Strafverfolgungsbehörden angehalten hätte, oder die Versetzung in neue Gemeinden oder in andere Länder nicht angeordnet oder gebilligt hätte – wobei bei all diesen Anweisungen das Risiko vorauszusehen war, dass der Priester erneut straffällig werden würde. Diese Entscheidungen werden im Vatikan getroffen, außerhalb des Landes, in dem Klage erhoben wird, und um sich gegen den Heiligen Stuhl durchzusetzen, muss der Kläger den Nachweis erbringen, dass die Weisung dem Ortsbischof mitgeteilt und von ihm befolgt wurde.[n] In einem alternativen Ansatz wurde argumentiert, die Bischöfe seien Angestellte des Heiligen Stuhls und handelten im Rahmen ihres Beschäftigungsverhältnisses und auf Anweisung des Heiligen Stuhls, wenn sie es fahrlässig versäumten, Gemeindeglieder vor pädophilen Priestern zu warnen und es unterließen, Anschuldigungen wegen Kindsmissbrauchs der Polizei zu melden.

220. Der Court of Appeal in England hat kürzlich einige dieser Probleme abgehandelt mit der Frage, ob ein genügend enger Bezug zwischen der Tätigkeit eines Beklagten als

Priester und dem durch ihn an einem Jungen verübten sexuellen Missbrauch vorliege, um „recht und billig" eine Haftung für das Handeln Dritter anzunehmen und die Kirche zahlen zu lassen. Es handelte sich um einen für die Kirche aussichtsreichen Fall, da das Opfer kein Katholik war, sondern „aufgegriffen" wurde, als er den Sportwagen des Priesters bewunderte. Trotzdem entschied das Gericht, seine Kirche sei haftbar: ein Priester habe eine „besondere Rolle, die sogar noch allgemeiner als bei einem Lehrer oder einem Arzt oder einer Krankenschwester mit Vertrauen und Verantwortlichkeit verbunden ist. In gewissem Sinn ist er immer im Dienst."[12] Seine geistliche Kleidung habe „optimale Voraussetzungen geschaffen", da sie eine moralische Autorität ausstrahle, die einen kleinen Jungen betören könne.

221. Der einzige Fall, der bislang vor den US Supreme Court gelangt ist – in dem der Vatikan 2010 einen schweren Rückschlag hinnehmen musste – ist „Doe gegen den Heiligen Stuhl".[13] Der Kläger war im Alter von 15 Jahren von einem Priester in einem Kloster in Portland missbraucht worden. Zehn Jahre zuvor hatte derselbe Priester den sexuellen Missbrauch eines Kindes in einer Kirche in Irland eingestanden, woraufhin er heimlich auf einen Betreuerposten an einer High School für Jungen in Chicago verschoben wurde, wo (wie er später zugab) „die Versuchung zum Missbrauch maximiert wurde". Nach Beschwerden von drei Opfern wurde er nach Portland geschickt, wo der Kläger sein nächstes Opfer wurde. Der Prozess gegen den Heiligen Stuhl gründete auf dessen

Überwachungsgewalt über die katholische Kirche, seinem Verfahren der Ernennung und Entlassung von Bischöfen und, durch diese, seiner Verantwortung für die Disziplinierung von Priestern. In diesem Fall hatte der Heilige Stuhl den Priester trotz des Wissens um seine gefährlichen Missbrauchsneigungen fahrlässig immer wieder in die Lage versetzt, Missbrauch zu verüben, und es fahrlässig versäumt, die Personen zu warnen, die mit ihm in Kontakt kamen – darunter den Kläger und dessen Familie –, sowie es fahrlässig unterlassen, ihn zu überwachen. Das Gericht wies die formale Verteidigung des Heiligen Stuhls, seine Handlungen hätten nicht in den Vereinigten Staaten stattgefunden, mit der Begründung zurück, es sei ausreichend, dass die Schädigung sowie Teile des mutmaßlich fahrlässigen Verhaltens dort stattgefunden hätten, auch wenn andere Aspekte der fahrlässigen Handlung im Vatikan begangen wurden. Der US-Bundesstaat Oregon, in dem die Klage erhoben wurde, besaß ein weitreichendes Arbeitgeberhaftungsgesetz, welches auch Straftaten abdeckte, die von einem Arbeitnehmer gelegentlich seiner beruflichen Tätigkeit verübt wurden. Der Heilige Stuhl sei potenziell haftbar mit der Begründung, dass „ein Arbeitgeber, der um die Neigung eines Mitarbeiters zum sexuellen Missbrauch kleiner Jungen weiß, in unangemessener Weise ein vorhersehbares Risiko schafft, wenn er dem Arbeitnehmer den ungehinderten Zugang zu kleinen Jungen ermöglicht."

222. Der Vatikan ging – getreu seiner Strategie, ein Gerichtsverfahren um jeden Preis abzuwenden – in Berufung

gegen diesen Richterspruch bis hinauf zum Supreme Court, wo er die Unterstützung der Obama-Regierung erhielt – in Form eines von Generalstaatsanwalt Harold Koh eingereichten amicus-Schriftsatzes, der einige nicht folgerichtige Behauptungen in Bezug auf das Recht Oregons und den Foreign Sovereign Immunities Act vorbrachte, die den Gerichtshof nicht überzeugten. Er bekräftigte, der Heilige Stuhl werde „von den USA als ausländischer Souverän angesehen" – ein Hinweis darauf, dass das Weiße Haus unter Obama ebenso wie die Bush-Regierung den Anspruch des Papstes auf Immunität unterstützen wird.[14] Dieser Fall wurde jedoch nach der im FSIA enthaltenen Ausnahme von der Immunität behandelt; der Supreme Court wies das Ersuchen des Vatikans ab, die Entscheidung des vorinstanzlichen Gerichts zu überprüfen. Praktisch bedeutet das, dass die Taktik des Vatikan nicht aufgegangen ist und er sich gegebenenfalls vor Gericht verantworten muss oder zumindest beweiserhebliche Auskunft über den Umgang der Glaubenskongregation mit pädophilen Priestern geben oder sogar dem Papst (aber letzten Endes wohl doch nur einem Monsignore) erlauben muss, im Rahmen einer protokollierten eidesstattlichen Aussage Fragen zu beantworten.

223. In einem anderen aktuellen US-Fall, *„O'Bryan gegen den Heiligen Stuhl"*, argumentieren die Kläger folgendermaßen: *Crimen* (Appendix B), welches die Richtlinien verkündete, dass sämtliche Verfahren nach kanonischem Recht in päpstliche Geheimhaltung zu hüllen seien, habe

polizeiliche Untersuchungen vereitelt, die ihren Missbrauch hätten verhindern können. Der Heilige Stuhl brachte zu seiner Verteidigung vor, das *Crimen*-Prozedere hätte vom Bischof umgangen werden können, wenn er entschieden hätte, die Angelegenheit informell abzuhandeln. Hätte er sich für diesen Weg entschieden, so hätte es für ihn seitens des Vatikans durch dessen kanonisches Recht keinerlei *Verpflichtung* gegeben, eine Anschuldigung nicht bei der Polizei anzuzeigen. Auf jeden Fall aber halte *Crimen* an sich einen Bischof nicht *ausdrücklich* davon ab, den zivilen Anzeigepflichten nachzukommen. Diese Argumentation wirkt fadenscheinig: Das eindringliche Anliegen, das ganz *Crimen* durchzieht, ist die „päpstliche Geheimhaltung", und alle Beteiligten werden unter Androhung der Exkommunikation verpflichtet, zu keiner Zeit irgendetwas Dritten gegenüber verlauten zu lassen. Auch wenn sich Bischöfe gegebenenfalls zu einer informellen Abhandlung entschlossen haben, d.h. zu Maßnahmen, die keine Bußübung für den fehlgeleiteten Priester darstellen, so gilt dennoch von Anfang an die Forderung des kanonischen Rechts nach Geheimhaltung, beginnend mit der „Denunzierung" oder Beschwerde, die das Verfahren in Gang bringt und vom Beschwerdeführer unter dem Schwur der Geheimhaltung zu unterzeichnen ist. Eine Entscheidung zum „informellen" Umgang mit einer Beschwerde, zum Beispiel durch Verwarnung und Versetzung des Priesters oder indem er in „Behandlung" geschickt wird, wird in der Regel nach der formellen Entgegennahme der Beschwerde erfolgen, wobei der Bischof dann daran gebunden wäre, sie Außenstehenden nicht mitzuteilen. Der Schriftsatz des Heiligen Stuhls (sein Vortrag gegenüber dem Gericht) nannte keine Beispiele dafür, dass sich *jemals* ein Bischof zur Anzeige bei der Polizei oder einer anderen zivilen Behörde entschlossen hätte.

224. In den USA wurde eine Reihe von Klagen gegen den Heiligen Stuhl nach der Ausnahmeregelung der deliktischen Immunität des FSIA erhoben. Allerdings ist [2010] nur der Fall O'Bryan so weit fortgeschritten, dass der Vatikan zu einer Stellungnahme zu der Anschuldigung aufgefordert wurde, seine Vertreter hätten ihre Fürsorgepflicht gegenüber Kindern verletzt oder hätten es fahrlässig versäumt, die Eltern zu informieren oder bekannte oder mutmaßliche Täter bei den zuständigen Behörden anzuzeigen. Prozesse gegen den Vatikan kommen nur schleppend voran, da seine Anwälte – was ja nur recht und billig ist – jede formale Frage in einem höchst formalistischen und neuartigen Verfahren für sich ausnutzen. (Da beispielsweise Schriftsätze laut FSIA allen ausländischen Beklagten in deren eigener Schriftsprache zuzustellen sind, beharrt der Vatikan auf einer Übersetzung aller einschlägigen Unterlagen ins Lateinische.) Der Fall O'Bryan geht von der These aus, dass Bischöfe Angestellte oder Vertreter oder Beamte des Heiligen Stuhls sind und dass es zur Begründung einer Haftung gemäß FSIA ausreicht, nachzuweisen, dass der Heilige Stuhl eine „substantielle Kontrolle" über sie ausübt. Dies entspricht zweifelsohne der Position nach kanonischem Recht, das bestimmt, dass der Papst „höchste, volle, unmittelbare und

universale ordentliche Gewalt" in der Kirche besitzt, als Haupt des Bischofskollegiums, das „Träger höchster und voller Gewalt im Hinblick auf die Gesamtkirche" ist .[15] Der Theorie nach soll Christus seine zwölf (männlichen) Apostel als Kollegium konstituiert haben – unter Vorsitz des Petrus, dem „Felsen" der Kirche oder (eine weitere Metapher) dem Mann, dem die „Schlüssel" der Kirche anvertraut wurden oder (noch eine andere Darstellungsweise) dem Jünger, der zum Hirten der gläubigen Herde gemacht wurde. Der römische Pontifex in der Nachfolge des Petrus als Stellvertreter Christi kann kein Unrecht verüben – zumindest wenn er Lehren über Glaube und Sitten verkündet –, und das Bischofskollegium besitzt Autorität über die Gesamtkirche, allerdings nur mit Billigung durch den Papst auf einem ökumenischen Konzil.[16] Soviel zur Theologie; das Problem für die Kläger besteht darin, das Verhältnis zwischen beiden so darzustellen, dass es eine rechtliche Haftung begründen kann. Sie müssen entweder beweisen, dass der Heilige Stuhl seine Bischöfe und Priester beschäftigt, kontrolliert oder anweist, oder zumindest, dass er seine Bischöfe in ihrem Umgang mit den von ihnen beschäftigten Priestern kontrolliert oder anweist.

225. Die Bedeutung von *O'Bryan* liegt darin, dass der Vatikan sich hier erstmals vor einem Gericht des anglo-amerikanischen Rechtskreises nicht aus formalen Gründen aus der Haftung herauswinden konnte. Er musste vielmehr einen Schriftsatz einreichen und darin den sachlichen Gehalt der Klage bestreiten, dass nämlich der Heilige

Stuhl nach dem Prinzip der Haftung für Hilfspersonen für seine Bischöfe haftet – die einzige Grundlage, auf der man eine Fortsetzung des Verfahrens zuließ.[17] Der Schriftsatz des Vatikans ist ein Meisterwerk der Ausflüchte: Er erläutert, wie die Beziehung des Papstes zu den katholischen Bischöfen *nicht* ist, verweigert jedoch die Auskunft darüber, wie sie ist. Er behauptet lediglich, dass der Heilige Stuhl keine tagtägliche Kontrolle über die Bischöfe besitze; er zahle keine Arbeitnehmervergünstigungen oder Arbeitsunfallversicherung, bezahle nicht ihre Sozialversicherung, führe keine Lohnsteuer ab und regele nicht ihre Arbeitszeiten, engagiere nicht ihre Bediensteten oder die Gärtner für die Kathedrale, etc. All diese Faktoren spielen in die Beantwortung der Frage hinein, ob jemand gemäß US-Recht und dessen Bestimmungen zur Haftung für Dritte als „Hilfsperson" zu gelten hat, aber sie beantworten nicht die Frage, die in den meisten Rechtskreisen zur Feststellung einer eventuellen gesetzlichen Haftung des Heiligen Stuhls gestellt würde und die nach dem gesunden Menschenverstand Auskunft darüber geben würde, ob der Vatikan eine moralische Verantwortung trägt: ob er nämlich kontrolliert, wie die Bischöfe mit Anschuldigungen wegen sexuellen Kindsmissbrauchs umgehen und ob die Direktiven nach kanonischem Recht, die den Bischöfen von Rom aus zugegangen sind, ihre fahrlässige Handhabung des Falls des Klägers verursacht oder dazu beigetragen haben.

226. Im Fall *O'Bryan* zitieren die Kläger kanonisches Recht und die katholische Lehre, um nachzuweisen, dass der

Heilige Stuhl absolute und uneingeschränkte Macht über Erzbischöfe, Bischöfe und deren Diözesen besitzt. Der Vatikan bestreitet dies nicht direkt, macht aber geltend, die Beziehung Papst/Bischof sei ein nicht justiziables Thema, über das ein Gericht nicht befinden könne: es sei „nicht zu trennen von komplexen Fragen der Theologie, religiöser Doktrin und kirchlicher Leitung" und stelle „eines der komplexesten und sensibelsten Themen in Leben und Geschichte der Kirche" dar.[18] Der Vatikan behauptet, ein ziviles Gericht „wäre gezwungen, sich tief hineinzuarbeiten" in die katholische Lehre, und dass „die Darlegung der Beziehungen zwischen Papst und Bischöfen selbst für die besten Theologen außerordentlich kompliziert sei".

227. Dieses Argument, das Thema sei nicht justiziabel, da ein weltliches Gericht nicht zu seiner Entscheidung ausgebildet sei, ist unredlich. Auch die Mafia ist kompliziert und hierarchisch aufgebaut und verfügt über ihre eigenen Riten und Regeln der Omertà. Es existiert eine Beziehung zwischen Papst und Bischöfen, die jeder Richter analysieren und charakterisieren kann, sobald die Fakten durch Beweis festgestellt sind. Es mag eine kirchenrechtlich und historisch sensible Thematik sein, aber es kann für das Gericht nicht schwierig sein, festzustellen, wie dieses Verhältnis beschaffen ist, sobald die Kommunikation zwischen dem Vatikan und der betreffenden Diözese offengelegt wurde.[19] Wenn es so sein sollte (wie vernünftigerweise aus dem kanonischen Recht, *Crimen* und dem Ratzinger-Schreiben von 2001 geschlossen werden kann),

dass der Papst und sein Präfekt der Glaubenskongregation zwischen 1981 und 2005 ein System verfügt hatten, in dem straffällige Priester vor Verfolgung und Strafe geschützt wurden, oder wenn sie im Fall von *O'Bryan* oder seinen Mitklägern fahrlässig angeordnet hatten, dass ein Missbrauchstäter wiedereingesetzt oder verschoben oder zur Amtsausübung zugelassen wurde unter Umständen, unter denen sich seine Rückfallneigung absehen ließ, dann wären sie schadenersatzpflichtig. Den Heiligen Stuhl in solchen Fällen zu verklagen (entweder als Mittäter oder stellvertretend wegen Haftung für das Verhalten seiner Hilfspersonen), würde ein gewisses Maß an Verantwortlichkeit bewirken.

228. Es wirkt befremdlich, wenn ein Staat argumentiert, historische und theologische Komplexität mache es unmöglich, das Verhältnis zwischen seinem Oberhaupt und seinen Gliedern zu beschreiben (in diesem Fall zwischen dem Papst und seinen Bischöfen). Dies unterstreicht, wie wenig der Heilige Stuhl die Kriterien der Konvention von Montevideo für einen Staat erfüllen kann: Welcher andere Staat wäre nicht in der Lage, seine eigene Regierung zu definieren, weil seine politischen Abläufe in den Nebel der Theologie gehüllt sind? Was für ein internationales Gebilde der Heilige Stuhl auch sein mag: es ist ein Gebilde *sui generis.* Doch nichts an seinem unverwechselbaren Wesen kann das Versäumnis rechtfertigen, sich seiner Verantwortung für den Kindsmissbrauch zu stellen. Seine Unfähigkeit, bei Befragung in offiziellen Untersuchungen von sich aus die Wahrheit zu sagen, riecht nach mehr

als Abwehrhaltung – es ist ein Widerstreben, sich den Missbrauchsfällen der jüngeren Vergangenheit zu stellen, und eine entschiedene Weigerung – beispielhaft verdeutlicht durch die im Juli 2010 herausgegebenen „neuen Normen" –, seinen Anspruch auf eine Jurisdiktion nach kanonischem Recht aufzugeben, die die Opfer in vielen Fällen durch ein geheimes, beinahe kafkaeskes Labyrinth führte, an dessen Ausgang ihnen weder ausgleichende Gerechtigkeit noch Wiedergutmachung zuteil wurde.

229. Die Weigerung des US Supreme Courts, die Klage gegen den Heiligen Stuhl im Fall Doe zu stoppen, und die Fortschritte der Kläger im Fall O'Bryan (in dem die Faktenlage weitaus schwächer ist) lassen vermuten, dass einige US-Opfer nach der FSIA-Ausnahmeregelung und trotz einer Regierung, die zur Anerkennung des Vatikans als Staat entschlossen ist, vor US-Gerichten eine Entschädigung durch den Vatikan durchsetzen könnten. Eine ähnliche Argumentation könnte auch in anderen Ländern Erfolg haben, von denen die meisten heute über Gesetze in der Art von FSIA verfügen. Doch *ein* wichtiges Instrument der Schadenswiedergutmachung für ausländische Kläger, das bei Klagen wegen Menschenrechtsverletzungen herangezogen worden ist, existiert ausschließlich in den USA: der Alien Tort Claims Act (ATCA), der 1789, in den aufregenden Tagen revolutionärer Unabhängigkeit, verabschiedet wurde. Er erlaubt Ausländern eine Klage wegen unerlaubter Handlungen, die „in Verletzung des Völkerrechts" begangen wurden.[20] Seit er 1980 in dem berühmt gewordenen Fall *Filartige gegen Pena-Irala* an-

gewendet wurde, um einen Folterer zur Rechenschaft zu ziehen, ist der Act wiederholt gegen multinationale Konzerne eingesetzt worden, die für gewalttätige Bedrohung oder für fahrlässiges Verursachen von seelischem Leid in Entwicklungsländern verantwortlich sind – beispielsweise gegen Unocal wegen Sklavenarbeit und der Anwerbung von Armeeeinheiten in Burma, die lokale Gegner seiner Öl-Pipeline in Angst und Schrecken versetzen sollten. Einigen Oberhäuptern von Schurkenstaaten wurden Prozessladungen zugestellt (bzw. hinterlegt beim Portier ihrer New Yorker Hotels, während sie selbst die UNO besuchten), und obwohl sie in der Regel nicht bis zur Urteilsverkündung bleiben (eine Jury sprach den Opfern des untergetauchten Radovan Karadzic 750 Mio. US-Dollar zu), haben die Gerichtsverhandlungen unter Umständen eine erlösende Wirkung auf die Opfer. Und der Vatikan würde politische Schwierigkeiten bekommen, wenn er nicht bezahlt (und die Vermögenswerte der Vatikanbank in den USA könnten zur Erfüllung des Urteils herangezogen werden).

230. Damit sollen die Schwierigkeiten nicht heruntergespielt werden, denen sich Opfer aus Irland, Deutschland oder Malta (oder anderswo außerhalb der USA) gegenübersehen würden, wenn sie einen Anspruch nach ATCA gegen den Vatikan durchsetzen wollten. Neben dem Beweis, dass ausgedehnter und systematischer sexueller Kindsmissbrauch durch Geistliche ein dem Vatikan zuzurechnendes Verbrechen gegen die Menschlichkeit darstellt, müssten sie auch den Beweis erbringen, dass er eine „von

der zivilisierten Welt akzeptierte", spezifisch definierte Norm verletzt – so das eng gefasste Kriterium für die Haftung nach ATCA, wie es der US Supreme Court 2004 im Fall Sosa gegen Alvarez-Machain festgelegt hat.[21] Dies ist sicher vertretbar – zu den Verstößen, die bislang als unter diese Vorschrift fallend anerkannt wurden, zählen grausame, unmenschliche und abwertende Behandlung sowie anhaltende willkürliche Inhaftierung und unbezahlte Zwangsarbeit, und verglichen damit kann der systematische sexuelle Kindsmissbrauch als Verbrechen eingestuft werden, das in der gesamten „zivilisierten Welt" verurteilt wird. Dies wird deutlich genug aus der nahezu einstimmigen Ratifizierung der UN-Kinderrechtskonvention und ist damit zu unterscheiden vom südafrikanischen Apartheids-Prozess, einem erfolglosen ATCA-Fall auf Grundlage der Anti-Apartheid-Konvention, welche zum damaligen Zeitpunkt nur sehr wenige Staaten ratifiziert hatten. Die Kläger müssten darüber hinaus beweisen, dass der Vatikan Beihilfe zu Verstößen durch Bischöfe und Priester leistete, indem er bewusste Unterstützung („knowing assistance") oder moralische Unterstützung leistete oder indem er es als zivile Führung versäumte, die von seinen Untergebenen begangenen Verletzungen zu verhindern oder zu bestrafen. (Der Unocal-Fall wurde vom United States Court of Appeals for the Ninth Circuit mit der Begründung zur Hauptverhandlung zugelassen, es stehe einer Jury frei, festzustellen, dass der Konzern Beihilfe zu den Verbrechen seiner burmesischen Vertreter geleistet hatte durch Handlungen oder Unterlassungen, die einen „wesentlichen Beitrag" zur Verübung des

Verbrechens leisteten.) Wenn diese Hürden überwunden sind, kann die Sache des Klägers immer noch im Graben der staatlichen Immunität sterben– die Beziehung zwischen einem Anspruch nach ATCA und einer Ausnahme von der Immunität nach FSIA wurde noch nicht verbindlich geprüft. Was das US-Deliktsrecht und das Völkerstrafrecht für den Vatikan in petto haben, lässt sich nicht vorhersagen, doch allein die Tatsache, dass es Möglichkeiten zur Umgehung der staatlichen Immunität gibt, sollte den Papst (und seine Versicherung) zum Nachdenken bringen. Warum sollte man nicht wenigstens für die Zukunft die Gefahr solcher Klagen beseitigen, indem man auf das kanonische Recht verzichtet und die Bischöfe anweist, Priester und Mönche, gegen die ein begründeter Verdacht auf Kindsmissbrauch besteht, bei der Polizei zu melden?

11. Betrachtungen

Der christliche Gläubige ist eine einfache Person. Aufgabe der Bischöfe ist es, den Glauben dieser kleinen Leute vor dem Einfluss der Intellektuellen zu schützen.

> Bischof Ratzinger, Predigt vom 31.12.1979, in der er den Ausschluss von Hans Küng verteidigte.

231. Die römisch-katholische Religion zählt Hunderte Millionen von Anhängern in der ganzen Welt, die ein Recht darauf haben, gemäß den rechtmäßigen Traditionen und Lehren dieser Religion den Gottesdienst zu feiern und ihren Glauben zu bekunden. Der Papst als Oberhaupt der Kirche ist Teil ihrer Ikonographie und verfügt in bestimmter Hinsicht über eine quasi-göttliche Unfehlbarkeit sowie über ein spirituelles Charisma, das so präsentiert wird, als müssten die, die an seinen Gott glauben, auch an ihn glauben. Viele Katholiken bestreiten seine Lehren über die Übel von Homosexualität oder Familienplanung oder Scheidung oder Empfängsnisverhütung oder sogar Befreiungstheologie, finden aber trotzdem Halt in der Kirche, die er verwaltet und regiert. Die Bräuche des Papstes und seiner Kardinäle spenden den Mitgliedern ihrer Herde Trost und Freude und sind Ausdrucksformen einer Religion, der in Menschenrechtsabkommen Schutz garantiert wird ungeachtet der Tatsache, dass einige ihrer

moralischen Dogmen den Menschenrechten feindselig gegenüberstehen. Die Arbeit des Vatikans wird also unvermindert und ungehindert weitergehen, unabhängig davon, ob ihm der Status der Souveränität versagt wird oder nicht. Die Staatseigenschaft steht nicht in seinem Katechismus und ist kein Erfordernis, das die Gläubigen akzeptieren müssten: seine Crux, der Lateranvertrag, und dessen Abkömmling, das Nazi-Konkordat von 1933, waren Pakte mit Teufeln der Geschichte, die man rechtfertigen, aber nicht mit Stolz oder als Teil einer Kirchentradition betrachten kann. Die Verneinung der Staatseigenschaft würde für das Papsttum den Verlust der mit der Straffreiheit verbundenen Macht und den Verlust des Staaten-Forums UNO bedeuten, einer privilegierten Plattform für die Darstellung seiner umstrittenen Lehren. Es wäre an der Zeit, dass der Vatikan einmal darüber nachdenkt, wie sehr der römisch-katholische Glaube profitieren könnte von einer Abkopplung vom irdischen Machtanspruch des Vatikans.

232. Die in diesem Buch zusammengefassten Beweise enthüllen drei unfassbare, blamable und unbestreitbare Tatsachen über die Leitung der Katholischen Kirche seit dem Amtsantritt von Joseph Ratzinger als Erzbischof (1979), Leiter der Glaubenskongregation (1981) und Papst (2005):

   a. Zehntausende, vielleicht[1] sogar Hunderttausend vor allem männliche Kinder und Jugendliche wurden von Geistlichen sexuell missbraucht und haben in den meisten Fällen schwerwiegende und langfristige seelische Schäden davongetragen.

b. Tausende von Geistlichen, deren Schuld an sehr schwerwiegenden Verbrechen einer Art, die meist mit einer Rückfallneigung der Täter einhergeht, bekannt war, wurden nicht aus dem Priesterstand entlassen. Ihnen wurde von der Kirche Unterschlupf gewährt, sie wurden in andere Gemeinden oder Länder versetzt und gemäß den Regelungen des kanonischen Rechts, die ihnen Vergebung im Diesseits wie im Jenseits bieten, vor Entdeckung und weltlicher Bestrafung – in der Regel einer Gefängnisstrafe – geschützt.

c. Der Heilige Stuhl, ein Pseudo-Staat, hat in befreundeten Staaten ein fremdes Rechtssystem etabliert, nach welchem unter strengster Geheimhaltung Sexualverbrecher auf eine Weise behandelt wurden, die mit dem Recht des Staates, in dem der Heilige Stuhl operiert, unvereinbar war, ja in manchen Fällen sogar in konträrem Gegensatz dazu stand, und er hat das Beweismaterial für die Schuld der Verbrecher den Strafverfolgungsbehörden vorenthalten.

233. Diese drei Tatsachen sind unbestreitbar und unentschuldbar. Natürlich gab es Bemühungen seitens der Kirche, sie zu entschuldigen, aber diese sind entweder irrelevant oder irrational. Ursprünglich hatte Kardinal Ratzinger im November 2002 behauptet, die Krise sei lediglich eine manipulierte und geplante Medienkampagne; weniger als ein Prozent der Priester seien derartiger Akte schuldig. Das ist nachweislich falsch: 4,3 Prozent war die untertriebene Zahl, die vom John Jay College genannt wurde, andere veranschlagen sie auf 6 – 9 Prozent und warnen davor, dass sie noch höher steigen könnte, sollte das

klerikale Fehlverhalten in der Dritten Welt je Ermittlungen wie in Irland und den USA unterzogen werden. Später schrieben der Papst und sein Außenminister Bertone das Phänomen einer Infiltration der Priesterschaft durch Homosexuelle und einer „Schwulenkultur" zu – mit der Unterstellung, Schwule seien potenzielle Pädophile –, doch dieser Zusammenhang ist von der John Jay-Untersuchung sowie von der eigenen Kommission des Vatikans aus dem Jahr 2003 längst als falsch entlarvt worden.

234. Viele gute Katholiken, an ihrer Spitze der bedeutende Theologe Hans Küng, sehen die Schuld nicht allein in der Fehlbarkeit des Papstes, der Geheimhaltung und Inkompetenz des Vatikans und der Unentschlossenheit seiner Bischöfe, sondern in der Verpflichtung der Priester zum Zölibat, die nicht biblischen Ursprungs ist (die Jünger Jesu scheinen verheiratet gewesen zu sein), sondern im 11. Jahrhundert als Dogma eingeführt wurde und von den Reformern des 16. Jh. beinahe wieder abgeschafft worden wäre. Es gibt sowohl aus dem Mitempfinden heraus wie auch aus theologischer Sicht gute Gründe dafür, katholischen Priestern eine Heirat zu erlauben; es würde mehr junge Männer zum Eintritt in den Klerus motivieren und das Problem mancher „Problempriester" entschärfen.[2] Allerdings lässt sich Pädophilie mit einer Ehe nicht „heilen". Viele straffällig gewordene Priester sind aber gar keine Pädophilen; ihre gestörte Persönlichkeit wird häufig ihrer privaten Einsamkeit oder Drogen oder dem Alkohol zugeschrieben, mit denen sie ihre Einsamkeit verdrängen. Es gibt keine unüberwindbaren

Hinternisse, bei dem Wunsch nach ehelichem Sex den Priesterstand zu verlassen, und einige verlassen ihn auch aus diesem Grund, während andere ein Doppelleben führen. Priester, die Kinder missbrauchen, nehmen es häufig mit religiösen Pflichten und guten Taten besonders genau. Der Verdacht liegt nahe, dass bei vielen die Kombination von geistlicher Macht, ehrlicher Zuneigung und sexuellem Verlangen zu Handlungen geführt hat, die deshalb – und nur deshalb – begangen wurden, weil es kein Abschreckungsmittel in Form einer drohenden Gefahr von Festnahme und Bestrafung gab.

235. Diese Männer glaubten mit gutem Grund, dass sie ungeschoren davonkommen würden, weil das bei Priestern in der Regel so war. Sie glaubten – aus schlechtem Grund, auch wenn es sich ihnen so dargestellt haben muss –, dass sie von örtlichen Gesetzen ausgenommen seien, da sie in Fällen sexuellen Missbrauchs die Gnade des Bischofs und den Schutz eines kanonischen Rechts genießen würden, das sie kaum je verurteilen, niemals bestrafen und nur in Einzelfällen aus dem Priesterstand entfernen würde. Man machte sie glauben, sie besäßen eine Art doppelte Staatsbürgerschaft: Bei Mord, Raub oder Falschparken galten für sie die örtlichen Gesetze, kirchliches Recht dagegen, wenn sie sündigten – ob sie nun Baptisten oder Presbyterianern das Sakrament spendeten oder kleine Kinder vergewaltigten. Sie glaubten, der Heilige Stuhl sei ein souveräner Staat mit ausschließlicher Hoheitsgewalt über sie hinsichtlich sexuellem Kindsmissbrauch, und mit der geistlichen Macht, die Lippen ihrer Opfer zu ver-

siegeln. Und jedem fehlgeleiteten Priester, der sich Gebet und Buße unterzog, versprach man Vergebung im Diesseits und Erlösung im Jenseits. Jesus mag gesagt haben, wer Kinder leiden lasse, solle im tiefen Meer versenkt werden – Papst Benedikt XVI. aber sagte seinen pädophilen Priestern in Irland, die Buße sei ihr spiritueller Rettungsring fürs Jenseits.

236. Die Staatseigenschaft, die sich der Vatikan anmaßt, ist nicht zu trennen von seiner Kindsmissbrauchskrise, denn diese Krise hat das Augenmerk darauf gelenkt, dass die Kirche eine parallele, para-staatliche Gerichtsbarkeit betrieb, die Sünden vergab, die von den jeweiligen Gaststaaten als Verbrechen bestraft werden. Vatikankritiker werden nicht müde, auf die von Priestern gebildete „Rattenlinie" hinzuweisen, über die einige der schlimmsten Nazis nach Südamerika entkommen konnten. Doch die wirkliche „Rattenlinie", die der Vatikan zur Verfügung gestellt hat, ist ein Fluchtweg für Kinderschänder – nicht so sehr als Freifahrschein, aus dem Gefängnis zu entkommen, sondern vielmehr als Freifahrschein, niemals eine Gefängnisstrafe zu riskieren. Infolge einer Mischung aus Arroganz, Nachlässigkeit und Sorglosigkeit, entsprungen aus dem Glauben an die eigene staatliche Immunität und dem übertriebenen Verlangen, ein politischer Akteur auf der Weltbühne zu sein, haben der Papst und seine Armee von Kardinälen, Nuntien, Erzbischöfen und Amtsträgern eine Kirche geleitet, in der Kinder unter ausgedehntem und systematischem Missbrauch litten.

237. Dass der Vatikan von harscher internationaler Kritik wegen seines Verhaltens verschont geblieben ist, von Strafverfolgung ganz zu schweigen, grenzt an ein Wunder. Jede andere Organisation und jeder Staat, die bzw. der die Augen vor dem Missbrauch so vieler Kinder verschlossen und sich nicht nur geweigert hätte, die Täter zu bestrafen, sondern es ihnen auch noch ermöglicht hätte, neue Straftaten zu begehen, würde von der UNO und auf internationalen Konferenzen verurteilt und wäre Gegenstand ätzender Berichte von Amnesty International und Human Rights Watch, und der Ruf nach dem IStGH-Ankläger würde laut. Doch nur schwerlich kann man sich den Vatikan als Schurkenstaat vorstellen: die glückstrahlende Güte eines Johannes Paul II. und die greisenhafte Grundanständigkeit eines Benedikt XVI. machen jegliche Unterstellung zunichte, sie könnten möglicherweise für Menschenrechtsverstöße verantwortlich sein. Es ist diese Doppelgesichtigkeit, die dem Vatikan ein Handeln ermöglicht, ohne zur Verantwortung gezogen zu werden: der Missbrauch geht voll und ganz zu Lasten seiner „staatlichen" Seite, mit seinen Pseudo-Verfahren nach kanonischem Recht und den Verschiebungen pädophiler Priester, aber er kann auch die andere Wange hinhalten und eine freudvolle Anhängerschaft, exquisite Liturgien sowie eine Priester- und Schwesternschaft vorzeigen, die sich mit Mut und Hingabe für die Armen und Kranken einsetzt. All dem Schaden zum Trotz, den die päpstlichen Zwangsvorstellungen über Sex beispielsweise bei der Bekämpfung von Aids in Afrika angerichtet haben: Diejenigen, die tatsächlich ihre Gesundheit aufs Spiel

setzen, um Patienten in Kliniken im malariaverseuchten Hinterland beizustehen, sind in vielen Fällen Anhänger des Papstes. Das Mitgefühl wird für sie zur Triebfeder der Selbstaufopferung, und sie verleihen der katholischen Kirche jene Aura des guten Willens, die den Heiligen Stuhl vor einer Verurteilung und vor Maßnahmen schützt, mit denen man anderenfalls seine Privilegien einschränken würde. Den Papst als Inkarnation des Guten zu betrachten, ist für viele Katholiken eine Art Wunscherfüllung: sein ikonenhafter Status ist Teil ihres religiösen Erlebens, und wehe dem Politiker in einem demokratischen Land mit bedeutendem katholischen Bevölkerungsanteil, der forderte, Benedikt für die Vertuschung von Kindsmissbrauch zur Verantwortung zu ziehen. In den Wahldebatten in Großbritannien 2010 gab es nur zwei Themen, bei denen alle drei Parteichefs einer Meinung waren: erstens die vollständige Ablehnung der Lehren des Papstes zu Homosexualität, Abtreibung und Geburtenkontrolle und zweitens der aufrichtige Wunsch, ihn bei seinem Besuch in Großbritannien willkommen zu heißen.

238. Der Papst wird sich während seines Ausflugs zur Seligsprechung von Kardinal Newman (der zu Lebzeiten klarstellte, dass er keine posthume Selig- oder Heiligsprechung wollte) nicht in Handschellen wiederfinden. Die Vorstellung, den Papst vor Gericht zu stellen, lässt sich 2010 genauso wenig in die Tat umsetzen wie eine Festnahme von Henry Kissinger oder George W. Bush oder Robert Mugabe oder sonstiger internationaler Führungsgestalten,

deren diplomatische Immunität symbolische Gestalt annimmt in den Trauben von Sicherheitspersonal, von denen sie auf Auslandsreisen umgeben sind. Doch auch nicht realisierbare Vorstellungen können von Nutzen sein, und die Vorstellung, der gegenwärtige oder irgendein künftiger Papst könnte letztlich *doch* wegen Befehlsverantwortung für schwerwiegende Verletzungen internationaler Konventionen zum Schutz von Kindern auf der Anklagebank landen, dient als Bekräftigung des Rechtsprinzips, dass niemand über dem Gesetzt steht. Sie vermittelt auch diese eindrücklichste Warnung: Wer darauf besteht, ein Staat zu sein, darf sich auch nicht beklagen, wenn er als solcher behandelt wird. Reformen werden paradoxerweise dann am schnellsten kommen, wenn der Vatikan in der eigenen Schlinge gefangen und als Schurkenstaat anstatt als Religion behandelt wird. Als Staat hat er unfreundliche Akte gegenüber vielen anderen Staaten verübt, indem er Verbrecher vor den Folgen ihrer Taten versteckt und in Bezug auf sexuellen Missbrauch durch Priester die Vorherrschaft des kanonischen Rechts unter Ausschluss des örtlichen Strafrechts durchgesetzt hat. Für diese Verletzung der Wiener Konvention sollte der Nuntius verwarnt werden und Staaten, die etwas auf sich halten, sollten ihren Vatikan-Botschafter aus Rom zurückberufen (oder es bei Kardinal Sodano darauf ankommen lassen und Geld sparen, indem sie den Amtssitz mit demjenigen des Botschafters in Italien zusammenlegen). Wegen seiner schwerwiegenden Verstöße gegen die Kinderrechtskonvention sollte der Vatikan zurechtgewiesen oder sogar ausgeschlossen werden, und Menschenrechtsorganisationen sollten eine genaue Untersuchung darüber in die Wege leiten, inwiefern seine Lehren und deren Verbreitung über diplomatische Kanäle die internationalen Anstrengungen für einen Fortschritt der Menschheit torpedieren. Diejenigen Länder, die ein Engagement für Menschenrechte für sich beanspruchen und diplomatische Beziehungen mit dem Heiligen Stuhl aufrechterhalten, könnten versuchen, ihre Botschafter zu Protesten gegen den sexuellen Missbrauch und den Sexismus, für den dieser „Staat" berüchtigt ist, anzuweisen. Auch wenn es sehr zum Vorteil der katholischen Kirche wäre, wenn ihre päpstlichen Politiker den Anspruch des Heiligen Stuhls auf Staatseigenschaft fallenlassen und sich mit größerer Demut auf ihre religiösen Aufgaben konzentrieren würden – Macht und zeremonieller Glanz haben ihr Denken korrumpiert, und nach ihrer Überzeugung hilft ihnen dieser Status, die Welt zu bekehren oder zumindest die angesehenste Religion darin zu sein. Dieser Irrglauben könnte unter Umständen nur dadurch zu heilen sein, dass man sie wie einen Schurkenstaat behandelt und verlangt, dass sie die Konventionen einhalten, die sie gebrochen haben.

239. Es sollte eigentlich nicht nötig sein, sich gegenüber einer großen Kirche auf Menschenrechtsgesetze zu berufen, insbesondere wenn ihr Gründer der Urheber jener jüdisch-christlichen Ethik ist, die erheblich zu den Grundlagen dieser Gesetze beigetragen hat. Die im vorliegenden Buch enthaltene Kritik richtet sich nicht gegen Angehörige der katholischen Konfession, die in bewundernswerter

Weise die Zeiten (mehr als 2000 Jahre) überdauert hat, oder gegen die Rituale, die zweifellos bis zum Ende aller Zeiten Trost und Wunder für die Gläubigen bereithalten werden. Die Letzten, die ich mit meinen Argumenten unterstützen möchte, sind die Sprayer der „no popery"-Graffitis auf Belfaster Hauswänden oder die, die im Heiligen Vater eine Art Antichrist sehen, mit jenem uneingeschränkten Hass, wie er nach wie vor aus dem Act of Settlement (1701) spricht – jenem Verfassungsrecht, das Katholiken vom britischen Thron ausschließt und das schmachvollerweise nachfolgende Regierungen nicht ändern wollten. Religiöser Hass hat zu viel Mord und Chaos auf dieser Welt verursacht, und das Ziel der Menschenrechtsbewegung ist es, diesen Zustand zu verbessern durch die Taxonomie der Toleranz in der Allgemeinen Erklärung der Menschenrechte und ihren Folgeabkommen. Sie garantieren das Recht auf Riten, Gottesdienst und religiösen Unterricht und ziehen eine Grenze lediglich bei Hasspredigten und Diskriminierung und bei kirchlichem Verhalten, das Anhänger schädigt oder Dritte, mit denen sie in Berührung kommen. Für den Vatikan muss die beste Lösung des Problems des klerikalen Kindsmissbrauchs darin liegen, die Menschenrechte ernst zu nehmen. Das bedeutet, das Prinzip des Vorrangs des Kindeswohls aus der Kinderrechtskonvention in das kanonische Recht zu übernehmen, zusammen mit Anzeigepflicht und Nulltoleranz. Anschließend sollte der Vatikan dieses Engagement unterstreichen durch Ratifizierung aller anderen Menschenrechtsabkommen, die er so lange ignoriert hat, und dann einige seiner moralischen

Dogmen neu überdenken im Lichte dessen, was diese Abkommen über die Freiheit des Einzelnen aussagen.

240. Was also muss Benedikt XVI. persönlich tun, um die Vergebung zu erlangen, die er als religiöser Führer sucht, und sich selbst als Oberhaupt eines angeblichen Staates in Einklang mit dem Völkerrecht zu bringen? Zuallererst und am vordringlichsten muss er, und zwar weltweit, seinen Anspruch aufgeben, über Priester im Falle von sexuellem Kindsmissbrauch nach kanonischem Recht zu urteilen. Die Kirche hat einfach kein Recht, Priester der Strafjustiz des Landes, in dem sie arbeiten, zu entziehen, zu der das kanonische Recht mit seinem sklerotischen Prozess und seinen zugunsten des Angeklagten voreingenommenen Gerichten niemals eine akzeptable Alternative darstellen kann. Die Vorgabe muss lauten, dass jegliche gegenüber einem Kirchenfunktionär erhobene glaubhafte Anschuldigung wegen Kindsmissbrauch bei der Polizei anzuzeigen ist, selbst in Ländern, in denen keine gesetzliche Anzeigepflicht besteht, wobei das Verfahren nach kanonischem Recht so lange auszusetzen ist, bis das Strafverfahren beendet ist. Erst dann könnte das kanonische Recht relevant werden, lediglich als nachgerichtlicher Disziplinarprozess, nicht jedoch als Ersatz für die öffentliche Strafverfolgung. Für jeden Priester, der wegen sexuellen Kindsmissbrauchs verurteilt und inhaftiert wird, sollte die kirchliche Strafe die Zwangslaisierung sein. Wenn die Kirche ihre Glaubwürdigkeit bewahren will, kann sie verurteilten Kinderschändern nicht erlauben, im geistlichen Stand zu verbleiben. Sie mag ihnen nach

ausreichend Gebet, Buße und evtl. Gefängnis vergeben, darf aber nie die Straftat vergessen, mit der sie ihre Berufung verraten haben. Selbst ein Freispruch dürfte kirchliche Strafen nicht ausschließen: Die Bischöfe sollten angewiesen werden, Experten zu berufen, die jeden Strafprozess beobachten, da gegen einen freigesprochenen Priester durchaus Beweise vorliegen können, die Disziplinarmaßnahmen rechtfertigen, auch wenn sie für eine über jeden vernünftigen Zweifel erhabene Verurteilung nicht ausgereicht haben. In solchen Fällen würde eine Strafe nach kanonischem Recht, wie Buße oder Verwarnung, freigesprochene Priester keiner Doppelbestrafung aussetzen, da von einer „Bestrafung" angesichts der vorgesehenen Sanktionen gar keine Rede sein kann.

241. Auf pastoraler Ebene gibt es noch mehr, was der Billigung und Förderung durch den Vatikan bedarf. Unübersehbar: der Respekt für die Opfer und ihre Familien. Ein großer Mangel des kanonischen Rechts ist, dass es der Kirche keine Verpflichtung auferlegt, diejenigen zu heilen, die sie verletzt hat. Den Priestern muss die Pflicht auferlegt werden – wie schwer das auch für sie sein mag –, diejenigen ihrer Brüder zu „verpfeifen", von denen sie erfahren, dass sie sich Freiheiten mit Kindern herausnehmen. Das bedeutet nicht, zu den Medien zu rennen, obschon das das letzte Mittel bleiben muss, wenn Vorgesetzte sich weigern zu handeln, oder gar am Problem selbst oder dessen Vertuschung beteiligt sind. Und, so schwer das auch nach einer strafrechtlichen Verfolgung von Kollegen zu akzeptieren sein mag, es muss Pflicht werden, den

Informanten zu loben und zu unterstützen. Der Fall von Pfarrer Maurie Crocker, der geschnitten wurde und den man seinen Depressionen und schließlich dem Selbstmord überließ, nachdem er einen brutalen Kleriker-Pädophilenring aufgedeckt hatte (s. Absatz 42), sollte sich nie wiederholen dürfen. Aber es gibt noch eine Kehrseite der Medaille, die die rechtschaffen Empörten nicht vergessen sollten, und zwar den Horror, den der zu Unrecht beschuldigte Priester durchlebt, und die Qual des schuldig gewordenen Priesters, der sich vielleicht nur einmal oder mit minimaler Zudringlichkeit einem Kind genähert hat. Der Vorrang des Kindeswohls erfordert es, dass sie namentlich benannt werden, und die Schande wird über sie kommen und über ihre Mütter und Väter und Schwestern und Brüder und Cousins und Tanten (viele Priester entstammen großen katholischen Familien). Wenn die Kirche Schritte unternimmt, die zu einer Strafverfolgung führen können, muss sie ihr eigenes Urteil bis zum Schuldspruch aussetzen und den Betreffenden während seiner Feuerprobe den bestmöglichen Beistand leisten, fähige Verteidiger bezahlen und sicherstellen, dass sie Beratung und Unterstützung erhalten. Verurteilte sollte sie automatisch laisieren (also Nulltoleranz üben), ihnen aber weiterhin Unterstützung und geistlichen Beistand anbieten. Das ist der Punkt, an dem ihre Tradition der Vergebung am stärksten gefragt ist, denn aus anderen Bereichen der Gesellschaft wird keine Vergebung kommen. Die Sünde zu hassen, aber die Sünder zu lieben, ist eine richtige religiöse Vorgehensweise gegenüber schuldigen Priestern, und wenn die Kirche erst einmal die Notwendigkeit akzeptiert hat, im Umgang mit Straftätern mit dem säkularen Arm des Gesetzes zusammenzuarbeiten, sollte sie sich durch nichts davon abhalten lassen, um die Erlösung dieser Täter zu ringen.

242. Reaktionäre Kräfte in der Kurie meinen, das Schlimmste sei überstanden: die Kirche habe ihre Lektion aus den Skandalen gelernt, und die Bischöfe seien jetzt überall auf der Hut vor pädophilen Priestern, es gebe also keinen weiteren Reformbedarf. Es kann durchaus sein, dass die öffentliche Schmähung 2010 die Wachsamkeit der Bischöfe in Bezug auf das Problem geschärft hat. Doch der Vatikan weigert sich noch immer, das „Nulltoleranz"-Vorbild der US-Bischöfe zur allgemeinen Vorschrift zu machen, und es ist auch noch nichts unternommen worden hinsichtlich der Empfehlung des Cumberlege-Reports, England solle eine päpstliche Dispens von denjenigen Bestimmungen des kanonischen Rechts erhalten, die dem Prinzip des Vorrangs des Kindeswohls zuwiderlaufen. Die „Vertuscher-Kardinäle", die die Schuld am gesamten Phänomen des klerikalen sexuellen Missbrauchs den Schwulen in der Kirche, den Juden in den Medien und den geldgierigen Anwälten in den Gerichten in die Schuhe schieben, bekleiden nach wie vor ihre hohen Ämter, und was bei Papst Benedikt als Reform durchgeht, ist nur eine belanglose Änderung des kanonischen Rechts dahingehend, dass Opfer jetzt bis zum Alter von 38 statt 28 Beschwerden einreichen können, aber nicht nach ihrem 39. Geburtstag. Die Tatsache, dass diese Beschwerde (wenn überhaupt) unter der Bedingung

päpstlicher Geheimhaltung weiterverfolgt wird, ohne ordentliche Ermittlungen, ohne nachträgliche Betreuung und im Rahmen eines Verfahrens, das den Beklagten begünstigt, rührt die ältlichen Herren an der Spitze des Vatikans nicht, die in ihre Ämter befördert wurden zu einer Zeit, als Johannes Paul II. niemanden vorankommen ließ, der nicht voller Enthusiasmus seine Lehren über Geburtenkontrolle und Homosexualität unterstützte; als seine Nuntien sich in Spione verwandelten und Präfekt Ratzinger Abweichungen von der lehrmäßigen Korrektheit durch aufstrebende Jungpriester und katholische Politiker meldeten. Die Vorstellung „das Schlimmste ist vorbei" verkennt die Natur der Sache: den unheilbaren Zustand der meisten Pädophilen und Ebophilen, die nun einfach mehr Vorkehrungen treffen, um nicht entdeckt zu werden, und die kaputten Persönlichkeiten schwacher und sexuell ausgehungerter Männer, die der Versuchung der günstigen Gelegenheit nicht standhalten – und günstige Gelegenheiten wird es weiterhin geben in einer Kirche, die Kindern, sobald sie vernünftig denken können, beibringt, dem Priester zu gehorchen, dem Vertreter Gottes. Die einzige Reform, die das Übel des klerikalen Kindsmissbrauchs an der Wurzel packen könnte, wäre, das Alter für Erstkommunion und Beichte – wo katholischen Kindern die bedingungslose Verehrung für die Priesterschaft eingeschärft wird – von sieben Jahren auf mindestens zwölf Jahre anzuheben. Doch die katholische Kirche wird vermutlich niemals ihren Einfluss auf die ganz Kleinen aufgeben oder einsehen, dass darin die wahre Ursache ihres Missbrauchsproblems liegt. Während ich diese Zeilen schreibe, drängt die vatikanische Zeitung gerade darauf, das Alter für die Erstkommunion auf fünf oder sechs Jahre herunterzusetzen.

243. Vielleicht steht aber noch mehr ins Haus: nach den pädophilen Priestern werden die promisken Priester und priesterliche Sexualtäter ins Visier geraten. Es hat bereits Enthüllungen gegeben über das Ausmaß, in dem die Kirche Priester mit sexuellen Beziehungen schützt, aus denen Kinder hervorgegangen sind. Im Jahr 2010 wurde bekannt, dass die Kirche in den USA, Großbritannien, Europa und Australien auf Forderungen von Frauen, die von Priestern verlassen worden waren, damit reagierte, dass sie finanzielle Unterstützung für die Kinder nur unter der Bedingung anbot, dass die Identität des Vaters geheim blieb. In diese heimlichen, oft ausbeuterischen Beziehungen, die von den Priestern mittels ihrer geistlichen Macht über die Gemeindeglieder geknüpft werden, sind in den USA 2000 Frauen verstrickt, die nun mit einer Organisation zusammenarbeiten, die gerichtliche Verfahren einleitet, in diesem Fall Vaterschaftsklagen.[3] Das Keuschheitsgelübde wird weithin missachtet: Wie kürzlich eine Untersuchung in Polen zeigte, hätten dort 54 Prozent der Priester gerne eine Frau, während 12 Prozent zugaben, bereits eine zu haben. Als Kardinal Schönborn in Österreich (wo angeblich 22 Prozent der Priester heterosexuelle Beziehungen unterhalten sollen) zu einem Umdenken aufrief, veranlasste der Papst ihn zur Rücknahme dieses Vorschlags, da er gegen das Prinzip des „heiligen Zölibats" verstoße.[4] Ungeachtet des Fehlens einer biblischen Unter-

mauerung dieser Regelung wollten weder der gegenwärtige Papst noch Johannes Paul II. nachgeben. Sie versuchten, 2001 durchgesickerte Berichte der katholischen Wohlfahrtsorganisation CAFOD und Caritas über das erschreckende Verhalten promisker Priester in Afrika während der Aids-Krise zu unterdrücken, die dazu übergingen, sich Nonnen aufzudrängen in der Annahme, diese seien nicht vom Virus befallen. Wurden sie erwischt, dann versetzte man die Priester in neue Gemeinden, während die Nonnen aus dem Kloster ausgeschlossen wurden und mittellos zurückblieben. Als der National Catholic Reporter diesen Skandal öffentlich machte, tat ihn der Vatikan als lokales afrikanisches Problem ab – wenige Monate, bevor er den klerikalen Kindsmissbrauch zum „amerikanischen Problem" erklärte.[5]

244. Die oben skizzierten Veränderungen sind das Mindestmaß dessen, was vom Papst zur Wiedergutmachung jenes Skandals zu fordern ist, zu dem seine Pflichtverletzung bei der Glaubenskongregation beigetragen hat. Er sollte natürlich darüber hinaus gehen und sicherstellen, dass die Akten der Glaubenskongregation regelmäßig von einem unabhängigen (und nicht katholischen) Beauftragten oder Expertengremium geprüft werden, dessen öffentliche Berichte für ein gewisses Maß an Transparenz und Verantwortlichkeit sorgen würden, und auch für das beruhigende Gefühl, dass der Vatikan endlich die Interessen der Kinder über sein eigenes Renommee und seine Selbstgefälligkeit stellt. Leider gebärdeten sich Benedikt XVI. und Bertone bei diesem Thema in jüngster Vergan-

genheit so aufsässig wie eh und je. Nachdem die belgische Polizei die neun Kardinäle des Landes in aller Höflichkeit festgesetzt hatte, während sie nach Beweismitteln für Kindsmissbrauch fahndete (s. Abs. 210), verurteilte Benedikt die Aktion als „beklagenswert" und beharrte darauf, sexueller Missbrauch sei in Verfahren sowohl nach kanonischem Recht als auch nach staatlichem Recht „unter Berücksichtigung ihrer wechselseitigen Spezifität und Autonomie" zu behandeln. Er versteht offensichtlich immer noch nicht, dass es überhaupt keine Wechselwirkung gibt zwischen kanonischem Recht und Strafrecht – als Instrument zur Disziplinierung von Priestern wegen begangener Sünden hat das Erstere hinter das Strafrecht zurückzutreten, nach dem sie wegen begangener Verbrechen verfolgt und bestraft werden sollten. Das kanonische Recht besitzt keine „Autonomie", der man gestatten könnte, polizeiliche Ermittlungen in einer Strafsache in irgendeiner Weise zu behindern. Doch Bertone verstieg sich zu einer Ablehnung dieses Prinzips: „Das ist noch nie dagewesen, nicht einmal in kommunistischen Regimen", wütete er, obwohl die Kardinäle nichts weiter hatten erdulden müssen als eine kurzzeitige Konfiszierung ihrer bischöflichen Mobiltelefone.

245. Was vom Vatikan gefordert sein wird als Signal eines neuen Engagements, das die Kinder an die erste Stelle stellt, ist die vollständige Aufgabe des Anspruchs Benedikts, der Heilige Stuhl habe ein Anrecht darauf, mit mutmaßlichen Straftätern nach einem undurchsichtigen, ineffizienten und geheimen kirchlichen Prozess zu

verfahren. Doch das kanonische Recht verleiht eine Art von Macht, und vielleicht ist Benedikts verhängnisvollste Schwäche die Anziehungskraft, die die Macht auf ihn ausübt – Glanz und Gloria eines Auftritts als Staat, eine weltweite Führungselite, die Schlange steht, um sich vor ihm niederzubeugen und seinen Fischerring zu küssen und die Befriedigung, dass Delegierte mit insgesamt sechs Sitzen an den UN-Konferenztischen seine Ideologie verbreiten. Journalisten erzählen oft, wie dieser freundliche alte Mann anbietet, sein Essen mit ihnen zu teilen – eine Analyse seines Verhaltens aber lässt eher einen Mann vermuten, der von der Macht besessen und unfähig ist, auch nur einen Teil davon aufzugeben, nicht einmal zugunsten unschuldiger Kinder. Bei Ratifizierung der Kinderrechtskonvention zitierte der Heilige Stuhl die Worte Johannes Paul II., Kinder seien „jener wertvolle Schatz, der jeder Generation als Prüfstein ihrer Weisheit und Menschlichkeit gegeben wird". Johannes Paul II. selbst ist, wie wir heute wissen, an diesem Prüfstein gescheitert, indem er berüchtigte Kinderschänder umsorgte und die Augen verschloss vor der steigenden Zahl an kindlichen Opfern. Dasselbe gilt für seine rechte Hand, Joseph Kardinal Ratzinger. Bezüglich der Frage, ob Benedikt XVI. der Weisheit und Menschlichkeit fähig ist, um die Kinder seiner Kirche zu beschützen, ist das letzte Wort noch nicht gesprochen.

Epilog

Als wolle man pädophilen Priestern möglichst rasch zu einem eigenen Schutzheiligen verhelfen, hat der Vatikan die Seligsprechung Johannes Pauls II. vorangetrieben, die schließlich zu Ostern 2011 in Rom stattfand. Er war der Papst, der nicht nur die Augen verschloss vor der Vergewaltigung Zehntausender katholischer Kinder, sondern der auch noch einige der schlimmsten Vergewaltiger wie z.B. Kardinal Groer (Abs. 36) und Pfarrer Maciel (Abs. 184) auszeichnete und diejenigen entlastete, die ihre Verbrechen vertuschten, nämlich Kardinal Bernard Law (Abs. 19) und Bischof Pican (Abs. 53).[1] Der Sarg des angehenden Heiligen wurde aus dem Grab geholt und im Petersdom öffentlich unter einem Altar ausgestellt, auf dem eine Ampulle mit seinem geheiligten Blut stand (das bereits auf dem Totenbett in Erwartung dieses Ereignisses entnommen und durch Gerinnungshemmer flüssig gehalten worden war). Es wurde zur Anbetung durch die Gläubigen zur „offiziellen Reliquie" erklärt, und – als sollte ein weiteres Thema des vorliegenden Buches veranschaulicht werden – einer der ersten Anbeter auf der Szene war Präsident Robert Mugabe. Mugabe, der wegen seiner Menschenrechtsverletzungen von jedem Land in der EU mit Einreiseverbot belegt ist, hatte sich die fingierte „Staatseigenschaft" des Vatikans zunutze gemacht. Der EU-Verbotserlass verpflichtet Italien, ihm gemäß den

Pflichten aus dem Lateranvertrag die Einreise zu erlauben.[2] Wieder einmal hatte die Staatseigenschaft des Vatikans die Menschenrechte ad absurdum geführt.

Dieses Buch wurde im August 2010 fertiggestellt und im Monat darauf rechtzeitig zum Papstbesuch in Großbritannien veröffentlicht. Auf dem Weg dorthin brachte Benedikt seine bis dato unterwürfigste Entschuldigung vor für den Schaden, den der klerikale Kindsmissbrauch angerichtet hatte, indem er sein „tiefes Bedauern" angesichts der „unbeschreiblichen Verbrechen" ausdrückte. Zum Auftakt seines Deutschlandbesuchs im September 2011 wird er vermutlich eine ähnliche Entschuldigung vorbringen. Aber er wird nicht die Kraft haben für die Maßnahmen, die erforderlich wären, um die katholische Kirche von ihren Stigmata zu reinigen, nämlich jeglichem Rückgriff auf kanonisches Recht beim Umgang mit Missbrauchsvorwürfen abzuschwören und Bischöfe und Kirchenfunktionäre zu einer Anzeige bei der Polizei zu verpflichten. In Wahrheit ist Benedikt unfähig zu verstehen, worum es eigentlich geht – er ist zu alt, zu praxisfremd und allzu bereit, die Schuld am explosionsartigen Auftreten von sexuellem Missbrauch in der Kirche bei allem und jedem zu suchen, nur nicht beim Katholizismus. Seine Weihnachtsbotschaft im Dezember lautete, die Pornographie sei schuld, der Sextourismus und der „moralische Relativismus" der 70er Jahre: „In den siebziger Jahren wurde Pädophilie als konform mit dem Wesen des Menschen und des Kindes betrachtet"[3], sagte er – eine widersinnige Aussage für jeden außer den weltfremden Kardinälen, an die sie gerichtet war. Trotz all

Angeklagt: Der Papst

der schönen Worte über das Mitempfinden der Schmerzen der Opfer hat er immer noch nicht verstanden: Wenn die Kirche vertrauensvolle Jungen von sieben Jahren aufwärts der Obhut nicht vertrauenswürdiger Priester überlässt, die mit gutem Grund davon ausgehen, dass sie ohne Konsequenzen Missbrauch begehen können, ist sie des fahrlässigen Verhaltens schuldig, wenn es dann tatsächlich zum Missbrauch kommt. Indem er Pornographie und Sextourismus die Schuld gibt, rechtfertigt Benedikt diese Verbrechen. Ihm fehlt der Mumm dafür, seinen pädophilen Priestern zu sagen – wie Jesus es mit Sicherheit getan hat – dass sie in der Hölle schmoren werden, wenn man sie nicht zuvor schon in den Tiefen des Meeres versenkt.

* * *

In den neun Monaten seit Erscheinen der ersten englischen Ausgabe dieses Buches sind Beweise dafür ans Licht gekommen, wie sich der Vatikan hinter den Kulissen um den Schutz seiner kinderschändenden Priester vor den Zivilbehörden bemüht hat. „Wikileaks" veröffentlichte Depeschen von US-Diplomaten beim Vatikan, die Zeugen des Zorns der dortigen Amtsträger über die Murphy- und Ryan-Kommissionen in Irland geworden waren, deren Informationsanfragen verachtungsvoll abgeschmettert wurden, da sie einen „Affront gegen die Souveränität des Vatikans" darstellten.[4] Noch vernichtender war die Enthüllung eines Schreibens des Gesandten Johannes Pauls II. in Irland von 1997, das an die katholischen Bischöfe gerichtet war, um ein Veto gegen den Vorschlag ihres Beratungsgremiums einzulegen, die Anzeige pädophiler Verdächtiger bei der Polizei zur Pflicht zu machen. In diesem Schreiben, das von der Glaubenskongregation unter Dr. Ratzinger ausgegangen oder von ihr diktiert worden sein muss, hieß es, eine Anzeigepflicht gebe „Anlass zu ernsthaften Bedenken sowohl moralischer als auch kirchenrechtlicher Natur". In den traurigen Fällen, in denen Kleriker des sexuellen Missbrauchs angeklagt würden, seien die kirchenrechtlichen Verfahrensweisen strikt einzuhalten.[5] Deutlicher kann man die geheime Strategie des Vatikans nicht belegen, mit der Bischöfe angehalten wurden, eine Zusammenarbeit mit den Strafverfolgungsbehörden zu umgehen. In dem Schreiben hieß es weiter, wenn sie das Kirchenrecht nicht peinlich genau einhielten, würden alle Verfahren gegen pädophile Priester aufgehoben, d.h. durch Kardinal Ratzinger bei der Glaubenskongregation in Rom.

Genau dies geschah im Fall Tony Walsh, zu dem die Murphy-Kommission keine Einzelheiten veröffentlichen konnte, solange das Strafverfahren gegen ihn noch nicht abgeschlossen war. Walsh war bekannt als pädophiler Priester, der über 15 Jahre lang zahlreiche Jungen vergewaltigte, bis die Kirche schließlich 1993 seine Entlassung aus dem Priesterstand anordnete. Doch er legte bei Ratzingers Glaubenskongregation Berufung ein, die das Urteil abänderte und statt dessen anordnete, ihn in ein Kloster zu schicken – wo es ihm natürlich gelang, weitere Jungen zu vergewaltigen. Er wurde 1996 nach einem sexuellen

Übergriff auf einen Jugendlichen auf einer öffentlichen Toilette (nach einer Beerdigung in der Familie des Jungen) von der Polizei gefasst. Dieser Teil des Murphy-Berichts, der nach der Inhaftierung von Walsh im Dezember 2010 veröffentlicht wurde, zeigte, dass der durch ihn verübte Kindsmissbrauch seinen Mitpriestern und selbst dem Erzbischof von Dublin sehr wohl bekannt war, der 1993 nach Rom reiste und den Papst anflehte, die Laisierungsanordnung aufrechtzuerhalten. Doch Johannes Paul und Kardinal Ratzinger stellten sich taub und blind, bis zu Walshs Verhaftung in der Toilette. Er wurde aus dem Priesterstand entlassen, aber erst 2010 unter Anklage gestellt und schließlich zu Gefängnis verurteilt.

Die vom Vatikan sanktionierte „Bestrafung" für Priester, die nach kanonischem Recht sexueller Vergehen für schuldig befunden wurden – Absonderung in Klöstern oder Einschränkung des Kontakts zu Kindern – war schon immer die bevorzugte Alternative zu einer Laisierung. Das bedeutet, dass sie sich im Priestergewand frei bewegen und Gelegenheiten nutzen können, auf Kinder Eindruck zu machen. Es gibt Belege dafür, dass man vielen auch nach einer Laisierung, ja selbst nach einer Verurteilung und Inhaftierung noch erlaubt, kirchliche Unterkünfte zu nutzen und sich als Priester auszugeben. In einem 2010 vom britischen TV-Sender Channel 4 ausgestrahlten Bericht hieß es, in Großbritannien gehörten mindestens 14 der 22 Priester, die seit mehr als einem Jahr im Gefängnis saßen, nach wie vor dem Klerus an, wobei der Vatikan in einer Reihe von Fällen Anträge auf Laisierung abgewiesen hatte, und dass sie in kirchlichen Publikationen immer noch als aktive Priester geführt wurden (in einem Fall sogar als Monsignore).[6] Dass die Kirche die Wiedereingliederung eines aus dem Gefängnis entlassenen Priesters in gewissem Ausmaß unterstützt, mag sich als pure Nächstenliebe rechtfertigen lassen; aber es ist nicht tolerierbar, dass sie dem Betreffenden weiterhin Zugang gewährt zu der Macht und Position, die er so brutal missbraucht hat – und die er nicht erneut missbrauchen darf. In sehr vielen Ländern ist es die Unfähigkeit der Kirche, den Kindsmissbrauch durch ihre Priester ernst zu nehmen oder vernünftig damit umzugehen, die den Stab bricht über ihre Führer und Amtsträger.

In Amerika bahnt sich ein Wandel an, weil dort die Opfer zurückschlagen. Anfang 2011 musste eine Diözese in Delaware 77 Mio. US-Dollar als Entschädigung an insgesamt 146 Opfer zahlen[7], während 500 weitere einen Vergleich im Umfang von 166 Mio. US-Dollar erstritten gegen Jesuiten aus dem Nordwesten der USA, wegen einer Spur von Missbrauchsfällen, die sich von Oregon bis Alaska zog.[8] Die Diözese Milwaukee in Wisconsin – Heimat des Pfarrers Laurence Murphy, der rund 200 taubstumme Schüler vergewaltigte (Abs. 28) – wurde mit Zivilklagen und Anschuldigungen wegen wissentlich falscher Angaben über ihre Priester derart überzogen, dass sie Konkurs anmeldete. Eine verzweifelte Lösung, die die Schadensersatzzahlungen eindämmen wird – allerdings um den Preis, dass die Kirche interne Dokumente freigibt, die weitere Beweise für ihr fahrlässiges Verhalten liefern dürften, und vielleicht auch für eine Mitschuld des Vatikans.[9] Der größte Schadensfall für die Kirche ereignete sich im Februar 2011 in Philadelphia, wo eine Grand Jury einen katholischen Amtsträger wegen des Verbrechens der Beihilfe zur Vergewaltigung von Jungen durch drei sie betreuende Priester verurteilte, weil er deren bekannte Neigung zur Pädophilie vertuschte und ihnen den Zugang zu Kindern erlaubte. Endlich also eine strafrechtliche Anklage gegen eine Administration wegen der stillschweigenden Duldung von Missbrauch – nach den vielen Beweisen landes- und weltweit, dass kirchliche Amtsträger Bescheid wussten über pädophile Priester und den fortgesetzten Missbrauch zuließen. Für den Vatikan schuf dies einen beunruhigenden Präzedenzfall.[10] Die Erzdiözese Philadelphia bekam es direkt mit der Angst zu tun und suspendierte wenige Wochen später 26 Priester, gegen die Anschuldigungen erhoben worden waren, die im Rahmen geheimer Verfahren nach Kirchenrecht behandelt wurden. Das kanonische Recht ist natürlich das Instrument, mit dem diese Vertuschungen bewerkstelligt werden. Amtsträger anzuklagen, die Beweise gegenüber der Polizei zurückhalten, und ihnen Beihilfe zu den Verbrechen ihrer Schützlinge zur Last zu legen, ist vielleicht der einzige Weg, wie man die Kirche zwingen kann, das Rechtsstaatsprinzip zu akzeptieren.

In anderen Ländern wächst die Liste der schuldig gewordenen Priester und ihrer Opfer weiter. In Chile hat ein Richter die Herausgabe von Beweismaterial darüber angeordnet, wie 48 pädophile Priester von Diözese zu Diözese verschoben wurden.[11] Der Vatikan willigte in die Laisierung eines 80-jährigen Priesters ein, der nach kanonischem Recht schuldig gesprochen worden war, weigerte sich jedoch, die Polizei über seine Verbrechen zu informieren. Der Papst wies ihn lediglich an, ein Leben des Gebets und der Buße zu führen.[12] Wie dieser Fall zeigt, begeht Benedikt weiterhin den gleichen Fehler, den er im Umgang mit dem Priestermonster Maciel beging (Abs. 184): Nach lebenslangem Missbrauch von Kindern haben ältliche, schließlich nach kanonischem Recht verurteilte Priester keinerlei Strafe zu gewärtigen – lediglich eine Anweisung, glücklich bis ans Ende ihrer Tage, wenn auch in aller Stille, weiterzuleben, mietfrei in kirchlichen Immobilien und mit Pensionsbezug. (Der irische Vergewaltiger-Priester Tony Walsh erhielt sogar eine „Abfindung" in Höhe von 10.500 Euro.)

In Europa haben die vergangenen Monate neue Beweise erbracht, die die Argumentation in diesem Buch untermauern, dass Vertuschung per Kirchenrecht rückfällige Pädophile schützt, und dass die Strafverfolgungsbehörden – zumindest in katholischen Ländern – unfähig scheinen, dem Beispiel Philadelphias nachzueifern und verantwortliche kirchliche Würdenträger strafrechtlich zu verfolgen. So gab es in Italien, als ein römischer Priester wegen Kindsmissbrauchs im Zeitraum 1998 bis 2008 formell zu 15 Jahren Gefängnis verurteilt wurde, keine Ermittlungen darüber, wie die Kirchenfunktionäre seine zehnjährige Verbrechenstour einfach so hinnehmen konnten.[13] In den Niederlanden, wo sich mehr als zwei-

tausend Menschen als Missbrauchsopfer gemeldet hatten, gab es neue Beweise für Vertuschungen auf hoher Ebene: berichtet wurde, wie ein Kardinal die Verschiebung von Pädophilen in verschiedene Pfarreien sanktioniert hatte.[14] In Belgien meldete derweil eine Kommission 300 Fälle von Missbrauch durch katholische Geistliche und 13 Opfer, die Selbstmord begangen hatten.[15]
Von dieser Demonstration der verheerenden Auswirkungen auf die Opfer blieb der in Ungnade gefallene Bischof von Brügge, Roger Vangheluwe, gänzlich unbeeindruckt. Er war 2010 zum Rücktritt gezwungen worden, nachdem sich herausgestellt hatte, dass er seine kleinen Neffen missbraucht hatte (einer davon war erst sechs Jahre alt). Dieser feige alte Kleriker tauchte aus dem bezahlten Ruhestand auf für ein Fernsehinterview, in dem er seine Verbrechen durch die Erklärung, seine Taten seien kein harter Sex, sondern eher Intimitäten gewesen, zu rechtfertigen suchte.[16] Der Bischof hatte darauf geachtet, seine Schuld erst nach Ablauf der in Belgien geltenden 10-jährigen Verjährungsfrist für die Strafverfolgung einzugestehen. Seine Ausführungen sorgten in Belgien für Empörung, aber Forderungen nach einer Laisierung durch den Vatikan stießen bei Benedikt auf taube Ohren. Zweifelsohne wird der Papst diesen Ex-Bischof zu gegebener Zeit zu einem Leben des Gebets und der Buße auffordern oder zumindest dazu, künftig von Fernsehinterviews abzusehen, die seine Unbußfertigkeit bloßstellen.

Die Moral dieser traurigen Geschichte: Wie im vorliegenden Buch immer wieder betont, müssen die europäischen

Länder ihre unsinnigen, dem Code Napoléon zu verdankenden Verjährungsfristen für die Strafverfolgung von Vergewaltigung und Missbrauch von Kindern abschaffen. Es gibt keinerlei Rechtfertigung für eine Verjährung von Verbrechen, die den Opfern eine derartige Scham einflößen, dass viele erst 20 oder 30 Jahre später darüber sprechen können. Das englische Common Law kennt keine solchen Fristen, und es gibt erdrückende Beweise dafür, dass die zeitliche Beschränkung der Strafverfolgung in den französischsprachigen Ländern es Hunderten von Missbrauchstätern erlaubt hat, der Gerechtigkeit zu entgehen. In Kapitel 9 (Abs. 189 ff.) habe ich dargelegt, dass der Kindsmissbrauch in der katholischen Kirche weltweit ein Verbrechen gegen die Menschlichkeit darstellt oder einem solchen Verbrechen entspricht, dessen Strafverfolgung nach internationalem Recht nicht durch Verjährungsfristen beschränkt werden kann.

Die katholische Kirche in Deutschland wurde 2010 von Missbrauchsanschuldigungen heimgesucht, nachdem ein von Jesuiten geführtes Gymnasium in Berlin, das Canisius-Kolleg, den Missbrauch zahlreicher Schüler eingestanden hatte. Bald kamen weitere Schulen hinzu, doch die Enthüllungen galten lediglich als „Spitze des Eisbergs".[17] Wie in Belgien lagen die meisten Taten außerhalb der zeitlichen Schranken der Strafverfolgungsverjährung, die in Deutschland bereits nach zehn Jahren eintritt, beginnend mit dem 18. Geburtstag des Opfers, während zvilrechtliche Schadensersatzansprüche innerhalb von drei Jahren nach dem 21. Geburtstag des Opfers verjähren. Wer also mit 12 von seinem Pfarrer vergewaltigt wird, muss dies spätestens mit 28 offenlegen, sonst kann dieser nie mehr strafrechtlich zur Verantwortung gezogen werden, und er erhält nur dann zivilrechtlichen Schadenersatz, wenn er sich spätestens mit 24 meldet. Das ist ein schwerwiegender Makel des deutschen Rechts. Diese Verjährungsvorschriften stammen aus dem römischen Recht (erstmals erschienen sie 450 v. Chr. auf den „Zehn Tafeln") und sind heute im Fünften Abschnitt des deutschen Strafgesetzbuchs zu finden. Paragraph 78 Abs. 3 Nr. 3 sieht eine Verjährungsfrist von 10 Jahren für Verbrechen wie sexuellen Kindsmissbrauch vor, da diese Straftat mit Freiheitsstrafe von 6 Monaten bis zu 10 Jahren bedroht ist (nur die Verbrechen Völkermord und Mord unterliegen keiner Verjährung; bei Taten, die im Höchstmaß mit Freiheitsstrafen von mehr als 10 Jahren bedroht sind, beträgt die Verjährungsfrist 20 Jahre). Deutschland muss Kindsmissbrauch ernst nehmen, ob er von Priestern verübt wird oder von anderen Personengruppen. Da wir heute im Gegensatz zu den alten Römern wissen, dass es sich hier um ein Verbrechen handelt, das die Opfer häufig erst lange nach dem Missbrauch zur Anzeige bringen, sollte der deutsche Gesetzgeber dringend handeln, um sämtliche Verjährungsfristen für die Verfolgung dieses Verbrechens abzuschaffen – Verjährungsfristen, die so vielen Missbrauchstätern ein Entkommen ermöglich haben.

Im weiteren Verlauf des Jahres 2010 beschloss die katholische Kirche in Deutschland, ihre 2002 verfassten „Leitlinien" zum Umgang mit sexuellem Missbrauch dahingehend zu ändern, dass bei Beschuldigungen künftig eine Anzeige bei der Polizei erfolgen sollte. Dies verstößt natürlich gegen kanonisches Recht, wenn die Beschuldigung zunächst gegenüber der Kirche erhoben wird, die aufgrund vatikanischen Edikts verpflichtet ist, sie unter strengster „päpstlicher" Geheimhaltung zu prüfen. Ob der Vatikan protestieren wird, wie 1997, als in Irland ein solcher Kurswechsel im Gespräch war, wird sich weisen – eine Ausnahme vom Kirchenrecht für die deutsche Kirche bedarf der Genehmigung des Papstes. Diese Änderung der „Leitlinien", so begrüßenswert sie ist, erlaubt verdächtigen Priestern nach wie vor den Verbleib an Ort und Stelle und enthält auch kein Zugeständnis von finanziellen Entschädigungen an die Opfer.[18] Diese deutsche Reform von 2010 hat eine eklatante Hintertüre: Die Staatsanwaltschaft muss nicht informiert werden, wenn das Opfer Einwände dagegen erhebt. Wie ich bereits erläutert habe (Abs. 168), ist es nur allzu einfach, Opfer nach entsprechender Beratung davon zu überzeugen, dass ihnen am ehesten gedient ist, wenn sie die Kirche die Angelegenheit „auf ihre Art" regeln lassen – ohne das Opfer dem Martyrium auszusetzen, das eine Zusammenarbeit mit der Strafverfolgung mit sich bringt. Kirchliche Richtlinien in einigen fortschrittlichen Ländern (wie z.B. Australien) scheinen eine Anzeige des Kindsmissbrauchs bei der Polizei zu befürworten, enthalten aber sämtlich diese irreführende Bedingung, die sicherstellt, dass viele Beschuldigungen von Kindsmissbrauch nie an die externe Strafverfolgung gelangen. Das bedeutet, dass viele kriminelle Priester der Strafverfolgung entgehen, weil Kirchenfunktionäre zum Schutz des kirchlichen Rufs Eltern und Opfer unter Druck setzen oder dazu überreden, dass sie sich besser stellen, wenn ihre Beschuldigungen im Geheimen nach Kirchenrecht behandelt werden.

Inzwischen hat es weitere Enthüllungen über sexuellen Missbrauch in München zu Zeiten Kardinal Ratzingers gegeben: Ein Untersuchungsbericht kam zu dem Schluss, einschlägige Akten seien systematisch vernichtet worden, um Beweise verschwinden zu lassen,[19] wobei es anscheinend um 250 Priester und Religionslehrer ging, die Kinder in der Diözese missbraucht hatten.[20] Allerdings wurde bislang nur ein Fall zweifelsfrei festgestellt, bei dem Erzbischof Ratzinger nicht nur die Behandlung eines pädophilen Priesters genehmigte, sondern später auch seine Versetzung in eine andere Pfarrei erlaubte – wo er weiter Missbrauch verübte.[21] Bei seinem Deutschlandbesuch im September 2011 könnte der Papst vielleicht die Gelegenheit nutzen, sein damaliges Verhalten als direkte Kontrollinstanz über die örtliche Priesterschaft klarzustellen und könnte sogar – zum ersten Mal in seinem Leben und in dem der Kirche – bestimmen, dass sämtliche Meldungen über Kindsmissbrauch künftig den Strafverfolgungsbehörden zu übermitteln sind, in allen Ländern, in denen diese weder korrupt noch antikatholisch eingestellt sind.

Kürzlich wurde unter dem Titel „Licht der Welt" ein Buch mit Interviews Benedikts veröffentlicht, in dem der Papst mit der Aussage zitiert wird, der „Vulkankrater" der Missbrauchsanschuldigungen sei für ihn ein „unerhörter Schock" gewesen. Das ist schwer nachvollziehbar, hat er doch in der Glaubenskongregation seit 1981 die Beweise dafür geliefert bekommen. Er gestand ein, er hätte „vielleicht" schon nach den Enthüllungen in den USA und in Irland eine weltweite Untersuchung zu den klerikalen Sexualstraftaten einleiten sollen, aber wenn das so ist, warum tut er es nicht jetzt? Meine Vermutung ist, dass der Vatikan es nicht zulassen würde: Es verbergen sich einfach zu viele Details zum sexuellen Missbrauch katholischer Kinder in der ganzen Welt in den „päpstlich geheimen" Akten der Glaubenskongregation, die bei Ermittlungen offengelegt werden müssten. Stattdessen werden sie nun für immer verborgen bleiben, sicher im Schutz der hoheitlichen Immunität der Vatikanstadt.

* * *

Meine Ansicht, dass der Vatikan rechtlich gesehen kein Staat ist, ist von Professor Alan Dershowitz[22] – ansonsten ein Verteidiger des Papstes – unterstützt worden, sowie von Anthony Aust, der lange Jahre als Rechtsexperte beim britischen Außenministerium tätig war. Er weist darauf hin, dass der Vatikan „ein winziges Gebiet (0,44 km^2) ist mit einer ständigen Bevölkerung von rund 800 Personen, deren Hauptaufgabe die Unterstützung des Heiligen Stuhls ist… Es handelt sich um ein kleines Stück Italien, das der Verbreitung des römisch-katholischen Glaubens gewidmet ist, der eine bedeutende Religion darstellt, aber nicht mehr".[23] Das britische Außenministerium zeigte sich von meiner Kritik an seiner Unkenntnis des Lateranvertrags und der Verzagtheit, mit der es dem Verlangen des Vatikans nach einer gesonderten Botschaft nachgekommen war (Abs. 110-112) getroffen und ließ durch einen Staatssekretär verlautbaren:

„Es trifft nicht zu, dass Großbritannien den Vatikan aufgrund des Lateranvertrags anerkennt, noch ist dies theoretisch überhaupt möglich: Großbritannien nahm bereits 1479 diplomatische Beziehungen zum Heiligen Stuhl auf. Diese wurden 1559 abgebrochen und 1914 wieder aufgenommen, also fünfzehn Jahre vor Abschluss dieses Vertrages".[24]

Hier wird mit voller Absicht etwas Unaufrichtiges gesagt: Natürlich unterhielt England (wie übrigens auch Deutschland) mit Unterbrechungen jahrhundertelang diplomatische „Beziehungen" zum Heiligen Stuhl; nach 1870 jedoch, also nach Auflösung des Kirchenstaats durch die Armee des Risorgimento, konnte kein Land mehr Beziehungen zum Heiligen Stuhl *als Staat* unterhalten, da er über kein Gebiet verfügte (ein wesentliches Kriterium für einen Staat). Nach maßgeblichen Entscheidungen italienischer Gerichte war der Heilige Stuhl zwischen 1870 und 1929 kein Staat. Im Jahr 1914 wurden die diplomatischen Beziehungen durch Großbritannien „wieder aufgenommen", doch dies bedeutete keine Anerkennung des Heiligen Stuhls als Staat und hätte es auch nicht bedeuten können, da dieser über kein Staatsgebiet verfügte. Er war eine „juristische Körperschaft" und konnte als solche erst einen Anspruch auf Anerkennung als Staat erheben, als Mussolini ihm ein Stück Land überließ, was 1929 durch den Lateranvertrag geschah. Dies steht zweifelsfrei fest, da der Vatikan heute in seiner offiziellen Souveränitäts-Verlautbarung an die Vereinten Nationen seinen Anspruch auf Staatseigenschaft auf den Lateranvertrag, und zwar ausschließlich darauf, gründet: *Der Heilige Stuhl übt seine Souveränität aus über das Gebiet des Staates der Vatikanstadt, der 1929 zur Sicherstellung der völligen und sichtbaren Unabhängigkeit und Souveränität zur Erfüllung seiner weltweiten moralischen Aufgabe, einschließlich sämtlicher Handlungen im Bezug auf internationale Beziehungen, geschaffen wurde (siehe Lateranvertrag, Präambel und Art. 2–3.)*

Das britische Außenministerium und sein Staatssekretär sprechen also mit gespaltener Zunge. Der Lateranvertrag ist die Grundlage für den Anspruch des Heiligen Stuhls auf Anerkennung als *Staat*. „Diplomatische Anerkennung" und „Rechtsfähigkeit nach internationalem Recht" können einer Reihe von Gebilden zuteil werden – Körperschaften oder NGOs oder Regionen wie der EU –, aber um als Staat anerkannt zu werden, muss eine solche Körperschaft über ein Gebiet verfügen (das zweite Kriterium der Montevideo-Konvention), und bis 1929 verfügte der Heilige Stuhl über keinen einzigen Quadratzentimeter. Der Lateranvertrag ist essentiell für die Anerkennung des Heiligen Stuhls als Staat durch das britische Außenministerium aus dem einfachen Grund, dass er die einzige Basis ist, auf die der Heilige Stuhl selbst seinen Anspruch stützt, ein Staat zu sein.

Ich habe mich diesem Argument so ausführlich gewidmet, weil es trotz seiner nachweislichen Unkorrektheit von der katholischen Propaganda benutzt worden ist, um nahezulegen, es gebe Schwachstellen in meiner Argumentation gegen eine Staatseigenschaft des Vatikans. Dem ist nicht so, und meine Argumentation wird unterstützt durch die in Absatz 132 genannten angesehenen Rechtswissenschaftler, deren Ansicht man eher vertrauen darf als der eines Staatssekretärs und eines defensiv eingestellten Außenministeriums, das öffentliche Ausgaben für einen „Staats-"Besuch durch einen religiösen Führer rechtfertigen will, der rechtlich kein Oberhaupt eines wirklichen Staates ist.

Trotzdem wird er als „Staat" behandelt, zu dem niederträchtigen Zweck, Robert Mugabe um Sanktionen herumzumanövrieren, die von der EU verhängt wurden, zu deren Mitgliedern der Vatikan nie wird zählen können, da er keine Demokratie ist. Erfreulich ist, dass 2011 sowohl die Absurdität einer Staatseigenschaft des Vatikans als auch seine Rolle (gesetzt den Fall, er sei ein Staat) beim Missbrauch von Kindern auf Sitzungen des Menschenrechtsrats und des Sachverständigenausschusses zur Überwachung der Einhaltung der Kinderrechtskonvention zur Sprache kam. Eine Antwort steht in beiden Fällen noch aus. Es ist jedoch höchst unwahrscheinlich, dass der IStGH-Ankläger den von zwei deutschen Anwälten gestellten Antrag auf Anklageerhebung gegen den Papst wegen „der Aufrechterhaltung und Leitung eines weltweiten totalitären Zwangsregimes" positiv bescheiden wird – eine Beschuldigung, die auf Zwangstaufe und die Lehre vom Fegefeuer abzuheben scheint, die beide nicht den Tatbestand eines Verbrechens gegen die Menschlichkeit erfüllen können.

Epilog

Angemerkt sei hier, obschon dies die Argumentation im Buch nicht berührt, dass die Entscheidung des Europäischen Gerichtshofs für Menschenrechte gegen das Anbringen von Kruzifixen in den Klassenräumen staatlicher Schulen in Italien (erwähnt in Abs. 211) in der Revision durch die Große Kammer aufgehoben wurde.[25] Obwohl diese Entscheidung vom Vatikan wie von Italien (die üblicherweise austauschbar sind) begeistert begrüßt wurde, war sie eigentlich von untergeordneter Bedeutung, da sie abhob auf den „Beurteilungsspielraum", der es Staaten erlaubt, moralische Fragen vor dem Hintergrund der eigenen Geschichte und Tradition zu entscheiden. Das Gericht entschied, dass es grundsätzlich einschreiten werde, um eine staatliche „Indoktrination" von Kindern mit den Ansichten einer Religion zu verhindern, doch sei ein „an der Wand angebrachtes Kruzifix ein seinem Wesen nach passives Symbol […], dessen Einfluss auf die Schüler nicht mit einem didaktischen Vortrag oder mit der Teilnahme an religiösen Aktivitäten verglichen werden kann"[26]. Es ist ein erstaunliches Beispiel richterlicher Naivität, zu glauben, Kinder würden nicht zumindest unterbewusst durch die Allgegenwart der katholischen Ikone beeinflusst, wenn sie jeden Schultag ab dem Alter von fünf Jahren bis zum 17. Lebensjahr gezwungen sind, auf ein großes Kruzifix an der Wand über ihrem Lehrer zu starren. Allerdings haben die Beschwerdeführer ihre Sache unzureichend vertreten und es versäumt, sich auf ein psychologisches Gutachten zu berufen – ein Punkt, den die Richter begierig aufgriffen, um zu sagen: Es könne nicht vernünftigerweise behauptet werden, dass es auf junge Menschen, bei denen sich Überzeugungen erst noch herausbildeten, eine Wirkung hat oder nicht. Es sollte schon vom gesunden Menschenverstand her offensichtlich sein, dass es eine Auswirkung auf diese Überzeugungen hat.

* * *

All den Hinhaltetaktiken, Winkelzügen und Fehlinformationen zum Trotz gibt es Fortschritte in dem Bemühen, den Vatikan zur Verantwortung zu ziehen. Nach Veröffentlichung dieses Buches wurde der klerikale sexuelle Kindsmissbrauch endlich als Menschenrechtsthema anerkannt: In seinem Bericht 2011 verurteilte Amnesty International die mangelhafte Einhaltung des internationalen Kinderschutzrechts durch den Vatikan, weil er eine Zusammenarbeit mit den Justizbehörden verweigere, die Suspendierung beschuldigter Priester ablehne und es an angemessenen Entschädigungszahlungen für die Opfer fehlen lasse.[27] Eine entscheidende Entwicklung gab es im Mai 2011, als der Vatikan neue „Leitlinien" bezüglich sexuellen Missbrauchs Minderjähriger veröffentlichte, in denen die Bischöfe angewiesen wurden, eine „klare und organische Vorgehensweise" für den Umgang mit entsprechenden Anschuldigungen zu erarbeiten, und ermahnt wurden, mit den Strafverfolgungsbehörden zusammenzuarbeiten, wenn das örtliche Recht dies erfordere.[28]
Diese „Leitlinien" – erstmals diskutiert auf einem „Gipfel" zum Kindsmissbrauch, zu dem der Papst im November 2010 hundert Kardinäle nach Rom beordert hatte, und

in den Folgemonaten eifrig im Vatikan debattiert - sind weit von dem entfernt, was tatsächlich erforderlich sein wird. Zunächst einmal wurden sie nicht in das kanonische Recht aufgenommen, sondern lediglich in Form eines „Rundschreibens" der Glaubenskongregation an die Bischöfe dargelegt, die zur Beachtung des Kirchenrechts ermahnt wurden (die Rede ist vom „*Forum internum* des Bußsakraments") sowie dazu, das gesamte Verfahren so durchzuführen, „dass die Privatsphäre der beteiligten Personen geschützt und ihrem guten Ruf die gebotene Aufmerksamkeit zuteil wird" (das ist „päpstliche Geheimhaltung" unter einem verträglicheren Namen). Priester werden nicht dazu angehalten, Glaubensbrüder zu melden, deren Missbrauchstaten ihnen bekannt sind. Alle glaubwürdigen Anschuldigungen müssen an die Glaubenskongregation übermittelt werden – womit Verzögerungen vorprogrammiert sind –, und es gibt keine Pflicht, verdächtige Priester für die Dauer von Ermittlungen zu suspendieren. Die gesamte Verantwortung wird den Bischöfen übertragen, bei denen man sich – wie die Geschichte gezeigt hat – nicht darauf verlassen kann, dass sie vernünftig damit umgehen (siehe dazu z.B. Anhang A). Auch die neuen Leitlinien verpflichten immer noch nicht zur Anzeige. Dies wurde abgelehnt, so der Vatikan-Sprecher, da die Kirche auch in Ländern mit unterdrückerischen Regimen tätig sei. Wie ich aufgezeigt habe (Abs. 182), kann dies nicht als Allzweck-Entschuldigung herangezogen werden. Eine Verfolgung von Katholiken findet nur in wenigen Ländern statt, und man könnte alternative Regelungen vorsehen mit einer Anzeige in

Rom statt bei der Polizei in solchen Ländern, in denen die Rechtsprechung nicht funktionsfähig oder voreingenommen gegen die katholische Religion ist.

Die „Leitlinien" vom Mai 2011 sind zumindest ein Fortschritt gegenüber allem, was der Vatikan bislang zuwege gebracht hat. Und sie zeigen, welche Wirkung der auf den Menschenrechten basierende Angriff auf seine Praktiken erreicht hat. Dieser Angriff muss weitergehen, bis die Kirche akzeptiert, dass sie sich nicht länger an staatlicher Immunität und an den Schlupflöchern des Kirchenrechts festklammern kann: Für die Verbrechen, die ihre Priester an Kindern begehen, kann es weder Privilegien noch Vergebung geben.

Geoffrey Robertson Q.C.
Doughty Street Chambers
20. Mai 2011

Anhang A: Ein Bischof im Zeugenstand

Die folgenden Auszüge entstammen dem offiziellen Protokoll der Aussage von Bischof Curry in einem der Verfahren, die wegen mangelhafter Dienstaufsicht über pädophile Priester gegen die Kirche in Los Angeles angestrengt wurden. Das Gericht angerufen hatte ein Opfer von Pfarrer Michael Baker, der seit 1974 Kinder missbraucht hatte. Er gestand Bischof Curry und Kardinal Mahony 1986, zwei Jungen sexuell belästigt zu haben. Curry wird aufgefordert, zu erklären, wie er mit diesem Wissen umgegangen ist. Nach einer kurzen „Behandlung" beim Paraclete Orden in New Mexico nahm Baker sein geistliches Amt wieder auf. Als ein kleiner Junge beim Verlassen von Bakers Schlafzimmer beobachtet wurde, wurde Bischof Curry mit der Untersuchung des Vorfalls betraut. Baker wurde in – insgesamt neun – andere kalifornische Gemeinden versetzt, wo er während der folgenden 15 Jahre regelmäßig weiter straffällig wurde.

F: Glauben Sie im Jahr 1986, dass es eine Heilung für Kinderschänder gibt?

A: Ich wüsste nicht, dass ich in dieser Hinsicht irgendetwas geglaubt habe.

F: Wussten Sie 1986, dass Kindsmissbrauch ein Verbrechen ist?
A: Ja.

F: Haben Sie die Polizei verständigt?

A: Nein.

F: Warum nicht?

A: Er kam im Rahmen einer… vertraulichen Vereinbarung mit der Kirche, um etwas zu gestehen, was er begangen hatte, und ich ging davon aus, dass das vertraulich war.

F: Wenn er gekommen wäre und Ihnen erzählt hätte, er habe Kinder ermordet, hätten Sie dann die Polizei verständigt?

A: Ich weiß nicht, was ich getan hätte, da ich nie in so einer Situation gewesen bin.

F: Aber die Polizei haben Sie jedenfalls nicht verständigt?

A: Nein.

F: Haben Sie mit dem Kardinal darüber gesprochen, ob man die Polizei verständigen solle?

A: Nicht, dass ich mich erinnern könnte. Ich erinnere mich, dass wir sagten, er müsse unverzüglich aus seinem geistlichen Amt entfernt werden, und dass er in Behandlung geschickt werden würde.

F: Gut. Was meinen Sie, wenn Sie sagen, „in Behandlung geschickt"?

A: Dass er zur stationären Behandlung in eine Einrichtung geschickt werden würde.

F: Weswegen sollte er dort behandelt werden?

A: Wegen der Probleme, die er eingestanden hatte.

F: Sie meinen den Missbrauch von Kindern?

A: Ja.

F: Er sollte also in Behandlung, damit er aufhören würde, Kinder zu missbrauchen?

A: Ja.

F: Wer entschied, wo genau er diese Behandlung erhalten sollte?

A: Vermutlich ich.

F: Wohin haben Sie ihn geschickt?

A: Wir schickten ihn zu den Servants of the Paraclete in Jemez Springs, New Mexico.

F: Wer oder was sind die Servants of the Paraclete?

Anhang A

> A: Eine religiöse Gemeinschaft.

F: Eine Gruppe von Priestern und Brüdern?

> A: Ja.

F: Und was machen sie?

> A: Soweit ich wusste, betrieben sie diese Einrichtung.

F: … War ihnen bekannt, ob die Jungen, die er missbrauchte, unter 12 oder über 12 Jahre alt waren?

> A: Nein.

F: Sie wissen es nicht?

> A: Nein.

F: Hat ihn jemand gefragt, wie alt die Kinder waren?

> A: Zum damaligen Zeitpunkt nicht.

F: Hat ihn der Kardinal gefragt, was er mit diesen Jungen gemacht hatte?

> A: Daran kann ich mich nicht erinnern.

F: Hat ihn der Kardinal nach den Namen der Jungen gefragt?

> A: Auch daran erinnere ich mich nicht.

F: Haben Sie je mit dem Kardinal darüber gesprochen, dass man diese Jungen ausfindig machen müsse, um ihnen helfen zu können?

> A. Ich erinnere mich nicht, dass ich das getan hätte.

F: Sie erinnern sich nicht, ob der Kardinal Sie jemals angewiesen hat, dass diese Familien ausfindig gemacht werden müssten, diese von ihm missbrauchten Kinder, damit die Erzdiözese den Jungen helfen konnte?

> A: Ich erinnere mich nicht daran. …

F: … Haben Sie und der Kardinal jemals besprochen, ob es angemessen wäre, das Jugendamt oder die Polizei wegen Pfarrer Baker zu verständigen?

A: Nein, ich glaube nicht.

F: … War es je im Gespräch, die Gemeinden oder Orte zu verständigen, wo Pfarrer Baker gearbeitet hatte, bevor er zu Ihnen kam? Damit man feststellen konnte, ob er noch anderen Menschen Schaden zugefügt hatte, denen die Erzdiözese hätte helfen können?

A: Nein. …

F: Wie gelangte die Erzdiözese zu dem Beschluss, es sei angemessen, Pfarrer Baker wieder in sein geistliches Amt einzusetzen?

A: Wir glaubten, er wolle sein Leben ändern.

F: Und warum glaubten Sie das?

A: Weil er selbst kam und sich anzeigte und gestand; und wir wollten ihn nicht auf eine Position versetzen, in der er mit Kindern zu tun haben würde.

F: Man hat also Pfarrer Baker mitgeteilt, dass er nicht mit Kindern zusammen sein dürfe – welche sonstigen Maßnahmen hat die Erzdiözese - wenn überhaupt - ergriffen, um Kinder zu schützen?

A: Wir gaben ihm eine Aufgabe, bei der er nichts mit Kindern zu tun hatte. Und wir sagten dem Seelsorger der Gemeinde, in der er leben sollte, dass er keinen Dienst bei Kindern versehen dürfe.

F: Haben Sie [dem Seelsorger] mitgeteilt, dass Pfarrer Baker ein Kinderschänder war?

A: Nicht, dass ich mich erinnern könnte.

F: Dachten Sie, es sei wichtig für [den Seelsorger], das zu wissen?

A: Ich hielt es für wichtig, dass er wusste, dass er nichts mit Kindern zu tun haben durfte.

F: Sie haben ihm nicht gesagt, dass er ein Kinderschänder war, aber Sie sagten ihm, er dürfe nichts mit Kindern zu tun haben?

Anhang A

    A: Ja.

F: Warum haben Sie ihm nicht gesagt, dass er ein Kinderschänder war?

    A: Ich weiß es nicht.

F: Wollten Sie das verheimlichen?

    A: Nein.

F: Haben Sie und der Kardinal Pfarrer Baker getroffen, nachdem er vom Paraclete Orden zurück war?

    A: Ich erinnere mich nicht.

F: Wurde Pfarrer Baker wieder in ein geistliches Amt eingesetzt?

    A: Ja.

F: War Ihnen klar, dass Kindsmissbrauch katastrophale Auswirkungen auf einen kleinen Jungen oder ein kleines Mädchen haben kann?

    A: Ich hatte keine klare Vorstellung – damals hatte ich kein tiefergehendes Verständnis.

F: Kam es Ihnen jemals in den Sinn, dass diese Kinder einen Schaden davontragen könnten?

    A: Ja.

F: Hat Sie der Kardinal jemals zu diesen Kindern befragt, sich je nach ihrem Zustand erkundigt?

    A: Ich erinnere mich nicht.

F: Sie erinnern sich nicht, dass der Kardinal Sie je gefragt hätte, wie es diesen Kindern ging - haben wir versucht, ihre Familien zu unterstützen, haben wir versucht, ihnen zu helfen?

    A: Nein, ich erinnere mich nicht.

F: Wenn der Kardinal Sie angewiesen hätte, die Opfer ausfindig zu machen, hätten Sie sie gefunden?

    A: Das weiß ich nicht.

F: Hätte der Kardinal gesagt, „Monsignore, ich möchte, dass diese Jungen ausfindig gemacht werden, ich möchte, dass man ihre Familien ausfindig macht, ich möchte ihnen helfen", hätten Sie das dann getan?

A: Ich weiß nicht, ob ich das gekonnt hätte.

F: Sie hätten es versucht, nicht wahr?

A: Ich weiß nicht. Ich denke schon.

F: Wenn der Kardinal Ihnen sagen würde, dass Sie etwas Bestimmtes tun sollen, dann würden Sie alle Fähigkeiten und Möglichkeiten einsetzen, die Ihnen dafür zur Verfügung stehen, ist das so richtig?

A: Ja.

F: Aber er hat Ihnen nie gesagt, dass Sie die Kinder ausfindig machen sollten, oder?

A: Nicht, dass ich mich erinnern könnte.

F: Haben Sie denn mit dem Kardinal darüber gesprochen, die Gemeinden zu benachrichtigen, in denen Baker tätig gewesen war?

A: Nein.

F: Kam es Ihnen in Ihrer Amtszeit als Vikar für den Klerus in den Sinn, dass Pfarrer Baker noch mehr Kinder missbraucht haben könnte als diese beiden Jungen?

A: Ich erinnere mich nicht, darüber nachgedacht zu haben.

F: Ihnen ist nichts darüber bekannt, Herr Bischof, dass jemals jemand bei der Erzdiözese versucht hätte, diese beiden Kinder ausfindig zu machen?

A: Nein.

F: Trifft es zu, Herr Bischof, dass Sie diese beiden Kinder aus dem Grund nicht ausfindig gemacht haben, weil Sie besorgt waren, sie könnten zur Polizei gehen?

A: Nein.

F: Warum haben Sie nicht versucht, die Kinder zu finden?

A: Ich wusste einfach nicht, wer und wo sie waren, und ich dachte, einer von ihnen sei in Mexiko.

F: Aber wenn Sie sie hätten finden wollen, was hätten Sie dann tun können?

A: Ich weiß nicht, wie das damals gewesen wäre.

F: Hätten Sie in den Kirchenbüchern nachschauen können, ob sie da eingetragen waren?

A: Nein.

F: Nein?

A: Ich kannte ja keinen Nachnamen.

F: Haben Sie Baker nach dem Nachnamen gefragt?

A: Nein.

F: Sie hätten Baker nach dem Nachnamen fragen können, nicht wahr?

A: Ja.

F: Sie haben nicht einmal nach dem Nachnamen des Opfers gefragt, stimmt das? Ist das Ihre Aussage?

A: Ja.

F: Sie haben also nicht nach dem Nachnamen gefragt, Sie haben auch nicht nach dem Namen des anderen Opfers gefragt, ist das zutreffend?

A: Ja, das stimmt.

F: Und warum nicht, um alles in der Welt?

A: Ich weiß es nicht.

F: Ist es nicht so, dass Sie das gar nicht wissen wollten?

A: Nein.

Angeklagt: Der Papst

F: Also warum haben Sie dann nicht gefragt?

A: Weil ich damals nicht gewohnt war, mit solchen Dingen umzugehen. Es war das erste Mal, dass ich damit zu tun hatte.

F: Warum haben Sie dann nicht jemanden engagiert oder mit eingebunden, der darin geübt war?

A: Weil ich nicht geschult war in solchen Angelegenheiten.

F: Hat der Kardinal nach dem Nachnamen gefragt?

A: Ich erinnere mich nicht.

F: Wenn Sie die Namen der Jungen gehabt hätten, hätten Sie dann im Kirchenbuch nachschauen können?

A: Im Kirchenbuch welcher Gemeinde?

F: An dem Ort, wo es passiert war.

A: Ich wusste nicht, wo es passiert war. Ich habe nicht danach gefragt.

F: Hat der Kardinal gefragt, wo es passiert war?

A: Ich erinnere mich nicht.

F: Hat der Kardinal gefragt, in welcher Gemeinde es geschehen war?

A: Daran erinnere ich mich nicht.

F: Sein Seelsorger wurde darauf hingewiesen, dass er keine Kinder unterrichten sollte?

A: Sein Seelsorger wusste, dass er nicht in priesterliche Pflichten im Zusammenhang mit Kindern eingebunden werden sollte.

F: Hat er das schriftlich bekommen?

A: Ich erinnere mich nicht.

F: Wie sollte der Seelsorger reagieren, wenn er ihn in Verletzung dieser – wenn er ihn mit Kindern zusammen sehen würde?

A: Er sollte mich darüber informieren.

F: Gut. Durfte er die Beichte abnehmen?

A: Bei Kindern?

F: Ja.

A: Ich glaube nicht.

F: Wie hätte man das verhindern sollen? War da ein Schild am Beichtstuhl, „Nur für Erwachsene"?

A: Nein, aber Beichten von Schulkindern oder Religionsschülern wären unmöglich gewesen.

F: Wenn er an einem Samstagnachmittag die Beichte hört, kann er doch nicht kontrollieren, wer in den Beichtstuhl kommt?

A: Ich weiß gar nicht, ob er überhaupt Beichten abgenommen hat.

F: Sie können sich nicht daran erinnern, ob man ihn daran gehindert hat?

A: Nein.

F: Durfte er denn die Messe lesen in der Gemeinde, in der er wohnte?

A: Ja.

F: Und er durfte auch Ministranten dabeihaben?

A: Ich glaube schon.

F: Das sind doch normalerweise Kinder, oder?

A: Ja.

F: Und hätten diese Kinder sich im selben Teil der Sakristei umgezogen – also die Soutane angezogen und die Ministrantengewänder – wie Baker?

A: Ich weiß nicht, wie die Sakristei dort aussah.

F: Haben Sie schon einmal gehört, dass ein Kind in einer Sakristei missbraucht wurde, Herr Bischof?

A: Ja.

F: Wie oft haben Sie davon gehört?

A: Ich weiß es nicht.

F: Hatten Sie die Besorgnis, kam es Ihnen je in den Sinn, dass Baker in der Sakristei Kinder missbrauchen könnte?

A: Ich kann diese Frage nicht beantworten, weil ich sie nicht verstehe.

F: Wann haben Sie zum ersten Mal gehört, dass Kinder in einer Sakristei missbraucht wurden?

A: Ich weiß es nicht.

F: Hat jemals jemand die Ministrantenfamilien, die Ministranten in den Gemeinden, in denen Baker während Ihrer Amtszeit als Vikar für den Klerus tätig war, gewarnt, dass er ein Kinderschänder war?

A: Nein.

F: Kam es Ihnen während Ihrer Amtszeit als Vikar für den Klerus je in den Sinn, dass eine Familie so etwas hätte wissen sollen, bevor sie ihre Kinder mit Pfarrer Baker die Messe feiern ließ?

A: Nein.

F: Es kam Ihnen nie in den Sinn?

A: Nein.

F: Hat er Kindern die Kommunion gespendet?

A: Ja.

F: Hatte er Ministranten?

A: Ja.

F: Und Ministrantinnen?

A: Das nehme ich an.

Bald nachdem Pfarrer Baker gestanden hatte, zwei Jungen missbraucht zu haben, und mit den oben beschriebenen „eingeschränkten" priesterlichen Pflichten betraut worden war, kam es zu einer „Grenzüberschreitung". Pfarrer Dyer berichtete Bischof Curry, dass ein kleiner Junge dabei beobachtet worden war, wie er aus dem Schlafzimmer des Priesters kam.

F: Haben Sie Pfarrer Baker während Ihrer Amtszeit als Vikar für den Klerus je gesagt, er müsse mit diesem Verhalten aufhören, also mit Kindern allein zu sein oder sie zu belästigen, andernfalls würden Sie die Polizei einschalten?

A: Ich sagte ihm, dass – ja natürlich, dass er mit den Grenzüberschreitungen aufhören müsse.

F: Gut. Und was sagte er?

A: Er sagte, er werde das tun.

F: Sie haben ihm nach dem Dyer-Zwischenfall wirklich klargemacht, dass das falsch war, dass es eine Grenzüberschreitung war, und dass es aufhören müsse, ist das korrekt so?

A: Ja.

F: Und Sie sagten ihm, dass das eine Verletzung seines Nachsorgevertrags darstellte, nicht wahr?

A: Ich glaube schon.

F: Und sagten Sie ihm auch, dass Sie ihn im Wiederholungsfall aus seinem Amt entfernen würden?

A: Nein.

F: Warum nicht?

A: Ich weiß es nicht.

F: Hat ihm der Kardinal oder jemand anderer gesagt, dass das Folgen haben würde, wenn er es nochmals tun würde?

A: Ich erinnere mich nicht.

F: Hat jemand versucht, die Eltern des Jungen ausfindig zu machen, um ihnen mitzuteilen, was geschehen war?

A: Nicht, dass ich wüsste.

F: War es je im Gespräch, dass man versuchen würde, die Familie des Jungen zu finden, damit sie das Kind fragen konnte, ob Pfarrer Baker ihm etwas angetan hatte?

A: Nein, daran erinnere ich mich nicht.

F: Und Sie wissen bis heute nicht, wer das Kind war?

A: Nein.

F: Haben Sie sich im Nachhinein je gefragt, ob Baker diesen kleinen Jungen wirklich missbraucht hat?

A: Ich weiß es einfach nicht.

F: Ich hatte Sie gefragt, ob Sie sich das je gefragt haben.

A: Also ich – nein, ich frage mich nicht, ich weiß es einfach nicht.

F: Was das Nachsorgeprogramm betrifft, gab es da jemals eine Regelung, um sicherzustellen, dass Pfarrer Baker nie allein im Pfarrhaus war?

A: Nicht, dass ich wüsste.

F: Gab es nach der von Dyer berichteten Grenzüberschreitung mit dem Jungen irgendeine Veränderung bei der Aufsicht, um sicherzustellen, dass er nie allein im Pfarrhaus war?

A: Nicht, dass ich wüsste.

F: Gut. Hat er denn eine Erklärung dafür abgegeben, warum der Junge im Pfarrhaus war?

A: Ich – ich glaube schon.

F: Und wie lautete sie?

A: Ich meine, er – ich weiß nicht mehr. Aber ich glaube, er hat gefragt – also dass der Junge eine Beratung wollte oder etwas in der Art.

F: Er beriet also diesen Jungen?

A: Ich bin mir nicht sicher. Ich erinnere mich wirklich nicht an die Einzelheiten.

F: Hielten Sie das für eine gute Erklärung?

A: Ich weiß nicht, wie das damals war.

[Als die Polizei von Los Angeles viele Jahre später von Pfarrer Bakers Rückfall erfuhr, verlangte sie die Vorlage von Aufzeichnungen über diesen Vorfall und fand schließlich mit kriminalistischem Scharfsinn den mittlerweile 32-Jährigen. Er gab an, tatsächlich Opfer eines sexuellen Übergriffs von Baker geworden und durch dieses Erlebnis traumatisiert worden zu sein. Aus Angst vor den Auswirkungen auf seine zutiefst katholische Mutter habe er nicht gewagt, darüber zu sprechen. Die Kirche zahlte ihm schließlich 1,2 Mio. Dollar Entschädigung wegen ihres fahrlässigen Versäumnisses, dem Bericht von Pfarrer Dyer weiter nachzugehen. Das Kreuzverhör von Bischof Curry wandte sich dann einer weiteren Methode der Kirche beim Umgang mit pädophilen Priestern zu: der Entsendung an die Universität zum Studium des Kirchenrechts.]

F: Zu den Pflichten der Kirchenjuristen bei der Erzdiözese gehörte es, in unterschiedlichen Bereichen Beratungen und kirchenrechtliche Dienstleistungen zu erbringen, einschließlich des Themas Strafsachen gegen Priester, stimmt das so?

A: Ja.

F: Hielten Sie es für eine gute Idee des Kardinals, einen Kinderschänder zum Kirchenjuristen zu bestellen?

A: Er war ausschließlich mit Ehefällen befasst.

F: Pfarrer X war ein Kinderschänder, ein verurteilter Kinderschänder, und er wurde in dasjenige Amt bestellt, das mit Strafsachen gegen Priester zu tun hatte, trifft das zu?

A: Ich erinnere mich nicht, dass er je mit einem solchen Fall betraut gewesen wäre.

F: Nachdem er von den Servants of the Paraclete zurück war und die Bewährung hinter sich hatte, haben Sie ihn auf die katholische Universität geschickt, um dort einen Abschluss in Kirchenrecht zu machen, richtig?

A: Ich denke schon, ja.

F: Sie machten also einen verurteilten Kinderschänder zum Kirchenjuristen und gaben ihm eine Stelle in dem Amt, das Strafsachen gegen Priester zu verfolgen hatte, einschließlich Fällen von Kindsmissbrauch durch Priester, ist das zutreffend?

A: Die Erzdiözese, das Amt gab Empfehlungen an den Kardinal, aber meines Wissens hatte dieses Amt nichts mit Verfolgung zu tun.

F: Bevor der Kardinal Pfarrer X ins kirchenrechtliche Amt berief und ihm ein Jura-Studium erlaubte mit dem Ziel, Kirchenrechtler zu werden, haben Sie da mit dem Kardinal irgendwelche Einwände Ihrerseits besprochen dagegen, dass ein verurteilter Kinderschänder einen kirchenrechtlichen Abschluss machen sollte?

A: Nein.

F: Wer überwachte Pfarrer X während seines Jurastudiums – während seines Kirchenrechtsstudiums an der katholischen Universität?

A: Das ist mir nicht bekannt.

[Der Befrager im Kreuzverhör legte dem Bischof daraufhin einen Artikel aus der Los Angeles Times *vor über den Rückfall von Baker nach seinem Geständnis und dem Dyer-Vorfall.]*

F: In dem Artikel heißt es, „Daneben hatte Baker im Laufe der folgenden 14 Jahre, in denen er in neun verschiedene Gemeinden versetzt wurde, weiterhin häufigen Zugang zu Kindern. Bei sechs der Kirchen, in denen Baker tätig war, befand sich direkt neben dem Pfarrhaus eine Grundschule." Stimmt das so, Herr Bischof?

A: Ich glaube schon.

F: Warum in aller Welt haben Sie Pfarrer Baker in Gemeinden versetzt, in denen es Schulen gab?

A: Weil wir eine Vereinbarung mit ihm hatten, dass er nicht an Schulen oder für irgendwelche priesterlichen Pflichten bei Kindern eingesetzt werden würde.

F: Sie haben einen pädophilen Priester in eine Gemeinde mit einer Schule versetzt, ist das so richtig?

A: Wir haben Michael Baker, der gesagt hatte, er habe Kinder missbraucht, in Schulen – in diese Gemeinden mit Schulen versetzt.

F: Ich nehme an, Sie haben den Schulleiter darüber informiert, dass direkt neben dem Schulgelände ein Pädophiler wohnte?

A: Ich habe nicht mit dem Schulleiter gesprochen.

F: Hat der Kardinal Sie oder, soweit Sie wissen, jemand anderen bei der Erzdiözese angewiesen, den Schulleiter der betreffenden Schule anzurufen und ihm mitzuteilen, dass ein Priester, der Kindsmissbrauch eingestanden hatte, in der Gemeinde wohnte, in der sich die Schule befand?

A: Nein.

F: Meinen Sie, dass wäre eine gute Idee gewesen, Herr Bischof?

A: Ob ich das jetzt meine?

F: Ja. Meinen Sie, dass wäre eine gute Idee gewesen?

A: Ja – nach allem, was ich seitdem erfahren habe, ja.

F: Was haben Sie inzwischen erfahren, das Ihre Meinung geändert hat bezüglich der Benachrichtigung von Schulleitern darüber, dass ein Kinderschänder praktisch in der Schule wohnte?

A: Er wohnte im Pfarrhaus. Er wohnte nicht in der Schule.

F: Gut. Wissen Sie denn, wie nah am Pfarrhaus sich die Gemeindeschulen an diesen Orten befinden?

A: Ja.

F: Warum haben Sie die Schulleiter in den Gemeinden, in denen er tätig war, nicht darüber informiert, dass er Kindsmissbrauch eingestanden hatte?

A: Weil wir eine Vereinbarung hatten, dass er nichts mit Kindern zu tun haben sollte, und ich glaubte, er wolle sein Leben ändern und dieser Vorgabe folgen.

F: Was hätte das – was hätte eine Mitteilung an die Schulleiter, dass er in der Vergangenheit Kinder missbraucht hatte, denn daran geändert?

A: Das weiß ich nicht.

F: Herr Bischof, wussten Sie, dass seine Taten Verbrechen gewesen waren?

A: Ja.

F: Als Sie Baker an Gemeinden und Schulen versetzten, Herr Bischof, wussten Sie da, dass er ein Verbrechen begangen hatte?

A: Er gestand ein Verbrechen ein, ja.

F: Und Sie wussten, dass er ein Verbrechen an Kindern begangen hatte, richtig?

A: Das gestand er ein.

F: Und Sie wussten, dass Sie ihn mit der Versetzung in Gemeinden mit Schulen in große räumliche Nähe zu Kindern brachten?

A: Ja.

F: Gut. Haben Sie dem Kardinal gesagt, oder hatten Sie je ein Gespräch mit Kardinal Mahoney darüber, dass das eine äußerst schlechte Idee war?

A: Nein.

Der betreffende Fall wurde schließlich 2010 durch die Zahlung von 2,2 Millionen Dollar Entschädigung an die Opfer von Pfarrer Baker vergleichsweise beigelegt.

Appendix B: Auszüge aus *Crimen Sollicitationis*

(keine autorisierte deutsche Übersetzung verfügbar)

INSTRUCTION OF THE SUPREME SACRED CONGREGATION OF THE HOLY OFFICE

ADDRESSED TO ALL PATRIARCHS, ARCHBISHOPS, BISHOPS AND OTHER LOCAL ORDINARIES

INSTRUCTION ON THE MANNER OF PROCEEDING IN CAUSES INVOLVING THE CRIME OF SOLICITATION

TO BE KEPT CAREFULLY IN THE SECRET ARCHIVE OF THE CURIA FOR INTERNAL USE. – NOT TO BE PUBLISHED OR AUGMENTED WITH COMMENTARIES – PRELIMINARY MATTERS

1. The crime of solicitation occurs whenever a priest – whether in the act itself of sacramental confession, or before or immediately after confession, on the occasion or under the pretext of confession, or even apart from confession [but] in a confessional or another place assigned or chosen for the hearing of confessions and with the semblance of hearing confessions there – has attempted to solicit or provoke a penitent, whosoever he or she may be, to immoral or indecent acts, whether by words, signs, nods, touch or a written message, to be read either at that time or afterwards, or he has impudently dared to have improper and indecent conversations or interactions with that person.

2. Bringing this unspeakable crime to trial in first instance pertains to the *local Ordinaries* (i.e. Bishops or Abbots) in whose territory the Defendant has residence, not only by proper right but also by special delegation of the Apostolic See; *and it is enjoined upon them, by an obligation gravely binding in conscience, to ensure that causes of this sort henceforth be introduced, treated and con-cluded as quickly as possible before their own tribunal.* Nevertheless, for particular and grave reasons, in accordance with the norm of Canon 247, §2, these causes can also be deferred directly to the Sacred Congregation of the Holy Office, or called to itself by the same Sacred Congregation. . . .

4. The local Ordinary is judge in these causes for Religious as well, including exempt Religious. [*'Religious' here refers to deacons and monks and other church officials who have not been ordained*.] Their Superiors are in fact strictly prohibited from involving themselves in causes pertaining to the Holy Office (Canon 501, §2). Nonetheless, without prejudice to the right of the Ordinary, this does not prevent Superiors themselves, should they discover that one of their subjects has committed a crime in the administration of the Sacrament of Penance, from being able and obliged to exercise vigilance over him; to admonish and correct him, also by means of salutary penances; and, if need be, to remove him from any ministry whatsoever. *They will also be able to transfer him to another place*, unless the local Ordinary has forbidden it inasmuch as a complaint has already been received and an investigation begun.

5 The local Ordinary can either preside over these causes himself or commit them to be heard by another person, namely, a prudent ecclesiastic of mature age. . . .

7. The promoter of justice, the advocate of the Defendant and the notary – who are to be prudent priests, of mature age and good repute, doctors in Canon Law or otherwise expert, of proven zeal for justice (Canon 1589) and unrelated to the Defendant in any of the ways set forth in Canon 1613 – are appointed in writing by the Ordinary. . . . The Defendant is not prohibited from pro-

posing an advocate acceptable to him (Canon 1655); the latter, however, must be a priest, and is to be approved by the Ordinary.
...

11. Since, however, in dealing with these causes, more than usual care and concern must be shown that they be treated with the utmost confidentiality, and that, once decided and the decision executed, they are covered by permanent silence (Instruction of the Holy Office, 20 February 1867, No. 14), all those persons in any way associated with the tribunal, or knowledgeable of these matters by reason of their office, are bound to observe inviolably the strictest confidentiality, commonly known as the *secret of the Holy Office*, in all things and with all persons, under pain of incurring automatic excommunication, *ipso facto* and undeclared, reserved to the sole person of the Supreme Pontiff, excluding even the Sacred Penitentiary. Ordinaries are bound *by this same law*, that is, in virtue of their own office; other personnel are bound in virtue of *the oath* which they are always to swear before assuming their duties; and, finally, those delegated, questioned or informed [outside the tribunal], are bound in virtue of *the precept* to be imposed on them in the letters of delegation, inquiry or information, with express mention of the *secret of the Holy Office* and of the aforementioned censure.

12. The oath mentioned above ... is to be taken ... in the presence of the Ordinary or his delegate, on the Holy Gospels of God (including priests) and not in any other way, together with an additional promise faithfully to carry out their duties; the aforementioned excommunication does not, however, extend to the latter. Care must be taken by those presiding over these causes that no one, including the tribunal personnel, come to knowledge of matters except to the extent that their role or task necessarily demands it.

13. The oath to maintain confidentiality must always be taken in these causes, also by the accusers or complainants and the witnesses. These persons, however, are subject to no censure, unless

they were expressly warned of this in the proceedings of accusation, deposition or questioning. The Defendant is to be most gravely admonished that he too must maintain confidentiality with respect to all persons, apart from his advocate, under the penalty of suspension *a divinis*, to be incurred *ipso facto* in the event of a violation. ...

TITLE ONE THE FIRST NOTIFICATION OF THE CRIME

15. The crime of solicitation is ordinarily committed in the absence of any witnesses; consequently, lest it remain almost always hidden and unpunished with inestimable detriment to souls, it has been necessary to compel the one person usually aware of the crime, namely the penitent solicited, to reveal it *by a denunciation* imposed by positive law. Therefore: ...

23. In receiving denunciations, this order is normally to be followed: First, an oath to tell the truth is to be administered to the one making the denunciation; the oath is to be taken while touching the Holy Gospels. The person is then to be questioned according to the formula (Formula E), taking care that he relates, briefly and fittingly, yet clearly and in detail, everything whatsoever pertaining to the solicitations he has experienced. In no way, however, is he to be asked if he consented to the solicitation; indeed, he should be expressly advised that he is not bound to make known any consent which may have been given. The responses, not only with regard to their substance but also the very wording of the testimony (Canon 1778), should immediately be put in writing. The entire transcript is then to be read back in a clear and distinct voice to the one making the denunciation, giving him the option to add, suppress, correct or change anything. His signature is then to be demanded or else, if he is unable or does not know how to write, an 'x'. While he is still present,

the one receiving the testi-mony, as well as the notary, if present, are to add their signatures (cf. No. 9). Before the one making the denunciation is dismissed, he is to be administered the oath to maintain confidentiality, as above, if necessary under pain of excommunication reserved to the local Ordinary or to the Holy See (cf. No. 13).

28. ... the Ordinary, if he has determined that the specific delict of solicitation was not present, is to order the acts to be put into the secret archive, or to exercise his right and duty in accordance with the nature and gravity of the matters reported. If, on the other hand, he has come to the conclu-sion that [the crime] was present, he is immediately to proceed to the investigation (cf. Can. 1942, §1).

TITLE TWO THE PROCESS

Chapter I – The Investigation

...

33 .... once the Ordinary has received any denunciation of the crime of solicitation, he will – either personally or through a specially delegated priest – summon two witnesses (separately and with due discretion), to be selected insofar as possible from among the clergy, yet above any exception, who know well both the accused and the accuser. In the presence of the notary (cf. No. 9), who is to record the questions and answers in writing, he is to place them under a solemn oath to tell the truth and to maintain confidentiality, under threat, if necessary, of excom-munication ... He is then to question them concerning the life, conduct and public reputation of both the accused and the accuser; whether they consider the accuser worthy of credence, or on the other hand capable of lying, slander or perjury; and whether they know of any reason for hat-red, spite or enmity between the accuser and the accused. ...

Chapter II – Canonical Measures and the Admonition of the Accused

42. Once the investigative process has been closed, the Ordinary, after hearing the promoter of justice, is to proceed as follows, namely: a) if it is clear that the denunciation is completely unfounded, he is to order this fact to be declared in the acts, and the documents of accusation are to be destroyed; b) if the evidence of a crime is vague and indeterminate, or uncertain, he is to order the acts to be archived, to be brought up again should anything else happen in the future; c) if, however, the evidence of a crime is considered grave enough, but not yet sufficient to file a formal complaint – as is the case especially when there are only one or two denunciations with regular *diligences* but lacking or containing insufficiently solid subsidiary proofs, or even when there are several [denunciations] but with uncertain *diligences* or none at all – he is to order that the accused be admonished, according to the different types of cases, by a *first* or a *second* warning, *paternally*, *gravely* or *most gravely* according to the norm of Canon 2307, adding, if necessary, the *explicit threat of a trial* should some other new accusation be brought against him. The acts, as stated above, are to be kept in the archives, and vigilance is to be exercised for a period with regard to the conduct of the accused; d) finally, if certain or at least probable arguments exist for bringing the accusation to trial, he should order the Defendant to be cited and for-mally charged.

43. The warning mentioned in the preceding number (c) is always to be given in a confidential manner; nevertheless it can also be given by letter or by a personal intermediary, but in each case this must be proved by a document to be kept in the secret archives of the Curia, together with information about the manner in which the Defendant accepted it.

44. If, following the first warning, other accusations are made against the same Defendant regarding acts of solicitation which occurred prior to that warning, the Ordinary is to determine, in conscience

Anhang B

and according to his own judgment, whether the first warning is to be considered sufficient or whether he should instead proceed to a new warning, or even to the next stage. ...

Chapter III – The Arraignment of the Accused
...
48. When the Defendant, having been cited, has appeared, before the charges are formally brought, the judge is to exhort him in a paternal and gentle way to make a confession; if he accepts these exhortations, the judge, having summoned the notary or even, if he considers it more appropriate (cf. No. 9), without the presence of the latter, is to receive the confession.
49. In such a case, if the confession is found, in light of the proceedings, to be substantially complete, once the Promoter of Justice has submitted a written opinion, the cause can be concluded by a definitive sentence, all other formalities being omitted (see below, Chapter IV). The Defendant however is to be given the option of accepting that sentence, or requesting the normal course of a trial.
50. If on the other hand the Defendant has denied the crime, or has made a confession which is not substantially complete, or even rejected a sentence summarily issued on the basis of his confession, the judge, in the presence of the notary, is to read him the decree mentioned above in No. 47, and to declare the arraignment opened. ...
52. After this, the questioning of the Defendant takes place in accordance with Formula P, with the greatest care being taken on the part of the judge lest the identity of the accusers and especially of the denouncers be revealed, and on the part of the Defendant lest the sacramental seal be violated in any way. If the Defendant, speaking heatedly, lets slip something which might suggest either a direct or indirect violation of the seal, the judge is not to allow it to be recorded by the notary in the acts; and if, by chance, some such thing has been unwittingly related, he is

Angeklagt: Der Papst

to order it, as soon as it comes to his attention, to be deleted completely. *The judge must always remember that it is never permissible for him to compel the Defendant to take an oath to tell the truth* (cf. Canon 1744). ...

TITLE THREE PENALTIES

61. 'One who has committed the crime of solicitation . . . is to be suspended from the celebration of Mass and from the hearing of sacramental confessions and even, in view of the gravity of the crime, declared incapable from hearing them. He is to be deprived of all benefices, dignities, active and passive voice, and is to be declared incapable for all these, and in more grievous cases he is even to be subjected to reduction to the lay state [*deg-radatio*]'. Thus states Canon 2368, §1 of the Code [of Canon Law].

62. For a correct practical application of this canon, when determining, in the light of Canon 2218, §1, fair and proportionate penalties against priests convicted of the crime of solicitation, the following things should be taken into particular account in evaluating the gravity of the crime, namely: the number of persons solicited and their condition – for example, if they are minors or specially consecrated to God by religious vows; the form of solicitation, especially if it might be connected with false doctrine or false mysticism; not only the formal but also the material turpitude of the acts committed, and above all the connection of the solicitation with other crimes; the duration of the immoral conduct; the repetition of the crime; recidivism following an admonition, and the obdurate malice of the solicitor.

63. Resort is to be had to the extreme penalty of reduction to the lay state – which for accused religious can be commuted to reduction to the status of a lay brother [*conversus*] – only when, all things considered, it appears evident that the Defendant, in the depth of his malice, has, in his abuse of the sacred ministry, with grave scandal to the faithful and harm to souls, attained such a degree

of temerity and habitude, that there seems to be no hope, humanly speaking, or almost no hope, of his amendment. ...
65. In accordance with the norm of Canon 2236, §3, all of these penalties, inasmuch as imposed by law, cannot, once they have been applied by the judge ex officio, be remitted except by the Holy See, through the Supreme Sacred Congregation of the Holy Office.

TITLE FOUR OFFICIAL COMMUNICATIONS

66. No Ordinary is ever to omit informing the Holy Office immediately upon receiving any denunciation of the crime of solicitation. If it happens to concern a priest, whether secular or religious, having residence in another territory, he is at the same time to send (as already stated above, No. 31) to the Ordinary of the place where the denounced priest currently lives or, if this is unknown, to the Holy Office, an authentic copy of the denunciation itself with the *diligences* carried out as fully as possible, along with appropriate information and declarations.
67. Any Ordinary who has instituted a process against any soliciting priest should not fail to inform the Sacred Congregation of the Holy Office, and, if the matter concerns a religious, the priest's General Superior as well, regarding the outcome of the cause.
68. If a priest convicted of the crime of solicitation, or even merely admonished, should transfer his residence to another territory, the Ordinary *a quo* should immediately warn the Ordinary *ad quem* of the priest's record and his legal status.
69. If a priest who has been suspended in a cause of solicitation from hearing sacramental confessions, but not from sacred preaching, should go to another territory to preach, the Ordinary of that territory should be informed by his Superior, whether secular or religious, that he cannot be employed for the hearing of sacramental confessions.

70. All these official communications shall always be made *under the secret of the Holy Office*; and, since they are of the utmost importance for the common good of the Church, *the precept to make them is binding under pain of grave* [*sin*].

TITLE FIVE CRIMEN PESSIMUM

71. The term *crimen pessimum* ['the foulest crime'] is here understood to mean any external obscene act, gravely sinful, perpetrated or attempted by a cleric in any way whatsoever with a person of his own sex.
72. Everything laid down up to this point concerning the crime of solicitation is also valid, with the change only of those things which the nature of the matter necessarily requires, for the *crimen pessimum*, should some cleric (God forbid) happen to be accused of it before the local Ordinary, except that the obligation of denunciation [imposed] *by the positive law of the Church* [does not apply] unless perhaps it was joined with the crime of solicitation in sacramental confession. . . .
73. Equated with the *crimen pessimum*, with regard to penal effects, is any external obscene act, gravely sinful, perpetrated or attempted by a cleric in any way with preadolescent children [*impuberes*] of either sex or with brute animals [*bestialitas*].

FROM AN AUDIENCE WITH THE HOLY FATHER, 16 MARCH 1962

His Holiness Pope John XXIII, in an audience granted to the Most Eminent Cardinal Secretary of the Holy Office on 16 March 1962, graciously approved and confirmed this Instruction, ordering those responsible to observe it and to ensure that it is observed in every detail.
Given in Rome, from the Office of the Sacred Congregation, 16 March 1962.
L.+S. A. CARD. OTTAVIANI

Anhang C: Auszüge aus *Sacramentorum sanctitatis tutela* – Apostolisches Schreiben von Kardinal Ratzinger (2001)

BRIEF DER GLAUBENSKONGREGATION

AN DIE BISCHÖFE DER GANZEN KATHOLISCHEN KIRCHE UND AN ANDERE BISCHÖFE UND HIERARCHEN, DIE ES ANGEHT, ÜBER DIE DER GLAUBENSKONGREGATION VORBEHALTENEN SCHWEREN STRAFTATEN:

[…] Die Glaubenskongregation […] [beschäftigte sich] mittels einer dazu eingerichteten Kommission eingehend mit den strafrechtlichen Canones sowohl des CIC wie des CCEO, um die schweren Straftaten gegen die Sittlichkeit und bei der Feier der Sakramente festzulegen, und auch um Vorschriften für besondere Strafverfahren sowie zur Erklärung und Verhängung von Kirchenstrafen zu beschließen, weil die bis dahin geltende, von der Heiligen Kongregation des Heiligen Offiziums am 16. März 1962 herausgegebene Instruktion *Crimen sollicitationis* anhand der inzwischen neu veröffentlichten kirchlichen Gesetzbücher überprüft werden musste.

[…] Die gesamten Vorschriften sind vom Papst durch das Motu proprio Sacramentorum sanctitatis tutela approbiert, bestätigt und verkündet worden. Die der Glaubenskongregation vorbehaltenen schweren Straftaten, die bei der Feier der Sakramente oder gegen die Sittlichkeit begangen werden, sind:
Straftaten gegen die Heiligkeit des hochheiligen eucharistischen Opfers und Sakramentes, nämlich:

Angeklagt: Der Papst

1. wenn jemand die eucharistischen Gestalten in sakrilegischer Absicht entwendet oder zurückbehält, oder sie wegwirft;
2. wenn jemand ohne Priesterweihe das eucharistische Opfer liturgisch zu feiern versucht oder die Feier des eucharistischen Opfers vortäuscht;
3. die verbotene Konzelebration der Eucharistie zusammen mit Amtsträgern kirchlicher Gemeinschaften, die keine apostolische Sukzession haben und die sakramentale Würde der Priesterweihe nicht anerkennen;
4. die Konsekration der einen der beiden Gestalten ohne die andere in sakrilegischer Absicht bei der Eucharistiefeier oder auch beider Gestalten außerhalb der Eucharistiefeier

Straftaten gegen die Heiligkeit des Bußsakramentes, nämlich:

1. die Absolution des Mittäters bei einer Sünde gegen das sechste Gebot des Dekalogs;
2. das Verführen eines anderen zu einer Sünde gegen das sechste Gebot des Dekalogs bei der Spendung des Bußsakramentes oder bei Gelegenheit oder unter dem Vorwand der Beichte, wenn dies zur Sünde mit dem Beichtvater führt;
3. die direkte Verletzung des Beichtgeheimnisses;

Straftat gegen die Sittlichkeit, nämlich: die von einem Kleriker begangene Straftat gegen das sechste Gebot des Dekalogs mit einem noch nicht 18jährigen minderjährigen Menschen.

Nur diese oben namentlich aufgezählten Straftaten sind der Glaubenskongregation als Apostolischem Gerichtshof vorbehalten. Wenn ein Bischof oder Hierarch eine vage Kenntnis von einer derartigen Straftat hat, muss er sie nach abgeschlossener Voruntersuchung an die Glaubenskongregation weitermelden, die, wenn sie nicht wegen besonderer Umstände den Fall an sich zieht, durch Weitergabe der entsprechenden Vorschriften dem Bischof beziehungsweise Hierarchen gebietet, durch sein je eigenes Gericht das weitere Verfahren führen zu lassen; das Recht zur Berufung gegen das Urteil ersten Grades, sowohl auf Seiten des Angeklagten und seines Verteidigers als auch auf Seiten des Kirchenanwalts, besteht allein beim Obersten Gericht dieser Kongregation.

Zu beachten ist, dass die Verjährungsfrist für eine Strafklage gegen Strafhandlungen, die der Glaubenskongregation vorbehalten sind, zehn Jahre beträgt. Die Verjährung läuft nach dem allgemeinen Recht ab; aber bei einer von einem Priester begangenen Straftat an einer minderjährigen Person beginnt die Verjährung erst mit dem Tag, an dem die Person das 18. Lebensjahr vollendet hat.

An den bei den Bischöfen eingerichteten Gerichtshöfen dürfen für diese Strafverfahren nur Priester die Ämter des Richters, des Kirchenanwaltes, des Notars und des Strafverteidigers gültig wahrnehmen. Sobald der Fall vor Gericht wie auch immer beendet ist, sind die gesamten Akten des Verfahrens möglichst rasch von Amts wegen an die Glaubenskongregation zu übermitteln. [...]

Prozesse dieser Art unterliegen der päpstlichen Geheimhaltung.
. . . .

ROM, AM SITZ DER GLAUBENSKONGREGATION,
AM 18. MAI 2001.

+ Joseph Kardinal Ratzinger (Präfekt)
+ Tarcisio Bertone S.D.B. (Sekretär)

Anhang D: *de gravioribus delictis* (Juli 2010)

KONGREGATION FÜR DIE GLAUBENSLEHRE

SUBSTANTIELLE NORMEN, DIE DER KONGREGATION FÜR DIE GLAUBENSLEHRE VORBEHALTEN SIND

Art. 1

§ 1. Die Kongregation für die Glaubenslehre behandelt gemäß Art. 52 der Apostolischen Konstitution *Pastor Bonus* Straftaten gegen den Glauben und schwerwiegendere Straftaten gegen die Sitten und solche, die bei der Feier der Sakramente begangen werden […].

Art. 2

§ 1. Die in Art. 1 genannten Straftaten gegen den Glauben sind Häresie, Apostasie und Schisma […].

Art. 3

§ 1. Die der Kongregation für die Glaubenslehre vorbehaltenen schwerwiegenderen Straftaten gegen die Heiligkeit des eucharistischen Opfers und Sakraments sind:

1. Das Entwenden oder Zurückbehalten in sakrilegischer Absicht oder das Wegwerfen der konsekrierten Gestalten […].
2. Der Versuch, das eucharistische Opfer zu feiern […]
3. Das Vortäuschen der Feier des eucharistischen Opfers […]
4. Die […] verbotene Konzelebration […] zusammen mit Amtsträgern von kirchlichen Gemeinschaften, welche die apostolische Sukzession nicht besitzen und die sakramentale Würde der Priesterweihe nicht kennen.

[…]

Art. 4
§ 1. Die der Kongregation für die Glaubenslehre vorbehaltenen schwerwiegenderen Straftaten gegen die Heiligkeit des Bußsakraments sind:

> 1. Die Lossprechung des Mitschuldigen an einer Sünde gegen das sechste Gebot […].
> 2. Der Versuch der sakramentalen Lossprechung oder das verbotene Hören der Beichte […].
> 3. Das Vortäuschen der sakramentalen Lossprechung […].
> 4. Die Verführung zu einer Sünde gegen das sechste Gebot des Dekalogs bei der Spendung oder bei Gelegenheit oder unter dem Vorwand der Beichte […]
> 5. Die direkte oder indirekte Verletzung des Beichtgeheimnisses […].

§ 2. […] der Kongregation für die Glaubenslehre [ist] auch die schwerwiegendere Straftat vorbehalten, die darin besteht, die vom Beichtvater oder vom Pönitenten in einer echten oder vorgetäuschten sakramentalen Beichte gesagten Dinge mit irgendeinem technischen Hilfsmittel aufzunehmen oder in übler Absicht durch die sozialen Kommunikationsmittel zu verbreiten. Wer diese Straftat begeht, soll je nach Schwere des Verbrechens bestraft werden, im Fall eines Klerikers die Entlassung oder Absetzung nicht ausgeschlossen.

Art. 5
Der Kongregation für die Glaubenslehre ist auch die schwerwiegendere Straftat der versuchten Weihe einer Frau vorbehalten:
> 1. […] zieht sich jeder, der einer Frau die heilige Weihe zu spenden, wie auch die Frau, welche die heilige Weihe zu empfangen versucht, [zieht sich] die dem Apostolischen Stuhl vorbehaltene Exkommunikation als Tatstrafe zu.

2. Ist aber derjenige, der einer Frau die heilige Weihe zu spenden, oder die Frau, welche die heilige Weihe zu empfangen versucht, ein dem *Kodex der Kanones der orientalischen Kirchen* unterstehender Christgläubiger, dann ist diese Person […] mit der großen Exkommunikation zu bestrafen, deren Aufhebung ebenfalls dem Heiligen Stuhl vorbehalten ist.

3. Wenn der Schuldige ein Kleriker ist, kann er mit der Entlassung oder Absetzung bestraft werden.

Art. 6
§ 1. Die der Kongregation für die Glaubenslehre vorbehaltenen schwerwiegenderen Vergehen gegen die Sitten sind:

1. Die von einem Kleriker begangene Straftat gegen das sechste Gebot mit einem Minderjährigen unter achtzehn Jahren; bezüglich dieser Straftat wird dem Minderjährigen eine Person gleichgestellt, deren Vernunftgebrauch habituell eingeschränkt ist.

2. Der Erwerb, die Aufbewahrung und die Verbreitung pornographischer Bilder von Minderjährigen unter vierzehn Jahren in jedweder Form und mit jedwedem Mittel durch einen Kleriker in übler Absicht.

§ 2. Ein Kleriker, der die Straftaten nach § 1 begangen hat, soll je nach Schwere des Verbrechens bestraft werden, die Entlassung oder Absetzung nicht ausgeschlossen.

Art. 7
§ 1. Unbeschadet des Rechts der Kongregation für die Glaubenslehre, von der Verjährung in einzelnen Fällen zu derogieren, unterliegt die strafrechtliche Verfolgung der Straftaten, die der Kongregation für die Glaubenslehre vorbehalten sind, einer Verjährungsfrist von zwanzig Jahren.

[…]

Anhang D

ZWEITER TEIL

VERFAHRENSRECHTLICHE NORMEN

TITEL I   ZUSAMMENSETZUNG UND ZUSTÄNDIGKEIT DES GERICHTS

Art. 8
§ 1. Die Kongregation für die Glaubenslehre ist das Oberste Apostolische Gericht für die lateinische Kirche sowie für die katholischen Ostkirchen zur Behandlung der in den vorausgehenden Artikeln dargelegten Straftaten.

Art. 9
§ 1. Die Richter dieses Obersten Gerichts sind von Rechts wegen die Mitglieder der Kongregation für die Glaubenslehre.
§ 2. Der Versammlung der Mitglieder steht als Erster unter Gleichen der Präfekt der Kongregation vor. […]

Art. 11
Zur Erhebung und Vertretung der Anklage wird ein Kirchenanwalt eingesetzt, der Priester sein, ein Doktorat in Kirchenrecht besitzen und sich durch gute Sitten, vor allem durch Klugheit und juristische Erfahrung, auszeichnen muss; er übt sein Amt in allen Stufen des Prozesses aus.

Art. 13
Als Anwalt und Prokurator fungiert ein Priester, der ein Doktorat in Kirchenrecht besitzt und vom Vorsitzenden des Richterkollegiums approbiert wird.

Art. 14
Auch bei den anderen Gerichten können für die in diesen Normen behandelten Fälle nur Priester die Ämter des Richters, Kirchenanwalts, Notars und Anwalts gültig ausüben.
[…]

Angeklagt: Der Papst

Art. 16
Wann immer der Ordinarius oder Hierarch eine mindestens wahrscheinliche Nachricht über eine schwerwiegendere Straftat erhält, muss er nach Durchführung einer Voruntersuchung die Kongregation für die Glaubenslehre darüber informieren. Wenn die Kongregation den Fall nicht aufgrund besonderer Umstände an sich zieht, beauftragt sie den Ordinarius oder den Hierarchen, weiter vorzugehen, unbeschadet des Rechts, gegebenenfalls gegen ein Urteil erster Instanz an das Oberste Gericht der Kongregation zu appellieren.
[…]

TITEL II   PROZESSORDNUNG

Art. 21
§ 1. Die der Kongregation für die Glaubenslehre vorbehaltenen schwerwiegenderen Straftaten müssen in einem kanonischen Strafprozess untersucht werden.
§ 2. Es steht der Kongregation für die Glaubenslehre jedoch frei:
[…]
2. Sehr schwerwiegende Fälle, bei denen die begangene Straftat offenkundig ist und dem Angeklagten die Möglichkeit zur Verteidigung gegeben worden war, direkt dem Papst zur Entscheidung über die Entlassung aus dem Klerikerstand oder über die Absetzung zusammen mit der Dispens von der Zölibatsverpflichtung vorzulegen.

Art. 24
[…]
§ 2. Das Gericht muss dabei mit besonderer Aufmerksamkeit die Glaubwürdigkeit des Anklägers beurteilen.
§ 3. Immer ist jedoch darauf zu achten, dass jedwede Gefahr einer Verletzung des Beichtgeheimnisses absolut vermieden wird.

Anhang D

Art. 30
§ 1. Die genannten Verfahren unterliegen dem päpstlichen Amtsgeheimnis.
§ 2. Wer immer das Amtsgeheimnis verletzt oder, sei es aus List oder aus schwerer Fahrlässigkeit, dem Angeklagten oder den Zeugen einen anderen Schaden zufügt, ist auf Antrag des Geschädigten oder auch von Amts wegen vom höheren Gericht mit angemessenen Strafen zu belegen.

Der vorstehende Text wurde am 21.5.2010 von Benedikt XVI. approbiert und ging per Schreiben des Präfekten der Glaubenskongregation, Kardinal Levada, an alle Bischöfe. Die Veröffentlichung erfolgte erst am 15.7.2010.

Bibliographie (aus der englischen Originalfassung)

Books

Lord Acton (J. Rufus Fears (ed.)), *Selected Writings of Lord Acton*, Volume 3 (Liberty Fund, Indianapolis, 2000).

John L. Allen Jnr, *All the Pope's Men: The Inside Story of How the Vatican Really Thinks* (Doubleday, New York, 2004).

John L. Allen Jnr, *Pope Benedict XVI: A Biography of Joseph Ratzinger* (Continuum, London, 2005).

Anthony Aust, *Modern Treaty Law and Practice* (CUP, Cambridge, 2000).

Ann Barstow, *Married Priests and the Reforming Papacy: The 11th Century Debates (Texts and Studies in Religion)* (Edwin Mellor Press, New York, 1982).

J. P. Beal, J. A. Corinden and T. J. Green, *New Commentary on the Code of Canon Law* (Canon Law Society of America, Washington, DC, 2000).

Phillip Berryman, *Liberation Theology* (IB Taurus, London, 1987).

Tom Bingham, *The Rule of Law* (Allen Lane, London, 2010).

Ian Brownlie, *Principles of Public International Law* (6th edn, OUP, Oxford, 2003).

Ian Brownlie and Guy Goodwin-Gill, *Documents on Human Rights* (6th edn, OUP, Oxford, 2010).

Hyginus E. Cardinale, *The Holy See and the International Order* (Smythe, Bucks, 1976).

Antonio Cassesse, *International Criminal Law* (2nd edn, OUP, Oxford, 2008).

Catechism of the Catholic Church (2nd edn, English translation, St Paul's, London, 2000).

Hilary Charlesworth and Christine Chinkin, *The Boundaries of International Law: A*

Feminist Perspective (Manchester University Press, Manchester, 2000).

James Corkery and Thomas Worcester (eds), *The Papacy Since 1500: From Italian Prince to Universal Pastor* (CUP, 2010).

John Cornwell, *The Pope in Winter: The Dark Face of John Paul II's Papacy* (Penguin, London, 2005).

Rupert Cornwell, *God's Banker: The Life and Death of Roberto Calvi* (Unwin, London, 1984).

James Crawford, *The Creation of States in International Law* (2nd edn, OUP, Oxford, 2006).

Christopher Duggan, *The Force of Destiny: A History of Italy Since 1796* (Allen Lane, London, 2007).

Jorri Duursma, *Fragmentation and the International Relations of Microstates: Selfdetermination and Statehood* (Cambridge Studies in Comparative and International Law, Cambridge, 1996).

Carmine Galasso, *Crosses: Portraits of Clergy Abuse* (Trolley, London, 2007).

Louise Haggett, *The Bingo Report: Mandatory Celibacy and Clergy Sex Abuse* (CSRI Books, 2005).

R. K. Hanson, F. Pfafflin and M. Lutz (eds.), *Sexual Abuse in the Catholic Church: Scientific and Legal Perspectives* (Libreria Editrice Vaticana, Rome, 2003).

John Hite and Chris Henton, *Fascist Italy* (Hodder Education, London, 1998).

Patricia Knight, *Mussolini and Fascism* (Routledge, London, 2003).

Bart McDowell, *Inside the Vatican* (National Geographic Society, Washington, DC, 2008).

Phillip Morgan, *Italy 1915–1940* (Sempringham Publishing, Bedford, 1998).

John Henry Newman (Ian Ker (ed.)), *Apologia Pro Vita Sua* (Penguin Classics, London,
1994).

D. P. O'Connell, *International Law* (Stevens, London, 1970).

Hector Olasolo, *Criminal Responsibility of Senior Political and Military Leaders as Principals to International Crimes* (Hart Publishing, Oxford, 2009).

Bibliographie

Eric Plumer, *The Catholic Church and American Culture* (University of Scranton Press, London, 2009).

E. Pollack, *The Pretender: How Martin Frankel Fooled the World* (Free Press, New York, 2002).

Steven R. Ratner, Jason S. Abrams and James L. Bischoff, *Accountability for Human*
Rights Atrocities in International Law (3rd edn, OUP, Oxford, 2009).

Ivor Roberts, *Satow's Diplomatic Practice* (6th edn, OUP, Oxford, 2009).

Geoffrey Robertson QC, *Crimes Against Humanity: The Struggle for Global Justice* (3rd edn, Penguin/New Press, London/New York, 2006).

William G. Rusch (ed.), *The Pontificate of Benedict XVI: Its Promises and Premises* (Eerdmans, Michigan, 2009).

Tracey Rowland, *Ratzinger's Faith* (OUP, Oxford, 2009)

William A. Schabas, *An Introduction to the International Criminal Court* (2nd edn, CUP, Cambridge, 2004).

Malcolm Shaw, *International Law* (6th edn, CUP, Cambridge, 2008).

Gillian Triggs, *International Law: Contemporary Principles and Practices* (Butterworths/
Lexis Nexis, Sydney, 2005).

Rev. John Triglio Jnr and Rev. Kenneth Brighenti, *Catholicism for Dummies* (Wiley, London, 2003).

Studies, Reports and Judicial Inquiries

The Irish Commission to Inquire into Child Abuse Public Report ('The Ryan Report'), 20 May 2009, available at http://www.childabuse-commission.ie/rpt/pdfs/ (last accessed 18 July 2010).

Dublin Archdiocese Commission of Investigation Report ('The Murphy Report'), 26 November 2009, available at http://www.dacoi.ie/ (last accessed 10 July 2010).

Judge Francis D. Murphy, Helen Buckley and Larain Joyce, *Ferns Inquiry to the Minister for Health and Children* (Dublin: Government

Publications, October 2005) ('The Ferns Report'), available at http://www.bishop-accountability.org/ferns/ (last accessed 22 July 2010).

John Jay College of Criminal Justice, *The Nature and Scope of the Problem of Sexual Abuse of Minors by Catholic Priests and Deacons in the United States* (2004), http://www. usccb.org/nrb/johnjstudy.

Winter Commission Report (1990), Archdiocese of St John's, Newfoundland, Canada.

Safeguarding with Confidence – Keeping Children and Vulnerable Adults Safe in the Catholic Church, The Cumberlege Commission Report (Catholic Truth Society, London 2007).

Vatican Materials

Benedict XVI, encyclical letter, *Caritas in Veritatae*, 29 June 2009.

Benedict XVI, *Pastoral Letter of the Holy Father Pope Benedict XVI to the Catholics of Ireland*, 19 March 2010, para 4, available at http://www.vatican.va/holy_father/ benedict_xvi/letters/2010/documents/hf_ben-xvi_let_20100319_church-ireland_ en.html (last accessed 21 July 2010).

Catechism of the Catholic Church (2nd edn, Burns & Oates, London, 1999).

Congregation of the Doctrine of Faith, *Considerations Regarding Proposals to Give Legal Recognition to Unions between Homosexual Persons*, issued by Prefect Cardinal Ratzinger, 3 June 2003, available at http://www.vatican.va/roman_curia/congregations/cfaith/documents/rc_con_cfaith_doc_20030731_homosexual-unions_en.html (last accessed 12 July 2010).

Congregation of the Doctrine of Faith, *Doctrinal Note on Some Questions Regarding the Participation of Catholics in Political Life*, issued by Cardinal Joseph Ratzinger and Tarcisio Bertone, 24 November 2002, available at http://www.vatican.va/ roman_curia/congregations/cfaith/documents/rc_con_cfaith_doc_20021124_ politica_en.html (last accessed 21 July 2010).

Bibliographie

Msgr Leo Cushley, 'A Light to the Nations: Vatican Diplomacy and Global Politics', 2007 Habigen Lecture, available at http://www.stthomas.edu/cathstudies/pro-grams/habiger/default.html (last accessed 20 July 2010).

Holy See, *Initial Report to the Committee on the Rights of the Child on the Optional Protocol on the Sale of Children, Child Prostitution and Child Pornography*, 14 May 2010, available at http://www2.ohchr.org/english/bodies/crc/docs/AdvanceVersions/CRC-C-OPSC-VAT-1.doc (last accessed 24 July 2010), 1, para 4(b).

Holy See, *Report to the Committee on the Rights of the Child*, 28 March 1994.

Instruction on the Manner of Proceeding in Causes involving the Crime of Solicitation (Vatican Polyglot Press, 1962), available at http://www.vatican.va/resources/resources_crimen-sollicitationis-1962_en.html (last accessed 20 July 2010).

Fr F. Lombardi, 'The Significance of the Publication of the New Norms Concerning the Most Serious Crimes', undated, available at http://www.vatican.va/resources/ resources_lombardi-nota-norme_en.html (last accessed 20 July 2010).

Cardinal Joseph Ratzinger, 'Letter to the Bishops of the Catholic Church on the Pastoral Care of Homosexual Persons', 1986, available at http://www.vatican.va/ roman_curia/congregations/cfaith/documents/rc_con_cfaith_doc_19861001_ homosexual-persons_en.html (last accessed 15 July 2010).

Archbishop Jean-Louis Tauran, 'The Presence of the Holy See in the International Organizations', lecture at Catholic University of the Sacred Heart, Milan, 22 April 2002, available at http://www.vatican.va/roman_curia/secretariat_ state/documents/rc_seg-st_doc_20020422_tauran_en.html (last accessed 20 July 2010).

Academic Articles

Yasmin Abdullah, 'The Holy See at United Nations Conferences: Church or State?' (1996), 96(7) *Colombia Law Review*, 1835.

Dina Aversano, 'Can the Pope be a Defendant in American Courts?' (2006), 18 *Pace International Law Review*, 495.

Matthew N. Bathon, 'The Atypical Status of the Holy See' (2001), 34 *Vanderbilt Journal of Transnational Law*, 596.

Melanie Black, 'The Unusual Sovereign State: FSIA and Litigation against the Holy See for its Role in the Global Priest Sexual Abuse Scandal' (2009), 27(2) *Wisconsin International Law Journal*, 299.

Curtis A. Bradley and Jack L. Goldsmith, 'Foreign Sovereign Immunity, Individual Officials and Human Rights Litigation' (2009), 13 *Green Bag 2D*, 9.

James Brown-Scott, 'The Treaty Between Italy and the Vatican' (1929), 23 *American Society of International Law Proceedings*, 19.

Fr Noel Dias, 'Roman Catholic Church and International Law' (2001), 13 *Sri Lanka Law Journal*, 107.

John Finnis, 'Reason, Faith and Homosexual Acts' (2001) 62 *Catholic Social Science Review* 61.

Michael M. Gunter, 'The Problem of Mini-State Membership in the UN System: Recent Attempts towards a Solution' (1973), 12 *Columbia Journal of Transnational Law*, 464.

Gordon Ireland, 'The State of the City of the Vatican' (1933), 27 *American Journal of International Law*, 275.

Kurt Martens, 'The Position of the Holy See and Vatican City State in International Relations' (2006), 83 *University of Detroit Mercy Law Review*, 729.

Lucian C. Martinez, 'Sovereign Impunity – Does the FSIA Bar Lawsuits Against the Holy See?' (2008), 44 *Texas International Law Journal*, 123.

William Brian Mason, 'The New Call for Reform: Sex Abuse and the Foreign Sovereign Immunities Act' (2008), 33(2) *Brooklyn Journal of International Law*, 655, 679.

Daniel M. Singerman, 'Its Still God to be the King: An Argument for Maintaining the Status Quo in Foreign Head of State Immunity' (2007), 21 *Emory International Law Review*, 413.

Richard Sipe, 'Paedophiles and Celibacy', 18 March 2010, available at http://www. richardsipe.com/Miscl/vatican_connection.htm (last accessed 10 July 2010).

Bibliographie

Alison Todd, 'Vicarious Liability for Sexual Abuse' (2002), 8 *Canterbury Law Review*, 281.

Leslie Townley, 'Conceal or Reveal? The Role of Law in Black Collar Crime' (2007), 1 *Public Space (The Journal of Law and Social Justice)*, 30.

Jane Wangman, 'Liability for Institutional Child Sexual Assault' (2004), *Melbourne University Law Review*, 5.

Herb Wright, 'The Status of Vatican City' (1944), 38 *American Journal of International Law*, 452.

Stephen E. Young and Alison Shea, 'Separating Law From Church: A Research Guide to the Vatican City State' (2007), 99 *Law Library Journal*, 589.

Media Articles

'Africa Now Under the Spotlight Over Sex Crimes', *Legal Brief Africa*, Issue 379, 3 May 2010.

John L. Allen Jr, 'Don't be Daft – You Can't Put the Pope on Trial', *Spectator*, 14 April 2010, available at http://www.spectator.co.uk/spectator/thisweek/5879613/5911953/ part_3/dont-be-daft-you-cant-put-the-pope-on-trial.thtml (last accessed 25 July 2010).

John L. Allen Jr, 'Will Ratzinger's Past Trump Benedict's Present?', *National Catholic Reporter*, 31 March 2010.

'Archbishop Dodged Apology for Abuse', *The Times*, 12 April 2010.

R. Behar, 'Washing Money in the Holy See', *Fortune*, 16 August 1999, 128–37.

'Bishops' Record in Cases of Accused Priests', *Dallas Morning News*, 12 June 2002.

'Britain's Top Catholic Protected Paedophile', *The Times*, 9 April 2010, 1.

'Cardinal Levada: We Ought to Hold Ourselves to a High Standard', *PBS Newshour*,

27 April 2010, available at http://www.pbs.org/newshour/bb/religion/jan-june10/ vatican_04-27.html (last accessed 20 July 2010).

'Catholic Bishops Apologise for Terrible Crimes and Cover-ups', *Guardian*, 23 April 2010.

'CDF Official Details Response to Sex Abuse', *National Catholic Reporter*, 31 March 2010, available at http://ncronline.org/news/accountability/cdf-official-details-response-sex-abuse (last accessed 25 July 2010).

Henry Chu and Michelle Boorstein, 'US Sex Abuse Lawsuits Target Holy See', *The Age*, 29 March 2010, available at http://www.theage.com.au/world/us-sex-abuse-lawsuits-target-holy-see-20100328-r53i.html (last accessed 21 July 2010).

Andrew Cole, 'The Church's Penal Law and the Abuse of Children', *Thinking Faith*, 17 June 2010.

Bill Curry, 'Catholic Church Reluctant to Release Residential School Records', *Globe and Mail*, 6 April 2010.

Martin Daly, 'Rome Backed Sex-case Priest', *The Age*, 6 July 2002, available at http://www.theage.com.au/articles/2002/07/05/1025667059915.html (last accessed 14 July 2010).

'Gay Groups Angry at Pope Remarks', *BBC News*, 23 December 2008, available at http://news.bbc.co.uk/1/hi/7797269.stm (last accessed 10 July 2010).

Laurie Goodstein, 'Early Alarm for Church Abusers in Clergy', *The New York Times*, 2 April 2009, article and correspondence available at http://www.nytimes.com/2009/04/03/us/03church.html (last accessed 20 July 2010).

Laurie Goodstein, 'Payout is Bittersweet for Victims of Abuse', *The New York Times*, 17 July 2007, available at http://www.nytimes.com/2007/07/17/us/17abuse.html (last accessed 22 July 2010).

Alma Guillermoprieto, 'The Mission of Father Marcial', *New York Review of Books*, 24 June 2010, 28.

'He Should Have Been Watched Like a Hawk', *The Times*, 10 April 2010, 5.

'A History of Residential Schools in Canada', *CBC News*, 14 June 2010.

Bibliographie

John Hooper, 'Former Archbishop Cormac Murphy-O'Connor to Head Papal Inquiry into Sex Abuse in Ireland', *Guardian*, 31 May 2010, available at http:// www.guardian.co.uk/world/2010/may/31/cormac-murphy-o-connor-inquiry-sex-abuse-ireland (last accessed 16 July 2010).

'Insidious Challenge of Gay Marriage – the Pope Speaks', *The Times*, 14 May 2010.

'Jesuits Admit Shame Over Abuse of 200 Children', *The Times*, 28 May 2010.

'John Paul Backed Bishop for Hiding Abuse: Cardinal', *Washington Post*, 17 April 2010.

'John Paul Ignored Abuse of 2,000 Boys', *Sunday Times*, 4 April 2010.

Frank Jordans, 'UN: Vatican Child Rights Report 13 Years Overdue', *Associated Press*, 16 July 2010, available at http://www.google.com/hostednews/ap/article/.

Nick Kristof, 'The Pope and AIDS', *The New York Times*, 8 May 2005.

Sandro Magistere, 'Mission Impossible: Eject the Holy See from the UN', 21 August 2008, available at http://chiesa.espresso.repubblica.it/articolo/162301?eng=y (last accessed 22 July 2010).

Patsy McGarry, 'Cardinal Brady to Stay in Office as He Asks for Assistance', *Irish Times*, 18 May 2010, available at http://www.irishtimes.com/newspaper/frontpage/2010 /0518/1224270601322.html (last accessed 20 July 2010).

Nick McKenzie and Rafael Epstein, '300 Abuse Cases, One Defrocking', *The Age*, 22 April 2010, available at http://www.theage.com.au/victoria/300-abuse-cases-one-defrocking-20100421-szz6.html (last accessed 23 July 2010).

Richard N. Ostling, 'Sex and the Single Priest', *Time Magazine*, 5 July 1993.

'Papal Diplomacy: God's Ambassadors', *Economist*, 21 July 2007.

'Pope Accused of Stoking Homophobia After He Equates Homosexuality to Climate Change', *The Times*, 23 December 2008, available at www.timesonline.co.uk/tol/ comment/faith/article5387858.ece (last accessed 10 July 2010).

'Pope Calls for Church Repentance Over Sins', *Guardian*, 16 April 2010.

'Pope Engineered Cover-up of Child Sex Abuses Says Theologian', *Irish Times*, 16 April 2010.

'Pope Expresses „Sorrow" for Abuse at Residential Schools', *CBC News*, 29 April 2009.

'Pope Weeps as He Meets Abuse Victims for First Time', *The Times*, 17 April 2010; 19 April 2010.

'Pope's Message to the World Ignores Sex Scandal', *The Times*, 5 April 2010, 14.

'Pope's Top Advisor Blames Gays as Rome Seeks Scapegoats for Sex Abuse Scandals', *The Times*, 14 April 2010.

Peter Popham, 'Made in His Own Image: The Catholic Church Faces Another Scandal', *Independent*, 28 June 2010.

'Priest Used Worker Like Prostitute, Court Told', *The Age*, 24 October 2002, available at http://www.theage.com.au/articles/2002/10/23/1034561548990.html (last accessed 15 July 2010).

Sarah Shenker, 'Legacy of Canada's Residential Schools', *BBC News*, 11 June 2008.

'Signature on Letter Implicates Pope in Abuse Cover-up', *The Times*, 10 April 2010.

Richard Sipe, 'Facts, Truth, Trust and Numbers', 23 January 2007, available at http:// www.richardsipe.com/Dialogue/Dialogue-05–2007–01–23.html (last accessed 25 July 2010).

Richard Sipe and K. K. Murray, 'International Traffic of Priests Who Abuse', *SNAP* (US), 17 April 2007, available at http://www.bishop-accountability.org/news2007/ 03_04/2007_04_17_Sipe_InternationalTraffic.htm (last accessed 22 July 2010).

Farrah Tomazin, 'Priest's Return Worries Parents', *The Age*, 13 May 2004, available at http://www.theage.com.au/articles/2004/05/12/1084289749587.html (last accessed 20 July 2010).

'Top Cardinal Made Plea for Pinochet', *Sunday Times*, 11 February 1999, 24.

'Vatican Rebukes Austrian Cardinal', *The New York Times*, 29 June 2010.

Bibliographie

'Victims of Sex Abuse to Sue Vatican', *Sunday Times*, 28 March 2010.

'What the Bishop Knew', *Guardian*, 3 April 2010, 27.

Gary Wills, 'Forgive Not', *New Republic*, 18 May 2010.

Richard Wilson, 'The Catholic Church Acts as a Law Unto Itself ', *New Humanist*, Volume 125, Issue 3, May/June 2010, 13.

Jonathan Wynne-Jones, 'Vatican Allowed Paedophile Living in Britain to Remain as a Priest', *Sunday Telegraph*, 11 April 2010.

Cases

Accordance with International Law of the Unilateral Declaration of Independence in Respect of Kosovo, International Court of Justice, 22 July 2010.

Al-Adsani v The United Kingdom, Application No. 35763/97, European Court of Human Rights, 21 November 2001.

Alamieyeseigha v CPS [2005] EWHC 2104.

Alperin v Vatican Bank (2005) 410 F. 3d 532 (US).

Baxter v Attorney-General of Canada, 2006 CanLII 41673, Ontario Superior Court, 15 December 2006.

Bazley v Curry (1999) 174 DLR (4th) 45 (Supreme Court of Canada).

Case Concerning the Arrest Warrant of 11 April 2000 (Democratic Republic of the Congo v Belgium) (2002) ICJ Rep 2.

Christian v R [2007] 2 AC 400 (PC).

Decision Pursuant to Article 15 of the Rome Statute on the Authorization of an Investigation into the Situation in the Republic of Kenya, ICC-01/09, International Criminal Court (ICC), 31 March 2010.

Doe v Holy See 434 F Supp 2d (US).

In re E (a child) (AP) (Appellant) (Northern Ireland) [2008] UKHL 66.

Ellis v Pell [2006] NSWSC 109.

Gillfillan v R (1980) 637 F 2b 924.

Holy See (Petitioner) v John V Doe, United States Supreme Court Case No. 09–1.

Lautsi v Italy, App No. 30814/06, European Court of Human Rights, 3 November 2009 (referred to Grand Chamber).

Bibliographie

Lister v Hesley Hall [2002] 1 AC 215 (UK House of Lords).

Maga v Trustees of Birmingham Catholic Archdiocese [2010] EWCA Civ 256.

Menesheva v Russia (2006) ECHR Application No. 59261/00, 9 March 2006.

NSW v Lepore (2003) 195 ALR 412 (High Court of Australia).

O'Bryan v Holy See 471 at Supp 2d (US).

Pelligrino v Italy, App No. 30882/96, European Court of Human Rights, 20 July

2001.

Prosecutor v Akayesu, Case No ICTR-96-4-T, September 1998.

Prosecutor v Brima, Kamara and Kanu (AFRC Appeal Judgment), Special Court for

Sierra Leone, 22 February 2008.

Prosecutor v Kunarac, IT-96-23/I-A, 12 June 2002.

Prosecutor v Tadic Decision on Defence Motion, IT-94-1-AR72-2, October 1994.

Prosecutor v Vasiljevic IT-98-32T, 29 November 2002.

R v Rafique [1993] QB 843.

Raquel Martí de Mejía v Perú, Case 10.970, Report No. 5/96, Inter-Am.C.H.R., OEA/

Ser.L/V/II.91 Doc. 7 at 157 (1996).

Reverend James O'Callaghan v Reverend Charles O'Sullivan (1925) Irish Reports 90.

Right Reverend Jonathan Blake v Associated Newspapers [2003] EWHC 1960 (QB).

Roman Catholic Diocese of Galvarston–Houston 408 F Supp 2d at 276.

Thome Guadaloupe v Assoc Italiana di St Cecelia (1937) 8 ILR 151.

Trustees of the Roman Catholic Church v Ellis (2007) NSWCA 117.

United States v Ohlendorf (Case 9) (1946–7) IV Trials of War Criminals before Nuremberg Military Tribunals.

Wilkins v Jennings and Pope John Paul II (1985) ATR 68–754.

Fußnoten

1. LASSET DIE KINDLEIN

1. John Henry Kardinal Newman: *Apologia Pro Vita Sua*. Die Geschichte meines religiösen Lebens. Nach der 2. Auflage von 1865 neu eingerichtet und hrsg. von Dieter Hattrup, Paderborn 2010, S. 292. Zitiert nach http://www.unifr.ch/dogmatik/assets/files/WebPaper/Newman_Apologia/page.pdf
2. Allgemeine Erklärung der Menschenrechte, Artikel 18.
3. Vgl. Tom Bingham: *The Rule of Law* (Allen Lane, London, 2010), 4.
4. Carmine Galasso: *Crosses: Portraits of Clergy Abuse* (Trolley, London, 2007). Zitate von Doyle s. *Power and Glory*, Yallop, Kap. 2 Fn. 12, 466 f.
5. *Christian v The Queen* [2007] 2 AC 400 (PC) at 419, [48].
6. Richard Sipe: *Facts, Truth, Trust and Numbers*, 23.1.2007, im Internet unter http://www.richardsipe.com/Dialogue/Dialogue-05-2007-01-23.html (aufgerufen letztmals am 25.7.2010). Vgl. auch: *What the Church could learn from Freud*. National Catholic Reporter, 10.8.2010, wo sogar Prozentsätze von 9–10 % belegt werden.
7. Richard Sipe: *Paedophiles and Celibacy*, 18.3.2010, http://www.richardsipe.com/Miscl/vatican_connection.htm (aufgerufen letztmals am 10.7.2010).
8. Gary Wills: *Forgive Not*. New Republic, 18.5.2010. Siehe auch Laurie Taylor: *Suffer the Little Children*. New Humanist, Jan./Feb. 2010, 16. Die Auftretenshäufigkeit von sexuellem Missbrauch durch Kleriker wird vereinzelt auf bis zu 9 % geschätzt. S. Kap. 1, Fn. 6.
9. Richard Sipe und K. K. Murray: *International Traffic of Priests Who Abuse*. SNAP (US), 17.4.2007, unter http://www.bishop-accountability.org/news2007/03_04/2007_04_17_Sipe_International Traffic.htm (aufgerufen letztmals am 22.7.2010).
10. Vgl. z. B.: *Gay Groups Angry at Pope Remarks*, BBC News, 23.12.2008, unter http://news.bbc.co.uk/1/hi/7797269.stm (aufgerufen letztmals am 10.7.2010) sowie: *Pope Accused of Stoking Homophobia After He Equates Homosexuality to Climate Change*. The Times, 23.12.2008, unter http://www.timesonline.co.uk/tol/comment/faith/article5387858.ece

(aufgerufen letztmals am 10.7.2010). Siehe auch: Kongregation für die Glaubenslehre, *Erwägungen zu den Entwürfen einer rechtlichen Anerkennung der Lebensgemeinschaften zwischen homosexuellen Personen*, herausgegeben von Präfekt Kardinal Ratzinger am 31.7.2003, unter http:/www.vatican.va/roman_curia/congregations/cfaith/documents/rc_con_cfaith_doc_20030731_homosexual-unions_ge.html (aufgerufen letztmals am 17.8.2011) und *Schreiben an die Bischöfe der katholischen Kirche über die Seelsorge für Homosexuelle Personen*, von Kardinal Ratzinger, 1986, unter http://www.vatican.va/roman_curia/congregations/cfaith/documents/rc_con_cfaith_doc_19861001_homosexual-persons_ge.html (aufgerufen letztmals am 17.8.2011)

11. Siehe www.vaticanstate.va/DE/Staat_und_Regierung/ (aufgerufen letztmals 17.8.2011).
12. Vgl. Fr Noel Dias: *Roman Catholic Church and International Law* (2001), 13 *Sri Lanka Law Journal*, 107.

2. DIE SÜNDEN DER VÄTER

1. Vgl. Charles Scicluna: *Description of the Problem from the Church Perspective*. In: Hanson, Pfafflin and Lutz (Hg.): *Sexual Abuse in the Catholic Church: Scientific and Legal Perspectives* (Libreria Editrice Vaticana, Rom, 2003). Das um 1051 erschienene *Liber Gomorrhianus* des Petrus Damianus zwang den Papst zum Vorgehen gegen die angeblich unter Priestern grassierende Unzucht.
2. Schreiben von Reverend Gerald Fitzgerald an Bischof Durick vom 10.9.1964 – vgl. Laurie Goodstein: *Early Alarm for Church Abusers in Clergy. The New York Times*, 2.4.2009, Artikel und Schriftverkehr unter http://www. nytimes.com/2009/04/03/us/03church.html (aufgerufen letztmals am 20.7.2010). Vgl. auch Schreiben von Matthew Brady, Bischof von Manchester (New Hampshire) an Reverend Gerald Fitzgerald, 23.9.1967 sowie Schreiben von Reverend Gerald Fitzgerald an den Bischof von Reno, 12.9.1952. Dieser Schriftverkehr wurde im Zuge eines US-Rechtsstreits offengelegt. 1957 beschloss Fitzgerald, pädophilen Priestern keinen Zufluchtsort mehr zu bieten, und tadelte Bischöfe, die die Blasphemie zuließen, diese Priester die Kommunion spenden zu lassen.

Fußnoten

3. *What the Bishop Knew. Guardian*, 3.4.2010, 27; vgl. Laurie Goodstein: *Payout is Bittersweet for Victims of Abuse. The New York Times*, 17.7.2007, unter http://www.nytimes.com/2007/07/17/us/17abuse.html (aufgerufen letztmals am 22.7.2010).

4. Vgl. William Brian Mason: *The New Call for Reform: Sex Abuse and the Foreign Sovereign Immunities Act* (2008), 33(2). *Brooklyn Journal of International Law*, 655.

5. Vgl. *Bishops' Record in Cases of Accused Priests. Dallas Morning News*, 12.6.2002. Die in den Absätzen 21 und 22 zitierten Fälle und Aussagen sind alle in dieser ausführlichen Zusammenstellung von Missbrauchsfällen in den USA erwähnt.

6. Zitate s. John L. Allen Jnr: *All the Pope's Men: The Inside Story of How the Vatican Really Thinks* (Doubleday, New York, 2004), 242–272.

7. Ebda, 279.

8. John Jay College of Criminal Justice: *The Nature and Scope of the Problem of Sexual Abuse of Minors by Catholic Priests and Deacons in the United States* (2004), http:// www.usccb.org/nrb/johnjstudy (*John-Jay-Studie/Untersuchung*). Die Häufigkeit des Auftretens sexuellen Missbrauchs durch Kleriker wird vereinzelt auf bis zu 9 Prozent geschätzt. Vgl. Kap. 1, Fn. 6.

9. John-Jay-Studie, 6–7.

10. Bischof Imola, zitiert in Ann Barstow: *Married Priests and the Reforming Papacy*: The 11th Century Debates (*Texts and Studies in Religion*) (Edwin Mellor Press, New York, 1982), 112.

11. John-Jay-Studie, 60.

12. David Yallop: *The Power and the Glory* (Constable, London, 2007), 452.

13. Vgl. *Signature on Letter Implicates Pope in Abuse Cover-up. The Times*, 10.4.2010, 4.

14. Vgl. Richard N. Ostling: *Sex and the Single Priest. Time Magazine*, 5.7.1993.

15. Vatikan-Sprecher, zitiert in Henry Chu und Michelle Boorstein: *US Sex Abuse Lawsuits Target Holy See. The Age*, 29.3.2010, unter http:// www.theage.com.au/world/us-sex-abuse-lawsuits-target-holy-see-20100328r53i.html (aufgerufen letztmals am 21.7.2010).

16. Interview durch Margaret Warner für PBS *Newshour* am 27.4.2010. Siehe Niederschrift unter *Cardinal Levada: We Ought to Hold Ourselves to a High Standard. PBS Newshour*, 27.4.2010, unter http://www.pbs.org/newshour/

bb/ religion/jan-june10/vatican_04-27.html (aufgerufen letztmals am 20.7.2010).
17. Judge Francis D. Murphy, Helen Buckley und Larain Joyce: *Ferns Inquiry to the Minister for Health and Children* (Dublin: Government Publications, Oktober 2005) (*Ferns-Report*), Executive Summary unter http://www.bishop-accountability.org/ferns/ (aufgerufen letztmals am 22.7.2010).
18. Vgl. Commission to Inquire into Child Abuse, CICA *Public Report* („Ryan-Report"), 20.5.2009, Executive Summary, Abs. 18–20, unter http://www.childabusecommission.ie/rpt/execsummary.php (aufgerufen letztmals am 18.7.2010).
19. Ebda, Abs. 21.
20. Ebda, Abs. 29–30.
21. Vgl. Patsy McGarry: *Cardinal Brady to Stay in Office as He Asks for Assistance. Irish Times*, 18.5.2010, unter http://www.irishtimes.com/newspaper/frontpage/2010/0518/1224270601322.html (aufgerufen letztmals am 20.7.2010). Vgl. auch *Pope Retains Bishops. Irish Times*, 12.8.2010, wo es heißt, die Entscheidung des Papstes zur Ablehnung der Rücktritte werde „viele Menschen schockieren. Damit sendet man eine Botschaft, wie sie widersprüchlicher nicht sein könnte."
22. *Dublin Archdiocese Commission of Investigation Report* (Murphy-Report/-Bericht), 26.11.2009, Kap. 1.15, 1.113 (Schlussfolgerung), unter http://www.dacoi.ie/ (aufgerufen letztmals am 10.7.2010).
23. Vgl. Murphy-Bericht, Kap. 1, Abs. 113.
24. Ebda, Abs. 1.35.
25. Ebda, Kap. 4, Abs. 90.
26. *Jesuits Admit Shame Over Abuse of 200 Children. The Times*, 28.5.2010.
27. *Victims of Sex Abuse to Sue Vatican. Sunday Times*, 28.3.2010. Der betreffende Priester, Peter Hullermann, wurde schließlich 1986 von einem deutschen Gericht wegen Vergehen verurteilt, die vermutlich nicht begangen worden wären, hätte Bischof Ratzinger ihn 1979 bei der Polizei angezeigt. Verteidiger des Papstes führen an, Ratzinger sei zwar gesamtverantwortlich gewesen, aber das Erzbistum sei groß und ein Assistent mit dem Fall befasst gewesen.
28. *Africa Now Under the Spotlight Over Sex Crimes. Legal Brief Africa*, Issue No. 379, 3.5.2010.
29. Vgl. *John Paul Ignored Abuse of 2,000 Boys. Sunday Times*, 4.4.2010, 19.

Fußnoten

30. *Pope Weeps as He Meets Abuse Victims for First Time. The Times,* 17.4.2010, 41; 19.4.2010, 29.
31. Vgl. Nick McKenzie und Rafael Epstein: *300 Abuse Cases, One Defrocking. The Age,* 22.4.2010, unter http://www.theage.com.au/victoria/300abuse-cases-one-defrocking-20100421-szz6.html (aufgerufen letztmals am 23.7.2010).
32. Vgl. Martin Daly: *Rome Backed Sex-case Priest. The Age,* 6.7.2002, unter http://www.theage.com.au/articles/2002/07/05/1025667059915.html (aufgerufen letztmals am 14.7.2010), sowie: *Priest Used Worker Like Prostitute, Court Told. The Age,* 24.10.2002, unter http://www.theage.com.au/articles/2002/10/23/1034561548990.html (aufgerufen letztmals am 15.7.2010).
33. Vgl. *In Memory of Father Maurie Crocker, a Brave Priest who Exposed Child Abuse in Australia.* Unter http://brokenrites.alphalink.com.au/nletter/page14.html (aufgerufen letztmals am 25.7.2010).
34. *Winter Commission Report* (1990), Archdiocese of St John's, Neufundland, Kanada.
35. *A History of Residential Schools in Canada. Canadian Broadcasting Corporation News,* 14.6.2010, Sarah Shenker: *Legacy of Canada's Residential Schools. BBC News,* 11.6.2008.
36. *Baxter v Attorney-General of Canada,* 2006, CanLII 41673, Ontario Superior Court, 15.12.2006.
37. *Pope Expresses Sorrow for Abuse at Residential Schools. CBC News,* 29.4.2009.
38. Bill Curry: *Catholic Church Reluctant to Release Residential School Records. Globe and Mail,* 6.4.2010.
39. *Safeguarding with Confidence – Keeping Children and Vulnerable Adults Safe in the Catholic Church.* The Cumberlege Commission Report (Catholic Truth Society, London, 2007) 4, 21, 57, 89, 90. Die Empfehlung beinhaltete ein gesondertes Territorialrecht für England und Wales, das den wichtigsten kirchlichen Schutzregeln für Kinder und schutzbedürftige Erwachsene Rechtsgewalt verleihen und auch einen Regressanspruch gegenüber dem Heiligen Stuhl für den Fall sicherstellen sollte, dass eine Person oder Gemeinde ihre Pflichten zum Schutz von Kindern nicht erfüllen würde (Recommendation 72).

40. John Hooper: *Former Archbishop Cormac Murphy-O'Connor to Head Papal Inquiry into Sex Abuse in Ireland*. Guardian, 31.5.2010, unter http://www.guardian.co.uk/world/2010/may/31/cormac-murphy-o-connor-inquirysex-abuse-ireland (aufgerufen letztmals am 16.7.2010).
41. *He Should Have Been Watched Like a Hawk*. The Times, 10.4.2010, 5. *Britain's Top Catholic Protected Paedophile*. The Times, 9.4.2010, 1. *Archbishop Dodged Apology for Abuse*. The Times, 12.4.2010. *QC to Lead Abuse Inquiry at Catholic School*. The Times, 6.8.2010. *Abuse Scandal to hang over Papal visit*. The Times, 18.8.2010.
42. Vgl. Jonathan Wynne-Jones: *Vatican Allowed Paedophile Living in Britain to Remain as a Priest*. Sunday Telegraph, 11.4.2010.
43. National Catholic Safeguarding Committee: *Safeguarding Procedures Manual*, http://www.csas.uk.net. Vgl. die Abschnitte 2.5.6 (Disagreements), 3.1 (Information Sharing) und 4.1 (Sacrament of Reconciliation).
44. *Catholic Bishops Apologise for Terrible Crimes and Cover-ups*. Guardian, 23.4.2010.
45. *Hirtenbrief des Heiligen Vaters Benedikt XVI. an die Katholiken in Irland*, 19.3.2010, Abs. 4, unter http://www.vatican.va/holy_father/benedict_xvi/letters/2010/documents/hf_ben-xvi_let_20100319_church-ireland_ge.html (dt. Version letztmals aufgerufen am 28.08.2011)
46. Ebda, Abs. 7
47. Vgl. *Pope's Message to the World Ignores Sex Scandal*. The Times, 5.4.2010, 14.
48. *Vatican Rebukes Austrian Cardinal*. New York Times, 29.6.2010.
49. *Pope's Top Advisor Blames Gays as Rome Seeks Scapegoats for Sex Abuse Scandals*. The Times, 14.4.2010.
50. *Pope Calls for Church Repentance Over Sins*. Guardian, 16.4.2010.
51. Enzyklika *Caritas in Veritate*, 29.6.2009, Abs. 34.
52. *Insidious Challenge of Gay Marriage – the Pope Speaks*. The Times, 14.5.2010.

3. DAS KANONISCHE RECHT

1. *John Paul Backed Bishop for Hiding Abuse: Cardinal*. Washington Post, 17.4.2010. Peter Popham: *Made in His Own Image: The Catholic Church Faces Another Scandal*. Independent, 28.6.2010.

Fußnoten

2. Vgl. Ladislas M. Orsy, SJ: *Theology and Canon Law*, in J. P. Beal, J. A. Corinden und T. J. Green: *New Commentary on the Code of Canon Law* (Canon Law Society of America, Washington, DC, 2000), 1.
3. Vgl. *New Commentary on the Code of Canon Law*, 1371–3.
4. Ebda, 1529 (Thomas J. Green).
5. Ebda, 1532.
6. Ebda, 1600.
7. Murphy-Report, Kap. 4, Abs. 11.
8. Gesetzbuch des Kanonischen Rechtes 1983, Can. 1395(2).
9. Vgl. Murphy-Report, Kap. 4, Abs. 59–61.
10. *Instruction on the Manner of Proceeding in Causes involving the Crime of Solicitation* (Vatican Polyglot Press, 1962), abrufbar unter http://www.vatican.va/resources/ resources_crimen-sollicitationis-1962_en.html (aufgerufen letztmals am 20.7.2010), Abs.73. Siehe Auszüge in Anhang B.
11. Ebda, Abs. 42.
12. Ebda, Abs. 42c.
13. Ebda, Abs. 52.
14. Allen: *All the Pope's Men*, 300–301.
15. Vgl. Geoffrey Robertson und Andrew Nicol: *Media Law* (3. Auflage, Penguin, London, 2006), 462–3.
16. Vgl. Eric Plumer: *The Catholic Church and American Culture* (University of Scranton Press, London, 2009), 51.
17. *Crimen Sollicitationis*, Anhang B, Abs. 11
18. Ebda, Abs. 65.
19. Ebda, Abs. 52.
20. Defendant's memorandum in support of second motion to dismiss for subject matter jurisdiction, 16–17.
21. Murphy-Report, Kap. 4, Abs. 82.
22. Murphy-Report, Kap. 4, Abs. 24.
23. Auszug aus *Codicis Iuris Canonici Fontes*, 20.2.1866, Abs. 14.
24. Schreiben von 2002. Vgl. US Conference of Catholic Bishops: *Essential Norms*, approved 8.12.2002, Anm. 7.
25. Die „*Verständnishilfe*" ist abrufbar auf der Vatikan-Website unter http://www.vatican.va/resources/resources_guide-CDF-procedures_ge.html (aufgerufen letztmals am 18.8.2011).

26. Andrew Cole: *The Church's Penal Law and the Abuse of Children. Thinking Faith*, 176.2010, 2. Cole geht davon aus, die Verständnishilfe spiegle Kirchrecht wider, sei aber mittlerweile durch *De gravioribus delictis* aufgehoben worden.
27. Fr F. Lombardi: *The Significance of the Publication of the New Norms Concerning the Most Serious Crimes*. O.J., abrufbar unter http://www.vatican.va/ resources/resources_lombardi-nota-norme_en.html (aufgerufen letztmals am 20.7.2010).

4. DER LATERANVERTRAG

1. Lord Acton: Brief an Mandell Creighton, 5.4.1887.
2. D. P. O'Connell: *International Law* (Stevens, London, 1970), 289.
3. *Thome Guadaloupe v Assoc Italiana di St Cecelia* (1937) 8 ILR 151.
4. *The Presence of the Holy See in the International Organizations*. Vortrag von Erzbischof Jean-Louis Tauran, 22.4.2002, abrufbar unter http://www.vatican. va/roman_curia/secretariat_state/documents/rc_seg-st_doc_20020422_tauran_ en.html.
5. Ebda, 6.
6. Kongregation für die Glaubenslehre: *Lehrmäßige Note zu einigen Fragen über den Einsatz und das Verhalten der Katholiken im politischen Leben*, herausgegeben von Joseph Kard. Ratzinger und Tarcisio Bertone, 24.11.2002, abrufbar unter http://www.vatican.va/roman_curia/congregations/cfaith/documents/rc_con_cfaith_doc_20021124_politica_ge.html (aufgerufen letztmals am 18.8.2011). Zum Verbot des ehelichen Geschlechtsverkehrs rein zum Vergnügen siehe John Finnis: Reason, Faith and Homosexual Acts (2001) 62 *Catholic Social Science Review* 61.
7. Kongregation für die Glaubenslehre: *Erwägungen zu den Entwürfen einer rechtlichen Anerkennung der Lebensgemeinschaften zwischen homosexuellen Personen*, herausgegeben von Kard. Ratzinger, 3.6.2003, Abs. 4.
8. Siehe Souveränitätsverlautbarung des Heiligen Stuhls an die UN-Kinderrechtskommission, in Heiliger Stuhl: *Initial Report to the Committee on the Rights of the Child on the Optional Protocol on the Sale of Children, Child Prostitution and Child Pornography*, 14.5.2010, abrufbar unter http://www2.ohchr.org/english/ bodies/crc/docs/AdvanceVersions/CRC-C-OPSC-VAT-1.doc (aufgerufen letztmals am 24.7.2010), 1, Abs. 4(b).

Fußnoten

9. Vgl. z. B. Philip Morgan: *Italy 1915–1940* (Sempringham Publishing, Bedford, 1998), 6–9, 25, 50–52, und Patricia Knight: *Mussolini and Fascism* (Routledge, London, 2003), 478.
10. Lord Acton (J. Rufus Fears (Hg.)): *Selected Writings of Lord Acton*, Bd. 3 (Liberty Fund, Indianapolis, 2000), 340.
11. Vgl. John Hite und Chris Henton: *Fascist Italy* (Hodder Education, London, 1998) 75, Zitat aus einem Schreiben von Pius XI. an den franz. Botschafter Beyens.
12. Vgl. Christopher Duggan: *The Force of Destiny: A History of Italy since 1796* (Allen Lane, London, 2007), 478.
13. David Yallop: *In God's Name* (Corgi, London, 1985),146–7. In dieser Zeit übernahm die Bank auch ein Unternehmen, das Kondome herstellte.
14. *Wiener Übereinkommen über das Recht der Verträge* (1969), Art. 2. In Art. 3 heißt es, dass „dieses Übereinkommen weder auf die zwischen Staaten und anderen Völkerrechtssubjekten […] geschlossenen internationalen Übereinkünfte […] Anwendung findet" – andere Völkerrechtssubjekte wie, so würde ich meinen, den Heiligen Stuhl.
15. Gary Wills: *Forgive Not. New Republic*, 18.5.2010.
16. Vgl. James Brown-Scott: *The Treaty Between Italy and the Vatican* (1929), *23 American Society of International Law Proceedings*, 19.
17. Ebda
18. Vgl.: *Papal Diplomacy: God's Ambassadors. Economist*, 21.7.2007.
19. *Britain's Human Rights Policies Violate National Law, Pope Says. The Times*, 2.2.2010.
20. Schreiben des brit. Außenministeriums an Jennifer Robinson, 19.7.2010.
21. Schreiben des brit. Außenministeriums an Jennifer Robinson, 10.8.2010.
22. *Britain Sparks Row with Vatican Over Proposal to Close Embassy. The Times*, 9.1.2006.
23. Schreiben des brit. Außenministeriums an Jennifer Robinson, 4.8.2010.

5. DIE STAATSEIGENSCHAFT AUF DEM PRÜFSTAND

1. Die „deklarative Theorie" der Anerkennung von Staaten, nach der die Staatseigenschaft von der Erfüllung formeller Kriterien abhängt, hat die

konstitutive Theorie abgelöst. Vgl. dazu etwa James Crawford: *The Creation of States in International Law* (2. Aufl., OUP, Oxford, 2006), Ian Brownlie: *Principles of Public International Law* (6. Aufl., OUP, Oxford, 2003), 86–8, Gillian Triggs: *International Law: Contemporary Principles and Practices* (Butterworths/Lexis Nexis, Sydney, 2005), 93.

2. Bart McDowell: *Inside the Vatican* (National Geographic Society, Washington, DC, 2008), 15. Den Reisehinweisen des brit. Außenministeriums zufolge (datierend vom April 2010) zählt der Vatikan 466 Einwohner, 333 Diplomaten sind im Ausland tätig.
3. Vgl. Yasmin Abdullah: *The Holy See at United Nations Conferences: Church or State?* (1996), 96(7), *Columbia Law Review*, 1835.
4. Vgl. Hyginus E. Cardinale: *The Holy See and the International Order* (Smythe, Bucks, 1976).
5. Vgl. Herb Wright: *The Status of Vatican City* (1944), 38, *American Journal of International Law*, 452.
6. *Alltag im Vatikan*, produziert von Gruppe 5 Filmproduktion für das ZDF, Folge 2: Feuerwehr und Osterlamm
7. Ian Brownlie: *Principles of Public International Law* (6. Aufl., OUP, Oxford, 2003), 71.
8. Cardinale: *The Holy See and the International Order*, 32.
9. Abdullah: *The Holy See at United Nations Conferences*, 1865.
10. Vgl. Stephen E. Young und Alison Shea: *Separating Law from Church: A Research Guide to the Vatican City State* (2007), 99 *Law Library Journal*, 589, 595.
11. *Wiener Übereinkommen über konsularische Beziehungen* (1963), Artikel 5, *Konsularische Aufgaben*.
12. Vgl. Young und Shea: *Separating Law from Church*, s. o. Fn. 10, 595.
13. Die zynischsten unter diesen Berufungen stammen aus Australien, wo Labour-Regierungen die Anziehungskraft des Postens (bis 2009 gekoppelt an die dipl. Vertretung in Irland) auf katholische Politiker auszunützen wussten: vgl. die Ernennungen von Vince Gair (Oppositions-Senator, dessen Sitz begehrt war), Brian Burke (Belohung für einen korrupten Spießgesellen) und Tim Fischer (Führer einer Oppositionspartei).
14. Sandro Magistere: *Mission Impossible: Eject the Holy See from the UN*, 21.8.2008, unter http://chiesa.espresso.repubblica.it/articolo/162301?eng=y (aufgerufen letztmals am 22.7.2010).

Fußnoten

15. Vgl. Young und Shea: *Separating Law from Church*, 605–6.
16. Crawford: *The Creation of States in International Law*, 221–5.
17. Triggs: *International Law*, 188
18. Crawford unter Verwendung eines Zitats aus Jorri Duursma: *Fragmentation and the International Relations of Micro-states: Self-determination and Statehood* (Cambridge Studies in Comparative and International Law, Cambridge, 1996), 386–7.
19. D. P. O'Connell: *International Law* (Stevens, London, 1970), 290.
20. Brownlie: *Principles of Public International Law*, 64.
21. Die beste Abhandlung bietet Abdullah: *The Holy See at United Nations Conferences. Satow's Diplomatic Practice*, wobei hier der Heilige Stuhl als Staat anerkannt wird.
22. Rupert Cornwell: *God's Banker: The Life and Death of Roberto Calvi* (Unwin, London, 1984). Der Vatikan weigerte sich, gerichtliche Vorladungen Italiens bezüglich Marcinkus entgegenzunehmen mit dem Argument, als souveränem Staat seien sie ihm vom italienischen Außenministerium und der italienischen Botschaft beim Heiligen Stuhl zu überreichen, s. 225.
23. David Yallop: *In God's Name* (Corgi, 1985) (dt.: *Im Namen Gottes? Der mysteriöse Tod des 33-Tage-Papstes Johannes Paul I. Tatsachen und Hintergründe*, Knaur 1984)
24. Rev. John Triglio Jnr und Rev. Kenneth Brighenti: Catholicism for Dummies (Wiley, London, 2003), 384. (dt.: Katholizismus für Dummies, Wiley-VCH, 2006)
25. Vgl. *Alperin v Vatican Bank* (2005) 410 F. 3d 532, R. Behar: *Washing Money in the Holy See, Fortune*, 16.8.1999, 128–37, sowie E. Pollack: *The Pretender: How Martin Frankel Fooled the World* (Free Press, New York, 2002).
26. Young und Shea: *Separating Law from Church*, 599.
27. Msgr Leo Cushley: *A Light to the Nations: Vatican Diplomacy and Global Politics*', 2007 Habigen Lecture, unter http://www.stthomas.edu/cathstudies/ programs/habiger/default.html (aufgerufen letztmals am 20.7.2010), 7–8.

6. DER HEILIGE STUHL UND DIE VEREINTEN NATIONEN

1. Vgl. Cardinale: *The Holy See and the International Order*, 256.
2. André Hellegers, zitiert in Yallop: *In God's Name*, 59 (dt.: Im Namen Gottes?). Die Kommission votierte mit 64:4 Stimmen für Empfängnisverhütung.
3. *Papal Diplomacy: God's Ambassadors, Economist*, 21.7.2007.
4. ECOSOC-Resolution 1296 (XLIV): *Arrangements for Consultation with Non-Governmental Organizations*, 23.5.1968, Abs. 12.
5. Christian Koenig: *International Review of the Red Cross*, 280 (28.2.1991), 37–48.
6. Hilary Charlesworth und Christine Chinkin: *The Boundaries of International Law: A Feminist Perspective* (Manchester University Press, Manchester, 2000), 135.
7. Vgl. U.S. *Catholic Bishops Conference Says Pro-Abortion Politicians Should be Shunned, LifeSite News*, 21.9.2004 und 27.9.2004.
8. Die beste Darstellung bietet Yasmin Abdullah: *The Holy See at UN Conferences – Church or State?* (1996), 96(7) *Colombia Law Review*, 1835.
9. Ebda, 1851, Fn. 126.
10. Ebda, 1853. Auch: Charlesworth und Chinkin: *The Boundaries of International Law*, 134–6.
11. Paola Totaro: *The Enforcer with a Gentle Manner, Sydney Morning Herald*, 15.4.2010.
12. Nick Kristof: *The Pope and AIDS, The New York Times*, 8.5.2005.
13. Kathy Lette: *Ovarian Roulette*, in: *Because I Am a Girl* (Vintage, London, 2010), 69.
14. Vatican's Archbishop Burke, *No Communion for Catholic Politicians Who Support Abortion, Lifestyle News*, 2.5.2009.
15. Charlesworth und Chinkin: *The Boundaries of International Law*, 134.
16. Allen: *All the Pope's Men*, 375–6.
17. Geoffrey Robertson: *Crimes Against Humanity* (Penguin, London, 2006) 340, 424, 433–4.
18. *Top Cardinal Made Plea for Pinochet, Sunday Times*, 11.2.1999, 24.
19. Vgl. Carla del Ponte: *Madame Prosecutor: Confrontations with the Culture of Impunity* (Other Press, 2008), 189–91; 267–9.

Fußnoten

20. Vgl. Richard Wilson: *The Catholic Church Acts as a Law Unto Itself*, New Humanist, Volume 125, Issue 3, May/June 2010, 13.
21. *Prosecutor v Akayesu*, Case No. ICTR-96-4-T, September 1998, Abs. 597.
22. *Raquel Martí de Mejía v Perú*, Case 10.970, Report No. 5/96, Inter-Am.C.H.R., OEA/Ser.L/V/II.91 Doc. 7 at 157 (1996).
23. Vgl. *Menesheva v Russia* (2006) ECHR Application No. 59261/00, 9.3.2006.
24. *In re E (a child) (AP) (Appellant) (Northern Ireland)* [2008] UKHL 66.
25. Vgl. Cherie Booths Beitrag in Peter Stanford (Hg.): *Why I am Still a Catholic* (Continuum Publishing, 2005) 25.
26. Dieser interne Krieg begann mit einer Instruktion Ratzingers, in der die Befreiungstheologie mit dem Argument verurteilt wurde, ihre marxistischen Einflüsse und klassenorientierte Kritik stünden im Widerspruch zur Kirchenlehre und könnten zu sozialistischer Diktatur führen. „Diejenigen, die […] sich zum Verbündeten solcher Unterdrückung machen, verraten die Armen, denen sie zu dienen behaupten." Ratzinger, dessen Sorge in den 1980ern Guerrilla-Priestern statt pädophilen Priestern galt, schloss Leonardo Boff und andere intellektuelle Führungspersönlichkeiten aus, die mit ihrer Parteinahme für die Sache der Bauern und Arbeitlosen die Kirche zu radikalen Maßnahmen drängten: Vgl. Phillip Berryman: *Liberation Theology* (IB Taurus, London, 1987), 185–200.
27. Ian Linden: *Global Catholicism* (Hurst, London, 2009), 148.
28. John Cornwall: *The Pope in Winter* (Penguin, London, 2005), 255.
29. Ebda, 276–7.
30. John L. Allen Jnr: *Pope Benedict XVI* (Continuum, London, 2005). 17 (Gedächtnissschwund); 27–30 (Beschönigen); 152ff (Befreiungstheologie); 177 (Frauen); 189 (Retortenbabys); 205 (Kondome); 206 (Schwule); 213 (Gewalt gegen Schwule).

7. DIE KINDERRECHTSKONVENTION

1. Heiliger Stuhl: *Report to the Committee on the Rights of the Child*, 28.3.1994. Art. 2(d) des Wiener Übereinkommens über das Recht der Verträge definiert einen Vorbehalt als eine „[…]von einem Staat […]abgegebene einseitige

Erklärung, durch die der Staat bezweckt, die Rechtswirkung einzelner Vertragsbestimmungen in der Anwendung auf diesen Staat auszuschließen oder zu ändern." Art. 19 betont, dass ein Vorbehalt nicht „mit Ziel und Zweck des Vertrags unvereinbar" sein darf.
2. Kinderrechtskommission: *Concluding Observations of the Committee on the Rights of the Child: Holy See*, 27.11.1995, CRC/C/15/Add.46.
3. Vgl. die jüngste Kritik an fehlenden Berichten des Heiligen Stuhls: Frank Jordans: *UN: Vatican Child Rights Report 13 Years Overdue, Associated Press*, 16.7.2010, abrufbar unter http://www.google.com/hostednews/ap/article/ALeqM5iVXpIdqtw NCWrNHwSiMtY3LCMNxAD9GVICLO0 (aufgerufen letztmals am 22.7.2010).
4. Vgl. Artikel 2(d) und 19 des Übereinkommens.
5. Heiliger Stuhl: *Initial Report to the Committee on the Rights of the Child on the Optional Protocol on the Sale of Children, Child Prostitution and Child Pornography*, 14.5.2010, CRC/C/3/Add 27, Abs. 57.
6. CRC/C/3/Add.27, Abs. 16 (b).
7. Cumberlege-Report: *Safeguarding with Confidence* (2007), 5.21
8. CRC/C/3/Add.27, Abs. 23 (a).

8. EIN FALL FÜR DIE JUSTIZ?

1. *sueddeutsche.de: Restaurationspolitik gescheitert*, unter http://www.sueddeutsche.de/politik/theologe-kueng-offener-brief-historischer-vertrauensverlust-1.4154-2 (aufgerufen letztmals am 25.8.2011)
2. Alan Dershowitz: *Thou Shalt Not Stereotype*, http://www.huffingtonpost.com/alan-dershowitz.
3. Gary Wills: *Forgive Not, New Republic*, 18.5.2010.
4. Vgl. *Konvention über die Nichtanwendbarkeit gesetzlicher Verjährungsfristen auf Kriegsverbrechen und Verbrechen gegen die Menschlichkeit* (1968) und Geoffrey Robertson: *Crimes Against Humanity* (Penguin, London, 2006) Kap. 7.
5. Rev. John Triglio und Rev. Kenneth Brighenti: *Catholicism for Dummies* (Wiley), 129.
6. W v Edgell [1990] 1 All ER 835, und *Tarasoff v Regents of University of California* (1976) 17 Cal 3d 425.

Fußnoten

7. John L. Allen Jr: *Don't be Daft – You Can't Put the Pope on Trial*, Spectator, 14.4.2010, unter http://www.spectator.co.uk/spectator/thisweek/ 5879613/ 5911953/part_3/dont-be-daft-you-cant-put-the-pope-on-trial.thtml (abgerufen letztmals am 25.7.2010).
8. *Crimen*, Abs. 66–8.
9. Ebda, Abs. 70.
10. Vgl. Alma Guillermoprieto: *The Mission of Father Marcial*, New York Review of Books, 24.6.2010, 28.
11. *Pope, in Sermon, Says He Won't be Intimidated*, The New York Times, 28.3.2010, unter http://www.nytimes.com/2010/03/29/world/europe/ 29pope.html (aufgerufen letztmals am 25.7.2010).
12. *CDF Official Details Response to Sex Abuse*, National Catholic Reporter, 31.3.2010, unter http://ncronline.org/news/accountability/cdf-official-details-response-sex-abuse (aufgerufen letztmals am 25.7.2010).
13. Leslie Townley: *Conceal or Reveal? The Role of Law in Black Collar Crime* (2007), 1 *Public Space (The Journal of Law and Social Justice)*, 30. Vgl. auch - zur Ablehnung der Nulltoleranz durch Johannes Paul II. als im Widerspruch zum Kirchenrecht stehend - David Yallop: *The Power and the Glory* (Constable, London, 2007) 449. Papst Benedikt hat – ausschließlich für die USA – akzeptiert, dass eine verwässerte Version des Prinzips „einmal und nie wieder" durch die US-Bischöfe angewandt werden kann: eine einmalige sexuelle Missbrauchstat durch einen Priester solle ihn vom Verbleib im aktiven kirchlichen Dienst ausschließen. Vgl. *Something Missing*, National Catholic Reporter, 9.8.2010.

9. VERBRECHEN GEGEN DIE MENSCHLICHKEIT

1. *United States v Ohlendorf* (Case 9) (1946–7) IV Trials of War Criminals before Nuremberg Military Tribunals, 408.
2. Die Regierung der Oberpfalz in Regensburg hat eine Pressemitteilung herausgegeben, der zufolge Benedikt als Bürger der Gemeinde Pentling im Landkreis Regensburg nicht auf seine deutsche Staatsbürgerschaft verzichtet oder eine Entlassung daraus beantragt hat. Nach deutschem Recht ist eine doppelte Staatsbürgerschaft möglich, und Benedikt kann nach wie vor sein deutsches Wahlrecht wahrnehmen.

Fußnoten

3. *Prosecutor v Tadic* Decision on Defence Motion, IT-94-1-AR72-2, Oktober 1994, Abs. 141.
4. *United Nations Diplomatic Conference of Plenipotentiaries on the Establishment of an International Criminal Court*, Rom, 15.-17.7.1998, Official Records, Volume II, 150-52.
5. *Decision Pursuant to Article 15 of the Rome Statute on the Authorization of an Investigation into the Situation in the Republic of Kenya*, ICC-01/09, International Criminal Court (ICC), 31.3.2010, unter http://www.unhcr.org/refworld/ docid/4bc2fe372.html (abgerufen am 26.7.2010).
6. Art. 7(1)(g), Römisches Statut.
7. Art. 7(1)(k), Römisches Statut.
8. *Prosecutor v Brima, Kamara and Kanu (AFRC Appeal Judgment)*, Special Court for Sierra Leone, 22.2.2008, Abs. 197-202.
9. *Prosecutor v Vasiljevic* IT-98-32T, 29.11.2002, Abs. 29.
10. *Yamashita v US* (1946) 327 US.1.
11. Antonio Cassese: *International Criminal Law* (2. Aufl., OUP, Oxford, 2008), 245-6, und vgl. Abs. 11.4.2 bis 11.4.4.
12. Vgl. Hector Olasolo: *Criminal Responsibility of Senior Political and Military Leaders as Principals to International Crimes* (Hart Publishing, Oxford, 2009), 103 und Nr.120 dort.
13. International Court Assembly of State Parties: *Elements of Crimes*, ICC-ASP/1/3 (Teil II(b)), angenommen am 9. 9.2002.
14. Ebda
15. Vgl. Römisches Statut, Art. 21 und William A. Schabas: *An Introduction to the International Criminal Cour*t (2. Aufl., CUP, Cambridge, 2004), 356.
16. So das Urteil der Berufungskammer des Internationalen Strafgerichtshofes für das ehemalige Jugoslawien im Fall *Prosecutor v Kunarac*, IT-96-23/I-A, 12.6.2002, Abs. 98: „Eine politische Komponente ist nicht Voraussetzung für die Anwendung des Gewohnheitsrechts, solange die Verbrechen gegen die Menschlichkeit mehr sind als lediglich ‚vereinzelt auftretende oder ungezielte Akte'." Von anderen Seiten kam die Ansicht, die Unvereinbarkeit sei nicht so krass wie von mir befürchtet. So argumentiert Darryll Robinson, damit werde einfach das Prinzip bekräftigt, dass bloße Untätigkeit nicht auf eine „Politik" schließen lasse; seien dem Staat die

Fußnoten

Verbrechen jedoch bekannt gewesen und habe er trotz vorhandener Möglichkeiten eine Bestrafung oder Anzeige unterlassen, so könne immer noch darauf geschlossen werden, er habe deren Unterstützung beabsichtigt. Vgl. Roy S. Lee (Hg.): The ICC: *Elements of Crime and Rules of Procedure and Evidence* (2001), 76.

17. Vgl. Cassesse: *International Criminal Law*, 93.
18. *Case Concerning the Arrest Warrant of 11 April 2000 (Democratic Republic of the Congo v Belgium)* (2002) ICJ Rep 2.
19. Vgl. z. B. *Al-Adsani v The United Kingdom*, App No. 35763/97, Council of Europe: European Court of Human Rights, 21.11.2001.
20. Vgl. *Police Seize Cardinal's Computer in Sex Abuse Enquiry*, The Times, 25.6.2010, 43, sowie *Police Raids in Sex Abuse Cases Focus on Belgium's Catholic Hierarchy*, Guardian, 25.6.2010, 20.
21. *Lautsi v Italy*, App No. 30814/06, European Court of Human Rights, 3.11.2009 (überwiesen an die Große Kammer).
22. *Pelligrino v Italy*, App No. 30882/96, European Court of Human Rights, 20.7.2001.
23. *Reverend James O'Callaghan v Reverend Charles O'Sullivan* (1925) Irish Reports 90.
24. *Gillfillan v R* (1980) 637 F 2b 924.
25. Justizminister Kenneth Clarke hat kürzlich eine weitere Einschränkung des Rechts der universalen Jurisdiktion in Großbritannien angekündigt – Haftbefehle sollten nur noch mit Zustimmung des Oberstaatsanwalts ausgestellt werden können.
26. *R v Rafique* [1993] QB 843.

10. KANN MAN DEN PAPST VERKLAGEN?

1. Vgl. *Bazley v Curry* (1999) 174 DLR (4th) 45 (Supreme Court of Canada), *Lister v Hesley Hall* [2002] 1 AC 215 (UK House of Lords) und *NSW v Lepore* (2003) 195 ALR 412 (High Court of Australia), erörtert in Simon Deakin, Angus Johnson und Basil Markesinis: *Tort Law* (5. Aufl., OUP, Oxford, 2003), 593–5. In *Maga v Trustees of Birmingham Catholic Archdiocese* [2010] EWCA Civ 256 ließ der English Court of Appeal einen breiten Spielraum für das Erfordernis des Zusammenhangs zwischen

Priester und Kirche, der zur Begründung eines Anspruchs wegen sexuellen Kindsmissbrauchs gegeben sein muss.
2. Vgl. *Trustees of the Roman Catholic Church v Ellis* (2007) NSWCA 117, wo ein Gremium in Vertretung von Mitgliedern der katholischen Kirche nicht für die Handlungen eines stellvertretenden Ortspfarrers haftbar gemacht werden konnte. Ein schlimmer Fall, in dem das Opfer sich beim Vorgesetzten des Priesters beklagt hatte. Dieser arrangierte ohne Wissen des Opfers eine Gegenüberstellung mit dem Missbrauchstäter, um die Dinge ins Reine zu bringen. Die Vorstellung, auch der Vorgesetzte könnte ein Kinderschänder gewesen sein, fand der Richter ziemlich schaurig. Vgl. die erstinstanzliche Entscheidung *Ellis v Pell* [2006] NSWSC 109, Abs. 90.
3. Lucian C. Martinez: *Sovereign Impunity: Does the Foreign Sovereign Immunity Act Bar Lawsuits Against the Holy See in Clerical Sexual abuse Cases?* (2008), 44 Texas International Law Journal, 123, 144.
4. *Roman Catholic Diocese of Galvarston–Houston* 408 F Supp 2d at 276.
5. Schreiben vom 2.8.2005 von John Bellinger III (Rechtsberater des US-Außenministeriums) an Peter Keisler (Stellvertretender Generalstaatsanwalt, US-Justizministerium).
6. Dieses ministerielle certificate ist nur bei Zivilverfahren endgültig. Es könnte auch in Strafverfahren eingebracht werden, wäre dort allerdings bedeutsam, aber nicht endgültig. *Alamieyeseigha v CPS* [2005] EWHC 2104.
7. Christian v R [2007] 2 AC 400 at Abs. 33, per Lord Woolf. Ein Angriff müsste auf der Irrationalität der Zertifizierung des Heiligen Stuhls als Staat aufbauen. Der Europäische Gerichtshof für Menschenrechte hat – allerdings nur mit einer Mehrheit von 9:8 – befunden, dass es - auch wenn staatliche Immunität ein Eingreifen der Justiz verhindert (prima facie ein Verstoß gegen Art. 6) – im Ermessensspielraum eines Staates (hier: Großbritanniens) liegt, diese zu gewähren, selbst wenn die Kläger eine Klage wegen eines Verbrechens gegen die Menschlichkeit beabsichtigen (Folter durch Beamte Saudi-Arabiens). Vgl. *Al-Adsani v UK* (2001) EHRR 273 sowie David McClean und Kisch Beevers: *Morris's Conflict of Laws* (7. Auflage, Sweet & Maxwell, London, 2008) 153.
8. So die Schlussfolgerung von Richter David Hunt in einer kuriosen Verleumdungsklage eines Priesters gegen seinen Bischof und Papst Johannes

Fußnoten

Paul II. wegen einer Aussage seiner Diözese, er sei bei einem Angriff auf Politiker in einer Predigt geistig umnachtet gewesen. Vom Kläger wurde nicht bestritten, dass der Papst ein Staatsoberhaupt sei, weshalb der Richter die Regelung anwandte, dass eine Klage gegen ihn in New South Wales nur mit seiner Zustimmung möglich sei. *Wilkins v Jennings and Pope John Paul II* (1985) ATR 68–754. Ironischerweise war es 16 Jahre später derselbe David Hunt, als Richter am Int. Strafgerichtshof für das ehem. Jugoslawien, der Anklage erhob gegen Slobodan Milosevic, ein amtierendes Staatsoberhaupt, wegen Verbrechen gegen die Menschlichkeit.

9. Der letzte Papst, der abdankte, war Gregor XII. im Jahr 1415.
10. 28 USC s 1605(a)(5) zitiert den Fall von König Farouk
11. Eine alternative Grundlage für eine Haftung wäre, das Gericht zu der Feststellung aufzufordern, der missbrauchende Priester sei direkt vom Heiligen Stuhl angestellt gewesen, so dass eine Haftung für Hilfspersonen hinsichtlich der Übergriffe vorläge. Vgl. *Doe v Holy See* 434 F Supp 2d at 949, *O'Bryan v Holy See* 471 at Supp 2d at 291, Melanie Black: *The Unusual Sovereign State: FSIA and Litigation against the Holy See for its Role in the Global Priest Sexual Abuse Scandal* (2009), 27(2) *Wisconsin International Law Journal*, 299.
12. *Maga v Trustees of Birmingham Catholic Archdiocese* [2010] EWCA Civ 256, per Neuberger MR.
13. *John Doe v Holy See*, US District Court, Oregon, Judge Mosman, 7.6.2006. Vgl. auch *Doe v Holy See*, US Court of Appeals for the Ninth Circuit, No. 06–35563 und *US Rules that Victims Can Sue the Vatican*, The Times, 29.6.2010.
14. *Holy See (Petitioner) v John V Doe*, Supreme Court Case No. 09–1, Schriftsatz für die Vereinigten Staaten als *amicus curiae*, eingereicht von Solicitor-General Koh, Mai 2010, 3–4.
15. Can. 331 und Can. 336 des Kodex von 1983.
16. *Catechism of the Catholic Church* (2. Aufl., Burns & Oates, London, 1999), Abs. 880–85. 227
17. O'Bryan v Holy See, Civil Action No. 13.04CV338-H US District Court for Western District of Kentucky Louisville Division, *Defenders memorandum in support of second motion to dismiss for lack of subject matter jurisdiction*, eingereicht am 17.5.2010. Momentan argumentieren die Anwälte des Heiligen Stuhls, *Crimen* habe keine Rolle gespielt bei der Disziplinierung

Fußnoten

der Priester, die die Übergriffe auf die Kläger verübten; mit ihnen sei nach Ermessen des örtlichen Erzbischofs verfahren worden, dem die Hände nicht durch *Crimen* gebunden gewesen seien, so dass der Fall nicht unter die FSIA-Ausnahmeregelung falle.

18. Ebda, 32, unter Verwendung eines Zitats des Sachverständigen für vatikanische Theologie Dr. Edward N. Peters.
19. Die anglo-amerikanischen Gerichte zögern, sich in lehrmäßige Auseinandersetzungen oder Meinungsverschiedenheiten hineinzuwagen, die aus den obskuren Praktiken bestimmter religiöser Gemeinschaften entstehen. So haben sie es z. B. abgelehnt, sich für eine Verleumdungsklage eines selbsternannten „Bischofs" einer sogenannten „Liberal-katholischen Kirche", der Homosexuelle traute, für zuständig zu erklären gegen eine Zeitung, die sich über sein Episkopat ausgelassen hatte. *Right Reverend Jonathan Blake v Associated Newspapers* [2003] EWHC 1960 (QB). Dies unterscheidet sich jedoch stark von der Überprüfung der Beziehungen z. B. zwischen Bischöfen und Priestern oder Bischöfen und dem Vatikan zwecks Feststellung ihrer rechtlichen Natur.
20. Vgl. Steven R. Ratner, Jason S. Abrams und James L. Bischoff: *Accountability for Human Rights Violations in International Law* (3. Aufl., OUP, Oxford, 2009), 273–4.
21. Vgl. Geoffrey Robertson: *Crimes Against Humanity*. (Penguin, London, 2006), 288–9; 294–5. 11.

11. BETRACHTUNGEN

1. Wenn man hochrechnet von der untertriebenen Zahl des John Jay College von 10.667 Opfern in den USA, dem endemischen Missbrauch in irischen Einrichtungen für Jungen über viele Jahre, den in Europa neu auftauchenden Zahlen (z. B. dass 50 der 850 maltesischen Priester als Kinderschänder gelten und Pädophile in der Regel mehrere Opfer haben) und der prognostizierten Zahl für Lateinamerika und Afrika, dann könnte die Gesamtzahl missbrauchter Kinder und Jugendlicher in der katholischen Kirche in den vergangenen 30 Jahren – also unter der Ägide von Ratzinger/Benedikt –durchaus bei über 100.000 liegen.

Fußnoten

2. Dass ein Zusammenhang besteht zwischen Zölibat und sexuellem Missbrauch wird aus den Arbeiten von Louise Haggett deutlich, s. ihre Website sowie *The Bingo Report: Mandatory Celibacy and Clergy Sex Abuse* (CSRI Books, 2005).
3. Vgl. z. B. *Priest's secret lovers ask Pope to scrap celibacy rule, The Guardian,* 28.5.2010.
4. *The fate of Catholic Europe, Economist,* 7.8.2010, 20–22.
5. Ian Linden: *Global Catholicism* (Hearst, 2009) 267–8.

EPILOG

1. Ebenfalls hier zu nennen wäre der Erzbischof von Santa Fe in Argentinien, der 1995 von nicht weniger als 47 jungen Seminaristen des sexuellen Missbrauchs beschuldigt wurde. Er eilte nach Rom zu Johannes Paul II., der ein Ende der Ermittlungen anordnete und ihn als Erzbischof bestätigte. Erst 2009 wurde er einer gerechten Strafe zugeführt und zu 8 Jahren Gefängnis verurteilt. Siehe http://en.wikipedia.org/wiki/sexual-abuse-scandal-in-Santa-Fe-de-la-Vera-Cruz-archdicese.
2. Das EU-Verbot galt seit 2002, nachdem Mugabe EU-Wahlbeobachter aus Simbabwe ausgewiesen hatte. Demnach müssen Mitgliedsländer ihm die Einreise verweigern, außer wenn eine Weiterreise in den Vatikan beabsichtigt ist – dann ist Italien gemäß seiner Verpflichtungen aus dem Lateranvertrag gehalten, ihn ins Land zu lassen. Mugabe hat dieses Mittel erstmals 2005 genutzt, als er an der Beisetzung des Papstes teilnahm, um die EU zu brüskieren. Das Verbot wurde bis Februar 2012 verlängert; wenn es erneut verhängt wird, sollte man dieses Schlupfloch schließen.
3. *The Guardian,* 21. Dezember 2010: *Pope blames 1970's for sex abuse in church,* dt. siehe http://gloria.tv/?media=118316
4. *Ireland granted immunity to sex abuse church officials under pressure from Vatikan says Wikileaks,* Daily Mail, 11. Dez. 2010, dt. siehe www.n-tv.de/politik/**Vatikan**-verweigerte-Aufklaerung-article2127381.html
5. *Vatikan letter on sex abuse from '97 revealed, Associated Press,* 18. Januar 2011
6. *Riazat Butt, Paedophile priests remain part of church, The Guardian,* 15. September 2010

7. Laurie Goodstein, *Delaware diocese settles with victims of abuse*, New York Times, 3. Feb. 2011
8. William Yardley, *Catholic order reaches $166 million settlement with several abuse victims*, New York Times, 25. März 2011
9. *The Catholic Church: Chapter 11, verse 8*, The Economist, 12. Feb. 2011, S. 49
10. *The Catholic Church: Sins of the Fathers*, The Economist, 12. März 2011, S. 53
11. *Claims of Abuse at San Diego church*, Associated Press, 24. Oktober 2010
12. *Chilean priest found guilty of abusing minors*, New York Times, 18. Feb. 2011
13. *Rome priest sentenced to 15 years for paedophilia*, AFP, 4. März 2011
14. Stephen Castle, *News reports say Cardinal protected an abuser*, New York Times, 10. Feb. 2011
15. *Belgian church abuse detailed by Adriaenssens Report*, BBC, 10. Sept. 2010, Nick Pisa
16. *Stephen Castle: Belgium call for sex abuse panel*, New York Times, 29. März 2011
17. *Inside Germany's Catholic Sexual Abuse Scandal*, Spiegel online, 2. August 2010. Bis Mai 2011 waren die Änderungen an den Leitlinien von 2002 allerdings noch nicht auf der Kirchenwebsite erschienen (http://www.katholisch.de)
18. *German Catholic church re-writes sex abuse guidelines*, ABC, 31. August 2010
19. *Munich church hid abuse allegations for decades*, The Local, 4. Dez. 2010
20. *Germany: Cardinal asks forgiveness of abuse by priests and teachers*, Associated Press, 3 Dez. 2010
21. Fergal Keane, *What the Pope knew*, ABC One, 13. September 2010
22. In einer Diskussion zum Thema „Der Papst sollte zur Verantwortung gezogen werden für die Sünden der Priester", Festival of Dangerous Ideas, Opernhaus Sydney, 2. Oktober 2010
23. Leserbriefe, *The Times*, Mittw. 15. Sept. 2010
24. Siehe Schreiben des Abgeordneten Henry Bellingham, Antwort von Geoffrey Robertson Q.C. und Website des New Statesman, 13. Sept. 2010
25. Lautsi gegen Italien, 18. März 2011, Abs. 71. Siehe Abs. 211, Fußnote 21.
26. Ebda, Abs. 16, dt. siehe http://www.coe.int/T/D/Menschenrechts-gerichtshof/Dokumente_auf_Deutsch/
27. Ebda

Fußnoten

28. Rachel Donadio, *Vatikan tells Bishops to set clear strategy against abuse,* New York Times, 16. Mai 2011
29. Rundschreiben an die Bischöfe von Kardinal Levada, Präfekt der Glaubenskongregation, 3. Mai 2011. S. Vatikan. http://www.amnesty.org/en/region/Vatikan/report/2011, dt. siehe http://www.vatican.va/roman_curia/congregations/cfaith/documents/rc_con_cfaith_doc_20110503_levada-abuso-minori_ge.html

Angeklagt: Der Papst

Der Kronanwalt Geoffrey Robertson ist Gründer und Leiter der größten britischen Kanzlei für Menschenrechte (Doughty Street Chambers). Er war in zahlreichen Ländern als Anwalt in bedeutenden verfassungs-, straf- und völkerrechtlichen Fällen tätig und war als erster Präsident des UN-Sondergerichtshofs für Sierra Leone Urheber bahnbrechender Entscheidungen über die Illegalität der Rekrutierung von Kindersoldaten, die rechtlichen Grenzen der Amnestie sowie das Recht von Journalisten auf den Schutz ihrer Quellen. Er leitete Missionen für Amnesty International und vertrat die Menschenrechtsorganisation Human Rights Watch im Fall Pinochet. Mit seinem erfolgreichen Plädoyer vor dem Privy Council im Fall Pratt gegen Jamaica schützte er das Leben Hunderter zum Tode verurteilter Strafgefangener. In den beiden jüngsten Blasphemie-Fällen in Großbritannien (gegen Salman Rushdie und die Gay News) trat er als Verteidiger auf und vertrat auch katholische Anwälte und Jugendhelfer, die von Lee Kwan Yew in Singapur ohne Prozess festgehalten wurden. Er war als Anwalt beteiligt am Fall R gegen Ahluwalia, welcher den Entschuldigungsgrund der „Provocation" für Frauen einführte, sowie an „Bowman gegen das Vereinigte Königreich", mit dem die Behinderung von Kampagnen katholischer Interessengruppen durch das britische Wahlrecht niedergeschlagen wurde.

Robertson ist Mitglied der angesehenen Anwaltsvereinigung Middle Temple und übt das Richteramt des „Recorders" aus. Er ist Gastprofessor für Menschenrechte am Queen Mary College. 2008 wurde er nach der Wahl durch das UN-Personal vom Generalsekretär der UNO als herausragender Jurist zum Mitglied des Internal Justice Council der UNO ernannt.

Geoffrey Robertson hat zahlreiche Bücher veröffentlicht, wie z.B. „Crimes Against Humanity: The Struggle for Global Justice", seine Erinnerungen mit dem Titel „The Justice Game" und „The Tyrannicide Brief", eine preisgekrönte Analyse des Prozesses gegen Charles I. Eine jüngst von ihm verfasste Untersuchung mit dem Titel „Inquiry into the Massacre of Political Prisoners in Iran" ist unter http://www.iranrights.org/english/document-1380.php im Internet abrufbar.

Weitere Bücher des Autors (Englisch):

Reluctant Judas
Obscenity
People Against the Press
Geoffrey Robertson's Hypotheticals (Vols. I and II)
Media Law
Does Dracula Have Aids?
Freedom, the Individual and the Law
The Justice Game
Crimes Against Humanity
The Tyrannicide Brief
The Levellers: The Putney Debates
The Statute of Liberty